手前は企業 … ション。
後ろに見 … キ林。
遠くからテ … てくる。

肉量は少ないもののプナンにとって全てのトリは食料である。吹き矢で射られ狩猟小屋に持ち帰られたセイラン（プナン名クアイ）。セイランの忌み名はジェイト・ムクゥ（「座る鳥」の意）。

プナンは油ヤシ・プランテーション会社が仕事用に建てた小屋を数家族で「占拠」し、寝泊まりしながら狩猟や漁労をすることがある。この日の収穫は近くの川で獲れた魚。それを家族単位で均等に分ける。

一斉結実の季節、森に果実が満ちるとヒゲイノシシが遠くから大量にやってくる。プナンのハンターは森の中で脂身の多い大きなヒゲイノシシを仕留め、背負って狩猟キャンプに戻る。

朝起きて食べ物が何もない。まずは川に投網に出かけ、魚を食べて腹ごしらえだ。本格的に狩猟に行くのはその後にしよう。

焼畑で米を栽培し、森の中でサゴ澱粉を調達しなくなった今日でも、市販のサゴ澱粉はプナンの好む主食である。みなで車座になってアメ状のサゴ澱粉を「箸」でくるくる巻き上げ、それを汁物に浸してから口に運ぶ。

ブラガ川上流の森は商業目的で伐採され丸裸にされた後に、油ヤシが植えられ、今では油ヤシ・プランテーションが広がっている。油ヤシの実を食べに夜にヒゲイノシシがやってくる。それを狙ってプナンは夜の待ち伏せ猟にはげむ。写真は夕焼けに染まる油ヤシ・プランテーション。

新潮文庫

ありがとうもごめんなさいもいらない森の民と暮らして人類学者が考えたこと

奥野克巳著

新潮社版

11765

はじめに

今からもう三十六年も前のことである。大学生となった私にはひとつの野望があった。それは、日本から海外脱出して、広い世界を見て回ることだった。

最初、アメリカ西海岸に渡った。ロサンゼルス国際空港に降り立ち、タクシーでダウンタウンを目指した。タクシーの運転手が、ラジオから流れるジョン・クーガーの〝Hurts So Good〟（邦題「青春の傷あと」）のボリュームを最大にして、ゴキゲンに歌っていたのを思い出す。その数日後から私は、グレイハウンドのバスに乗って南下し、サンディエゴから米墨国境を越えて、メキシコのティファナに入った。フルブライトの留学生だった小田実《まこと》が一日一ドルの欧米・アジア貧乏旅行記『何でも見てやろう』で描きだしたのと同じように［小田　一九七九（一九六一）］、アメリカとメキシコの落差はすごかった。アメリカ本土のエアコン付きの快適なバス旅行は終わり、メキシコでは、ポンコツ・バスが止まるたびに、物売りや物乞《ものご》いがバスに乗り込んできた。

マサトランという町に着くまでには、バスで一昼夜、三十時間ほどかかった。食事休憩ではバスにおいてけぼりにされたこともあったが、しだいに、バスの乗客たちとも仲良くなり、別れるのが辛《つら》かったのを覚えている。マサトランからは夜行バスに乗り換えて、翌朝、シエラマドレ山脈の麓《ふもと》の都市ドゥランゴに到着した。さらにそこから、メスキタルという小さな町にバスで移動した。メスキタルで、先住民テペワノの村に連れて行ってくれる人を探すためである。町の商店の女は、やめておきなさい、行ったら、大事なところをチョン切られるよ、と私を脅かした。数日待って、私を乗せて行ってくれる荷を運ぶトラックが見つかった。

車は山を登り、私は、インスティテュート・ナシオナル・インディヘニスタ（国立インディオ機関）の建物の前で降ろされ、そこに赴任してきている、メキシコ人（白人と先住民の混血《メスティーソ》）のアルトゥーロ・アヤーラの家にしばらくお世話になることになった。彼をつうじて、一ヶ月弱の間、私はテペワノの暮らしに触れることになった。インスティテュートの職員たちとも仲良くなり、メキシコの先住民が直面している問題を聞かせてもらったり、ほぼ毎夜催《もよお》される宴《うたげ》に参加したりした。彼らについて行って、テペワノの村々を見て回り、幻覚剤ペヨーテのおこぼれにも与《あずか》った。テペワノの男たちはと言うと、昼間から酒を買い、グダグダしていた。祭りがおこなわれている時にカメラを向けると、テペワノの男はそれを制止するためにムチを振りかざして、私に猛然と突撃してきたこともあった。職員たちが休暇で町に帰るというので、私は彼らの車に便乗して、テペワノの居住地を離れた。

ロサンゼルス経由で揚々と帰国した私は、ザックの底に隠し持っていた「ペントハウス」二冊を空港の税関で没収されるという憂《う》き目にあった（「ヘア解禁」以前、欧米旅行に出かける旅人は餞別《せんべつ》を渡され、その手の男性向け写真雑誌を持ち帰るよう求められた）。そのあたりから、調子を崩すようになった。テペワノの日々が楽しく思い出されるとともに、自分自身がおこなっていること、日本でおこなわれていることが、何もかも虚《むな》しく感じられるようになったのである。本を読んでも、誰かと話をしても、何をやっても上の空だった。テレビを見ていても、言葉や音が私の中に入って来なかった。電車に乗って、ふと見ると、乗客に顔がないことがあった。どうしてしまったのか、まるで分からなかった。テペワノに行ったことが原因ではないかと思った。どこかで聞いたことがある、「逆カルチャー・ショック」という言葉が脳裏に浮かんだ。

ちょうど何かの選挙期間中で、選挙カーが何台もがなり立てながら通り過ぎて行った。その絡《から》まりあう雑音と化した声を聞きながら、ふと思った。選挙に立候補して選ばれた者たちが、代表者として議会制民主主義をおこなうことは、いったいいかなることなのかと。議員たちがあれこれ話し合って、道路や橋がつくられ、公民ホールがつくられるだけでなく催し物がおこなわれ、私たちが生きていく上で必要なことが決められるとはいったいどういうことなのか。目の前でおこなわれていることを真《ま》に受けるのではなく、外側から見て、その枠組みが気になりだした。すると、堰《せき》を切ったように、身の回りの様々なことが疑わしくなってきた。

私自身もそうであったが、子どもから大人にかけてみな学校に通っている。数学、外国語、国語、理科や社会など、いろいろなことを学ぶ。それはよいとして、学校とは、そもそも何のためにあるのか。サラリーマンたちは毎朝ギュウギュウ詰めの満員電車に乗って会社に働きに行き、そこで金を稼ぎ、それでもってモノやサービスを買う。金は暮らし向きをよくするが、貧富の格差、金目当ての殺人など……金が原因となる問題も多い。

頭の中で考えつづけると、そうした「懐疑主義」が私の中でしだいに膨らんでいった。メキシコ旅行の経験が、それらの懐疑主義の引き金になったのではないかと思われた。そのような疑いの気持ちに反比例するかのように、やがて、逆カルチャー・ショックがもたらすぼんやりとした意識の状態は、しだいにしぼんでいった。残ったのは、当たり前すぎて感じたり言葉にしたりすることさえない、私自身がなぜここにいてこんなことをしているのかを疑う気持ちだった。

それは、メキシコ在住のコロンビアの作家ガブリエル・ガルシア＝マルケスがノーベル文学賞を取った年のことであった。私たちが自明なものとして疑うことがない前提そのものを揺さぶり、人類を尺度として思考する学問である文化人類学に私自身がたどり着くのは、その後五年ほどの時を必要とするのだが、今から振り返れば、文化人類学が最初に私のところにやって来たのは、この一九八二年のことであった。

その後、変動相場制ではあったが、一ドル二百五十円ほどだった時代に、東南アジア大陸部、インド、中東などを旅して回った。大学を卒業すると、会社勤めを経て、文化人類学を専攻する大学院生となり、東南アジア島嶼《とうしょ》部のインドネシアの西カリマンタン州（ボルネオ島）の焼畑稲作民社会で、シャーマニズムと呪術を主題として、二年間文化人類学の調査研究をおこなった。その間およびその後も私の頭から離れることがなかったのが、私自身の思考と行動の自明性を疑うことであった。

現代日本社会の私たちの周りで進行する諸課題の底の部分には、世界に囚《とら》われたかのような思いこみと言っていいほどの前提があるのではないか。それは、生きていくためには働かなければならないという条件であったり、働くことが目的化して、働くことの中に発生する課題に向き合わなければならないという思いこみであったりする。また国家という前提があって、所得に応じて税金を払わなければならない仕組みが常識としてあって、困ったことがあれば国家が助けてくれるはずだと考えていたり、実際に、国家や政府にこうしてくれ、ああしてほしいと願ったりすることなどである。

私たちがそうしなければならない、そうなっていると思いこんでいる習慣や一般常識こそが、実は、問題そのものを複雑化させているのではないか。通念から身を翻《ひるがえ》したり、世を統《す》べる法に対して無関係な位置に至ることはできないだろうか。思いこみのような前提がないか極小化されている場所から私自身の思考と行動の自明性を、照らし出してみることはできないだろうか。そんなところに出かけて行って、人間の根源的なやり方や考え方について考えてみることはできないだろうか。そういった思いが、つねに私の頭の中にあった。

直観としては、そうした理想に近い社会は、狩猟採集を主生業とする社会にあるように思われた。そのひとつが、熱帯のボルネオ島で、狩猟採集を主生業とするプナンである。プナンは、ボルネオ島（マレーシア、インドネシア、ブルネイの三つの国から成る）に暮らす、人口約一万人（当時）の狩猟採集民あるいは元・狩猟採集民である。ボルネオ島のうち、マレーシア・サラワク州には七千人ほど（当時）のプナンが暮らしている。狩猟採集は、人類が農耕や牧畜を始める新石器時代以前には、人類の主要な生業形態であった。農耕・牧畜は、紀元前一万年から紀元前四千年の間に、世界各地で広まったとされる。それらは、人の手で栽培・飼育した作物や家畜に頼って食糧生産をおこなう。それに対して、狩猟採集民は道具を用いて、野生の鳥獣・魚類・植物を手に入れる。プナンが、旧石器時代からのやり方を今日に至るまで維持しているという証拠はない。彼らは、農耕民のうち熱帯雨林の中に入って、森林産物を採集するのに特化した人たちだという説まである。しかし、プナンは、定住農耕民とは異なる遊動民のエートスを持ち、人類は元来こうであったのではないかと思わせてくれる行動やアイデアにあふれている。

厳密には、プナン社会は、私たちが自明視している前提が取っ払われた社会、前提以前の社会であるとは言えないかもしれない。彼らも今日では、マレーシアのサラワク州政府の行政の末端に組み入れられ、もともとは彼らが自由に動き回っていた熱帯雨林は商業用に利用され、その賠償金を定期的に受け取っているし、そのおかげで資本主義経済にも巻き込まれるようになり、クーリー（労働者）として農耕民の農園で賃金労働に従事することもある。彼らの居住地のすぐそばには近隣の焼畑農耕民が経営する雑貨店があり、生活必需品だけでなく、嗜好品《しこう》を購入する。プナンがTシャツを着てスリッパを履いていたり、ビールを買って飲んだり、ことによると、車を持っていたりしても何の不思議もない。プナンの見た目は、現代人とそれほど変わらない。

とはいうものの、プナンは、日本を含む現代社会で営まれている暮らしとは「別の生の可能性」を私たちに示してくれるように思われる。彼らの暮らしは、狩猟採集に根ざしているという意味で人類史的には古いのだが、科学とテクノロジーに頼って近未来を志向する、現代に生きる私たちにとって、そんなものがほとんど想像されたことがないという点で、新しいのである。

私は二〇〇六年四月から一年間の予定で、サラワク州のブラガ川上流の五百人ほどのプナンのもとで暮らし始めた。その時、そこには、十数歳になる四人の「私生児」がいた。一九八〇年代に、周辺地に小学校が建てられ、一九九〇年代になると、赴任してきていた先生たちと昵懇《じっこん》になったプナンの娘たちが、子どもたちを産んだのである。小学校の先生たちが都市部に戻る時に、娘たちは夫について行くことを拒否して、森の周辺で暮らすことを選択した。子どもたちは、娘の父母、つまり子どもたちの祖父母の養子となって、あるいは、娘と彼女の新しいパートナーのもとで育てられたのである。子どもたちは、私生児として差別されたりせずに、他の子どもたちと何ら変わりなく暮らしていた。母親たちはみな、森の暮らしから離れて、都市で生活することを嫌がったのである。そこには、自己充足し、自己完結する暮らしがあり、当初、私には彼らは幸せそうに見えたのだった。

一年間の滞在後、毎年春夏二回のペースで、プナンの居住地への訪問を繰り返している。これまでに、通算で六百日くらい、プナンと行動をともにしたことになる（二〇一七年九月現在）。私が森の民プナンと暮らした中で実際に見聞きしたことから考えたことをつづったのが、本書である。プナンは、一見幸せそうに暮らしているかのように見えるのだけれども、状況はより複雑である。ただ少なくともそこには、私たちのものとは異なる生のもうひとつの可能性が広がっている。

目次

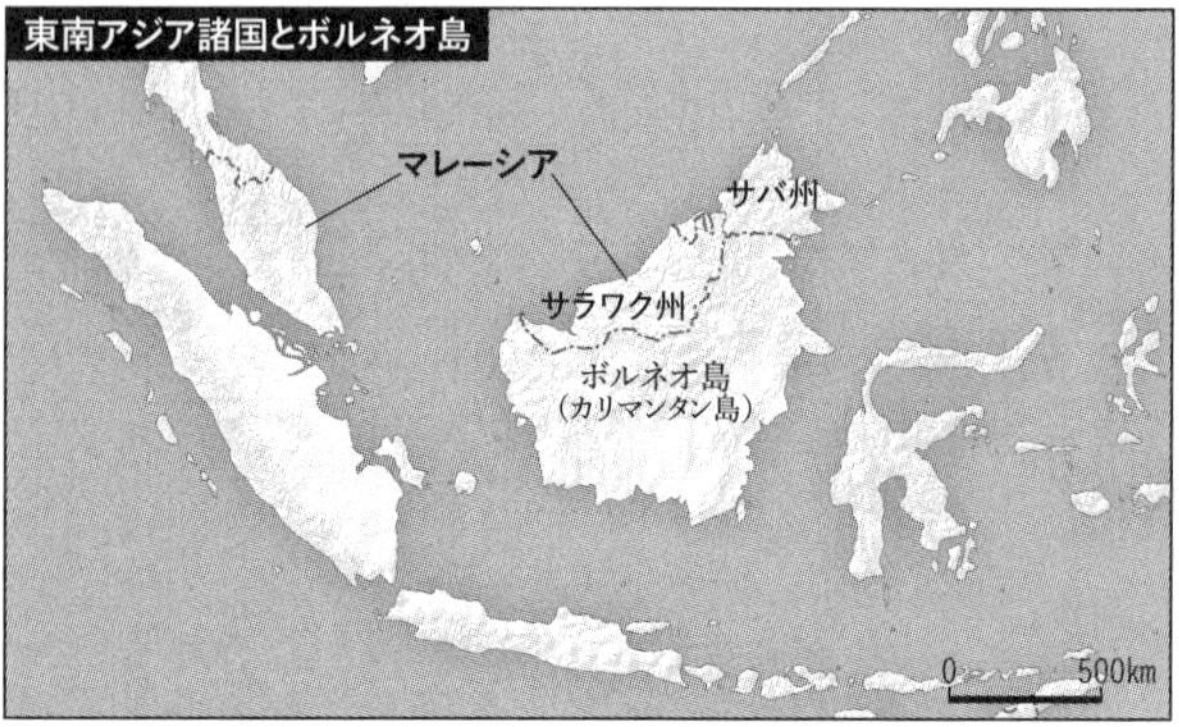

2006年の統計資料によれば、マレーシア・サラワク州には15485人のプナンが暮らしている。サラワク州内のプナンは民族誌学において居住地域と言語文化の点から東プナンと西プナンに分けられる。
本書が主に取り上げるのは、ブラガ川上流域に住む約500人の西プナンである。

地図製作　アトリエ・プラン

ありがとうもごめんなさいも
いらない森の民と暮らして
人類学者が考えたこと

1　生きるために食べる

報酬を得るためにとて仕事を求める——この点では文明諸国のほとんどあらゆる人間が現在おなじ事情にある。彼らのすべてにとって仕事は一つの手段であって、それ自体が目的なのではない。それゆえ彼らは、その仕事が豊かな実入りをもたらすという条件があれば、仕事の選り好みなどにはあまり細かく心をつかわない。ところで、仕事の悦びなしに働くよりはむしろ死んだがましだと思うような一風変わった人間もいる。それは例の選り好みする人たち、なかなか満足しない人たちであり、彼らにとっては仕事それ自体が一切の収益にまさる収益でないなら豊かな実入りも何の足しにもならないとされる。

フリードリッヒ・ニーチェ『悦《よろこ》ばしき知識』

朝。目覚まし時計の音に目を覚ます。夢うつつから少しずつ覚醒《かくせい》して思い浮かべるのは、例えば、その日の仕事のことだ。仕事を進める前に、準備としてしなければならないことがいくつかある。あ、そうだ、あれを忘れている。えっと、どうするのが最も負担が少ないのか。いや、まずなによりも先に、先方に謝らなければならない……と、あれやこれや考えながら、顔を洗って、歯を磨いて、トイレに入って、朝食を済ませて、スーツに着替えて、忘れ物はないか、さあ、オフィスに出かけよう……

そのようなことの繰り返しが、私たちの日常である。

　これとは対照的な日常を送る人々がいる。プナンと呼ばれるその人々は、東南アジア・ボルネオ島の熱帯に暮らす、狩猟を主な生業とする人々である。マレーシア・サラワク州を流れるブラガ川の上流域の熱帯雨林に現在、おおよそ五百人のプナンが暮らしている。

　赤道近く。そこでは、一年をつうじて、朝六時前後に夜が白々と明ける。プナンが蚊帳《かや》の中で寝ぼけまなこでまず考えるのは、その日の最初の食事で何を食べるかということである。たしか、(主食にする)サゴ澱粉《でんぷん》があと少し残っていたはずだ。だが、おかずがない。どうしよう。ここ二日ほど雨が降ってない。川の水はだいぶ減ったに違いない。投網でもして魚を獲《と》りに行くとしよう。魚を獲ってから、それをおかずとしてまずは腹ごしらえと行こう。森の中に狩猟に出かけるのはそれからだ。

　一日の始まりをめぐるふたつの情景。私たちの日常とプナンの日常の間には、大きな隔たりがある。現代社会に暮らす私たちは、何らかの職に就いて、その仕事の中に生きがいや目標を見出《みいだ》し、その中で、成功や失敗を経験しながら生きている。そのこ

ある日の夕方、狩猟小屋での食事風景。皿の上の肉はその日の猟果であるカニクイザル。

とによって、私たちは生きていくための、食べるためのお金を稼いでいる。

それに対して、プナンは、生きるために、生き抜くために食べようとする。実際には、空腹をしのぐために、食べ物を探しに出かける。彼らは、森の中に食べ物を探すことに一日のほとんどを費やす。食べ物を手に入れたら調理して食べて、あとはぶらぶらと過ごしている。彼らにとって、食べ物を手に入れること以上に重要なことは他にない。生きることと食べることが切り離されていないという意味で、プナンは「生きるために食べる」人々であるということができよう。

プナンの生き方は、これこれを成し遂げるために生きるとか、世の中をよくするために生きるとか、貧困を撲滅するために生きるとか……、そんな風に生きることの中に意味を見出すようなものではない。彼らはまず「〇〇のために生きる」という言い方をしない。そうした生き方が存在することを、想像することすらないように思われる。プナンは日々、生きるために食べる。生きるためには、食べなければならないというテーマがあるのみ。そのことが、プナンの日常の中心にどっしりと根を張っている。

翻って、私たち現代人は、生きるためには食べなければならないという人間的・動物的現実を、別のものへとつくり替えてしまっている。私たちは、生きること以外の目標を設定して生きることを、自らに課している。プナン流の生き方が、私たちの生き方を照らし出してくれる。

急いで付け加えなければなるまい。現代の私たちの生き方が悪で、プナン的な生き方が善であるということではない。

同じ地球上で、同じ時代に生きる人類として、私たちの生き方とプナンのそれとの間に、なぜこれほどの隔たりがあるのだろうか？　そのことを考える上で、解剖学者・三木成夫《しげお》がひとつの見通しを与えてくれるかもしれない。

三木はアリストテレスを援用しながら、人間を含めてすべての生きものには、栄養を受け取り、消化・吸収し、排出するという過程が備わっていると言う。生きものが生きていられるのは、栄養を摂取することによってである。

ヒドラやクラゲのような原始動物は、口から栄養を取り入れて、同じく口から老廃物を排出していた。生物進化の過程で、無脊椎《むせきつい》動物のうち軟体動物になると、口腔《こうくう》に消化管ができ、口から栄養を取り入れて肛門《こうもん》から老廃物を排出するようになった。脊椎動物になると、消化は膵臓《すいぞう》が、吸収は肝臓などの臓器が担《にな》うようになる。魚類・両生類・爬虫《はちゅう》類では顎《あご》が発達し、生きものを丸呑《まるの》みするものが現れる。ニシキヘビはウマを丸々一頭呑みこんで、三ヶ月くらいかけて胃の中で消化し、肝臓で栄養をためこむ。ガラガラヘビは毒腺から消化液を出して、呑みこんだラットを四、五日で消化する。哺乳類《ほにゅう》類になると、口の中で、胃の中で、最後に、肝臓の中でためこむ。

こうした生きものたちの栄養摂取の特徴は、目の前の食の対象を体内へと取り入れて消化し、吸収するというプロセスにある。それはまた、狩猟し採集する人類の食行動へとなだらかにつながっている。狩猟採集民の食行動もまた、調理をするが、基本的には、目の前の食の対象を体内に取り入れることから成り立っているからである。

しかし、三木によれば、このやり方が人類のある段階から変化する。

最後に人類になりますと、大きくなった脳味噌《のうみそ》と手を使いまして、からだの外でため込むことをやるわけです。農耕・牧畜の始まりですが、これが結局は穀物の貯蔵と食肉の冷凍保存になる。そしてこれが近代社会になりますともう物ではなく、紙幣で貯《た》め込むようになる。

［三木　二〇一三：一〇四］

「内臓」のみを用いて食行動を行う狩猟採集民に対して、農耕民や牧畜民は身体の外側に食べ物をいわば「外臓」（石倉敏明氏の造語）することによって、備蓄するようになる。農耕・牧畜民は、狩猟採集民のように、目の前にある食料を調理した後に体内に取り入れ、内臓で消化し、吸収するだけではない。穀物や野菜などを栽培し、動物を飼い育てて、それらを身体の外部のとある場所に外臓した上で、それらを必要な時にいつでも取り出せるようにしておく。

さらに、農耕・牧畜革命を経て、人間は今度は、身体の外部に穀物や肉の素材である動物をためておくのではなく、貨幣をためるようになった。そして、ためこんだ貨幣を、どこか遠くの別の場所で、匿名《とくめい》の誰かによって大量につくり出された穀物や冷凍された食肉などとの交換に用いるようになったのである。人類は、そのようにして、高次で巨大な「外臓」システムのようなものをつくり上げてきた。

私たち現代人は、食べ物だけでなく、あらゆる必要なものを外臓する世界に生きている。そのため、それらの財を交換によって入手するために必要な貨幣を手に入れる手立てをまずは確立せねばならない。その手立てには、人間が生きがいや生きる意味を見出すプロセスが伴ってくる。そこでは、ニーチェが言うように、仕事の悦《よろこ》びなしに働くよりは、むしろ死んだほうがましだと考える人間も出てくる。

現代に生きる私たちは、生きるために食べるのではない。生きるために食べるために、それとは別個のもうひとつの手続きを踏むことによって生きている。それに対して、狩猟採集民は生きるために日々、森の中に、原野に、食べ物を探しに出かけるというわけだ。

人類の古くからのやり方と私たち現代人のやり方の間を行きつ戻りつ、戻りつ行きつしながら、私たちは、私たち現代人がどうしようもなくそうせざるをえなくなっているやり方について考えてみることができるのかもしれない。「未開」では、人間の古くからのやり方が、今日でも行われている。「未開」はすでになくなったというのは、ひとつの方便にすぎない。その意味で、「未開から学ぶ」ことは、まだまだ、たくさんあるように思われる。

私は、文化人類学者として、二〇〇六年度に勤めていた大学の研究休暇で一年間、熱帯のプナンとともに暮らし、それ以降、春と夏の年二回のペースで彼らの居住地を訪問しつづけている。プナンは私たちと同時代に生き、現代世界に属していながら、熱帯雨林を舞台として狩猟採集の暮らしを続け、ヒトが現生人類となった原初の時代のやり方を日々おこなっている。

私にとって、毎回、プナンのフィールドに入って行くことは、夕ごはんのおかずを買うためにスーパーに買い物に行ったり、将来の目標をしっかりと立てて、毎日を大切に過ごしなさいと子どもたちに説き聞かせたり、メールやケータイを用いてコミュニケーションを取ったりするような現代日本の日常の世界から、そのようなことがまったく存在しなかったり、ほとんど意味をなさなかったりするもうひとつの生ある世界に浸《ひた》りに行くことに他ならない。

私がワクワクするのは、「生きるために食べる」という、生のみに直截《ちょくせつ》に関わる清々《すがすが》しいプナンの暮らしのありよう――とはいうものの、そこに何らの乱れがないというわけではない――の中に、現代社会に暮らしているあいだは想像してみることすらなかった人間の生き方の断片を見つけることができるからである。

森でひときわ高く聳えるメンガリスの木（プナン名タニィット）。この突出木にオオミツバチが巣をつくり始めると、プナンは来るべき野生動物の出現に向けて狩猟の準備を始める。「オオミツバチがやって来たら、狩猟の準備をせよ」という金言がある。

2 朝の屁《へ》祭り

もしわれわれが、一切のものを呑みこんで圧《お》しつぶす印象にいつか一時的に身を捧《ささ》げるとすれば、――それが近代的なお祭り気分なのである！――その後われわれは再び一層自由になり、回復し、冷静になり、厳格になり、そして倦《う》むことなくさらに反対のものを、すなわち力を得ようとするのである。

フリードリッヒ・ニーチェ『曙光《しょこう》』

プナンは、今日、マレーシア・サラワク州政府から割り当てられた定住地に建ててもらった家屋に住み、焼畑農業にも従事して、米をつくっている。その一方で、しょっちゅう森に入って、一時しのぎのキャンプを建て、そこを拠点として森の中に狩りに出かけるという半定住型の生活をしている。

男たちは獲物を獲るために、朝から森の中に入っていく。手ぶらで戻ってくることもよくある。そんな時、ハンターたちはキャンプや居住地に近づくと、獲物が獲れなかったことで妻子や家族への申し訳ない気持ちを最大限に表現した定型句を口ずさむ。

さながら森のブルースである。

戻ってきたぜ、俺が死んだら残される子どもたちよ
すまない、獲物はぜんぜん獲れなかった
何も狩ることができなかった
嘘《うそ》じゃない、嘘をついたら、父が死んじまう、母が死んじまう
ブタのでっかい鼻、かつてヒゲイノシシだったマレー人
トンカチの頭みたいなブタの鼻、でっかい目のシカ
夜に光るシカの目、ワニ、ブタ、サイチョウ、ニワトリが鳴いてやがる
あぁ〜、獲物はぜんぜん獲れなかった
夜に光るシカの目、ワニ、ブタ、サイチョウ、ニワトリが鳴いてやがる……

反対に、ハンターたちがブルースを口ずさむことなく、人々に最も好まれるヒゲイノシシを担《かつ》いで戻ってくれば、キャンプや居住地は、一気に華《はな》やいだ雰囲気に包まれる。解体され調理されたイノシシは、人々の口から胃に流し込まれるように、空腹を満たしていく。獲物がない時は何日も食べられないこともあるが、獲物が獲れた時は、

食べたいだけ肉を頬張る。食べては寝、寝ては食べる。一日に四度も五度も食べつづける。そんなことはいつものことなので分かりきったことなのだが、そのうちの何人かは吐き気を催し、腹痛を起こし、嘔吐《おうと》や下痢に見舞われることになる。

狩猟小屋の中から、直接地面に吐瀉《としゃ》物をまき散らしたりすることもある。他方で、食べ過ぎによる下痢は、時を選ばず襲ってくる。下痢に見舞われた人々は、夜中にいきなり小屋を飛び出して、闇《やみ》に隠れ、近くで下痢便をする。静寂な夜には、時折、放屁《ほうひ》と水便の音が、聞かずして耳に届けられたりする。下痢便にもまた、猟犬が飛びつく。

興味深いのは、プナン語で、「下痢」と「おかゆ」が同じアマウ（*amau*）と呼ばれることである。そう言われると、形状としては、下痢とおかゆは同じである。私の想像であるが、プナン語では、下痢こそが先にアマウであった。狩猟民であるプナンが、米をつくる農耕民と出会って、彼らがつくるおかゆを目にした時、目を丸くしたに違いない。下痢にそっくりだったからである。おかゆは、その日から「下痢」と呼ばれるようになったに違いない。

下痢になったら、白飯を食べるのがいいとプナンは言う。ごはんを食べると下痢はしだいに固くなるというのが、彼らの知恵である。私も試してみたが、本当に回復に向かうから不思議だ。

さて、糞便《ふんべん》について。プナンは日ごろ、居住地やキャンプから少しだけ離れた森の中の「糞場《ふんば》」で、人目に付かないように用を足す。山刀を手に森に入って、倒木の幹や枝の上にしゃがみこんで、地面に糞便をする。糞便処理に用いられるのは、山刀で切られた木の枝切れである。それで、糞便の残りカスをこそげとる。彼らは、州政府がつくったトイレには目もくれない。それらは、ふつう物置になっている。

プナンは、糞場を通り過ぎる時、これは、昨日食べ過ぎた誰某《だれそれ》のものであるとか、腹を下している誰某のものであると意見を言い合うことがある。「あれだけイノシシを食ったのに、熊《くま》の肉のように酷《ひど》いにおいだ」などと評したりもする。「いやもう少し赤っぽかった」「いやあれはむしろ紫だ」と、視覚に基づいて感想を述べることもある［卜田　一九九六：一三八］。そのように、居住空間の近くにまき散らされた糞便は他の人の目に晒《さら》され、品評の対象となる。それらはまた、共同体のメンバーの食と健康の指標でもある。糞便は人の分身であり、またその人そのものでもあるのだ。

こうした、排泄《はいせつ》物を管理するのではなく、まき散らすだけのやり方は、故《ゆえ》があることなのかもしれない。一般に、霊長類や遊動生活をする人類は、食べ物の皮や残りカス、排泄物のゆくえについてほとんど注意を払わない。プナンの排便をめぐる習慣もまた、こうした狩猟民の遊動性に関わっている。狩猟キャンプの近くの糞場は、遊動によるキャンプの放棄に伴って、やがて移動するからである。

森の中で野糞をすることはまた、自然の摂理にもかなっている。今から六千五百万年くらい前に、地球上で鳥類や哺乳類が栄え始めると、植物は種子散布するために、動物に依存するようになった。動物に種子を遠くへと運んでもらうために、果実は、動物にとっておいしく栄養価の高い食べ物となったとされる（「16　リーフモンキー鳥と、リーフモンキーと、人間と」参照）。

熱帯域では、種子散布は、鳥に加えて哺乳類によっても担われる。動物たちは、植物にとっては葉や種子を食べる厄介な存在である一方で、食べた種子を糞として体外排出することで、植物の種子散布のパートナーとなるのだ。プナンもまた、野糞をすることで種子を散布し、植物の役に立ち、さらには、森の生態に深く関わってきたのである。

ある時、プナンの父子を町に連れて行き、ホテルに泊まったことがあった。部屋には、水洗式のトイレとシャワーが一体化したレストルームが付いていた。十五歳の男児は最初、レストルームの扉を開けっぱなしにして小用を足した。その後、トイレを水洗せずに出てきた。どうやら、水洗のレバーの使い方が分からなかったらしい。私は、彼に水の流し方を示してみせ、町のトイレでは用を足すと毎回水を流すことになっているると教えた。

翌朝、男の子は、糞便をする際にも、レストルームの扉を開けっぱなしにしてしようとした。私が扉を閉めてするように言うと、彼はしばらくして不機嫌な顔で、レストルームから出てきた。糞便処理には、備え付けのトイレットペーパーを使ったようだった。

その後、父親と二人きりになって、息子のトイレの仕方に話が及んだ時、彼は、他の誰かがすでに使った、狭く薄暗い密閉された空間で用を足すのを、好ましく思っていないのだということを語った。そのことから推測すると、プナンの親子は、トイレの箱形の空間で閉め切って用を足すことに違和感を覚えていたことになる。たしかに、プナンの目から見れば、場所はいくらでもあるのに、みなが同じ閉鎖空間で用を足すというのは不思議なやり方なのであろうと、私は感じた。先述したように、定住地では政府がしつらえたトイレが物置になり、トイレ利用がなかなか進まないことにも、同時に納得が行った。

糞便処理に関しては、赤ん坊に対するそれが印象深い。赤ん坊は、固形物を口にするようになると、うんちを垂れ流すようになる。オシメなどはない。赤ん坊が便を垂れ流すと、母親は特定の飼い犬を呼び寄せて、肛門を舐めさせてきれいにするのである（「14 アホ犬の末裔《まつえい》、ペットの野望」参照）。犬の道具的な利用のひとつでもある。犬が赤ん坊の肛門をぺろぺろと舐めると、赤ん坊は気持ちがいいのとこそばゆいのとで、きゃっきゃっと騒いで喜ぶ。

赤ん坊は成長して幼児になると、高床式でつくられた家や小屋の木の板の隙間《すきま》から糞便をするようになる。糞便処理は、母親が水で洗い流すか布でふき取るか、あるいは幼児自らが棒切れや木の枝に肛門をこすりつけて、残っている糞カスを取り除くというものである。これがやがて大きくなって、木の枝切れで糞便処理をすることにつながる。枝を用いるプナンの糞便処理は、インドや東南アジアで一般的に行われている、ウォシュレットの起源のような、不浄の手である左手で水を用いて処理をするやり方ではない。すでに述べたように、彼らは、糞場に行く時には山刀を携えて出かけるのだ。

糞便の話はこれくらいにして、もうひとつの出すこと、放屁について。文化人類学的な放屁論の開拓者、O・呂陵《りょりょう》によれば、人間以外の動物たちにとって、放屁とは、少しも可笑《おか》しくはなく、いささかも哀《かな》しくはない、自然現象のひとつにすぎない。しかしそれは、人類にとっては、「自然現象であると同時に、いやそれ以上に社会的な現象なのである」［O・呂陵　二〇〇七：七］。

自然現象としての風の暴威の前ではなす術《すべ》もなく無力な人間も、その個々人が己の体内を気儘《きまま》に吹く風の猛威に全力をあげて抗し、全霊を傾けてその放逸を押し止めなければならない。社会規範がそれを命じ、義務づけているからである。こうして体内の自然の風は、抗《あらが》う術もなく社会現象となっているのだ。

［O・呂陵　二〇〇七：七］

「人体が創《つく》り出す小さな風もまた、文化の亀裂《きれつ》から吹き込んでくる時に、その力は一気に増幅されて極大となり、社会を揺るがす脅威となる」［O・呂陵　二〇〇七：一五］。その意味で、総じて、放屁は「反文化的な現象」となる。

放屁は、音とにおいを発する点で、聴覚と嗅覚《きゅうかく》の賜物《たまもの》である。それは、その人そのものとして視覚的に捉《とら》えられているひとつのまとまった人格から皮膜を破って、音とにおいを伴って漏れだす「もうひとつの人格のようなもの」ではあるまいか。そのため、放屁は周囲の人々に嫌悪《けんお》や笑いなどをもたらす。

反文化的な現象としての放屁は、プナン社会においても観察される。それは、ネガティヴな反応や笑いを引き起こす。森の中で臭い屁《ひ》を放るために嫌われているテンをめぐって、以下のようなよく知られた口頭伝承がある。

キエリテンは、かつて森の王であった。ある時キエリテンは、人間たちに大木を切り倒すように命じた。人間たちが木を切り倒すと、今度は、それを削るように命じた。人間たちは、その木から何をつくるのかを知らされていなかった。人間たちは口々に、カヌーをつくるのだろうか、あるいは、板をつくるのだろうかと囁《ささや》きあった。その時、キエリテンは人間たちに近づいて、耳かきをつくるように命じたのである。人間たちは、大木を切り倒して、そんな小さな耳かきをつくらせるとはいかがなものかと噂《うわさ》した。その後、キエリテンは、動物の王の位から転落し、臭くてたまらない屁を放る動物となったのである。

「キエリテンのように屁を放る」という言い回しは、時に、臭い放屁を指す表現として用いられる。すぐ後に述べるように、互いに密に接近した社会空間を生きるプナンにとって、屁を放ること、とりわけ、臭い屁を放ることは、その場の空気を乱し、人々を混乱に陥《おとし》れるだけでなく、社会秩序をも乱すことになる。

王が大木を切り倒すように命じて、挙句の果てに小さな耳かきをつくらせたように、臭い屁を放ることは周囲の人々を困惑させることに一脈相つうじる。キエリテンは、人々を惑乱させたことによって、王位から転落し、強烈なにおいを伴う屁を放る動物になったのである。

他方で、プナンにとって、放屁はほほえましい生理現象であるとも考えられている。人々はそれを、場合によっては集団で笑い飛ばしてしまう。

屁を放つ時、音を長続きさせるには、微妙な身体器官の調整を必要とする。プナンは、肛門の括約筋と腹筋を使って、できるだけ長く音を持続させようとし、身体に対する意識を高める。意識的に身体器官を調節して、長い音を出したり、音の数を多くしたりして、工夫して屁を放る［下田　一九九六：一三九―一四〇］。それは、身体を表現媒体として利用する、一種の放屁の美学である。そんな放屁の美学がありありと立ち現れるのは、早朝のことだ。

プナンは、数家族からなる狩猟キャンプで、家族ごとにまとまって蚊帳を吊《つ》り、男女一緒に雑魚寝《ざこね》をする。夜が白々と明けるころ、誰かが、たいていの場合、男が目覚めて、身体と意識を調節しながら屁を放つ。そのキャンプに響き渡る「目覚まし放屁」のご発声に、別の誰かが目を覚ます。彼は、最初の放屁音に応じるように、下腹にたまったガスをどのように放出するのかを頭の中で描いてから屁を放る。どれだけ音が持続するのかを自らの課題としているかのような長い音の場合もあれば、音が途切れ途切れに、数多く放たれる場合もある。キャンプではその後、あちらでもこちらでも、いろんな調べの屁が放たれて、やがて放屁合戦とでもいうべき状況が出現する。そうなると、朝から屁祭りだ。

そこでもまた、放屁の音の長さや続き具合、においなどが品評される。

プウッ、プウッ、プウッ、プウ
プウッ、プウッ、プウッ、プウッ、プウッ、プウー
プウーーーーーー
プウーーープッ、プウッ

音がすごく長いとか、途切れ方が洗練されてないとか、あるいは、前夜にヒゲイノシシの肉をむさぼるように喰ったことが、その屁を異様なまでに臭くしているとか、食べ物がなく、水ばかり飲んでいたので屁さえ満足に出せないという話題が、早朝の狩猟キャンプで乱れ飛ぶ。屁もまた糞便と同じように、屁を放る人の分身であり、そ

の人それ自体なのである。屁の放り合いは、食と健康を互いが確認する機会を提供する以上に、寝ぼけまなこの人々を爆笑の渦に巻き込んでいく。朝の目覚めとともに、プナンは、放屁をめぐって高笑いすることで、一日を始めることがある。

放屁の美学は、家族の成員が密に寄り集まってつくる空間における、ある種の身体技法であると同時に、身体を利用した表現でもある。屁は暴風となって身体を駆け抜け、人間が奏《かな》でる音を伴って空中へと放たれる。屁祭りが終わり、人々はその後、自由になり、冷静になり、生きる活力をみなぎらせるのだ。

臓器を通過し、変わり果てた姿で色づき、居住空間の周囲にまき散らされた人々の分身が、強烈なにおいを放つ。人々はそれらを品評しながら、食べたことや食べなかったこと、健やかであることや体調を崩していることを、互いに確認しあう。やがて、それらは静かに土の中へと還《かえ》っていく。

体内を気儘に吹き抜ける風の放埓《ほうらつ》は、無理に押し止められることはない。逆に、男たちはそれを飼いならすのに精を出す。放屁は、それぞれの美的感覚によって生みだされた「作品」として早朝の劇場で奏でられ、寝ぼけまなこの聴衆を、時には嗅覚的に襲撃しながら、激笑の渦に引きずりこむ。

皮膚の内側にきっちりと収まっていて、そこで身動きができなくなっている私たちの自我とは異なる自我のあり方を、プナンは時として垣間見《かいまみ》せてくれる。そこでは、糞便はもうひとつの自我であり、放屁は自我のもうひとつの現れとして笑い飛ばされていた。彼らの日々の振る舞いは、長い時間をかけて、いつの間にか象《かたど》られてしまった私たちのやり方とはたいそう異なるように思われる。

油ヤシ・プランテーションの中には企業が建てた仮小屋が散在する。それが空いていればプナンは狩猟のベースキャンプとして一時的に「占拠」する。予め断りを入れている場合もあるが、たいていは持ち主が立ち寄った時に獲物肉などを分け与えて済ませる。

3　反省しないで生きる

或《あ》るいっそう偉大な個人か、たとえば社会・国家という集団的個人かが、個々の人々を屈服させ、したがって彼らの孤立化から引きずり出して一つの団体に秩序づけるとき、そのときはじめてあらゆる道徳性のための地盤が整えられるのである、道徳性には強制が先行する、それどころか道徳性そのものがなおしばらくは、人が不快を避けるために順応する強制なのである。後になるとそれは風習になり、さらに後になると自由な服従となり、ついにはほとんど本能となる、そのときそれは、長い間に馴《な》れて自然のようになったあらゆるものと同様、快と結びついている——そして今や徳とよばれる。

フリードリッヒ・ニーチェ『人間的、あまりに人間的I』

現代文化人類学の祖とされるマリノフスキーが活躍した二十世紀初頭以来、文化人類学者であることの条件のひとつは、研究対象地で長期にわたってフィールドワークをおこなうことである。現地の言語を学び、現地の人々と寝食を共にしながら、参与観察によって、人々の考え方ややり方にゼロ接近する。その過程で、文化人類学者には、現地に入った初期の段階で感じていた違和、居心地の悪さみたいなものが、少しずつであるが溶解し、理解可能なものとなっていく。逆に、現地の人々のやり方や考え方から自分自身を遠ざけていたものが何であったのか、自分自身を呪縛していた文化的な背景とは何であったのかについて考えるようになる。

　私自身が、プナンのフィールドワークの初期段階で抱えていた違和感のひとつは、「プナンは日々を生きているだけで、反省のようなことをしない」というものだった。私が町で買って持ち込んだバイクを彼らに貸すと、タイヤをパンクさせても、何も言わずにそのまま返してくる。バイクのタイヤに空気を入れるポンプを貸すと、木材を運搬するトレーラーに轢《ひ》かれてペチャンコになったそれを、何も言わずに返却してくる。こうした様々な体験がその違和感には含まれる。

　プナンは、過失に対して謝罪もしなければ、反省もしない人たちだというのが、私の居心地の悪さに結びついていたのである。そして、この違和感は、プナンでのフィールドワークを始めてから十年を超えた今でも、大きな謎《なぞ》のままである。

　酒を買う金を捻出《ねんしゅつ》するために他人の所有物（チェーンソーの刃、銃弾、現金など）を盗む癖のあるプナンの男は、妻や家族にその振る舞いを咎《とが》められると、どうやって金を工面したのか不明ながらそれまで以上に酒を買って、泥酔《でいすい》するようになった。咎め立てに対するあてつけのようにも思えたが、彼はまったく反省していないように見えた。やってはいけないことをしたという自覚があるのかどうかさえも、私には分からなかった。謝罪どころか、自分のしたことを反省する素振りそのものが見当たらなかった。

プナン語には、反省するという内容にズバリ対応する言葉はない。共同体の人々は、その男が留守の間に話し合った。その場では、当の男の責任を追及することには話は及ばなかった。話し合いの参加者が、それぞれの持ちものを盗まれることがないようにつねに気をつけるようにしようではないかというのが、結論だった。

ある時、共同体のリーダー（大きな男あるいはビッグ・マン、「4　熱帯の贈与論」参照）は、もともと彼らの土地である森林に対する木材伐採企業からの賠償金を前借りして、それを頭金として、四輪駆動車を購入した。プナンには運転免許を持っている者はなく、近隣焼畑民のある男から名義を借り、煩雑《はんざつ》な手続きを経て、それはようやく手に入れられたのである。その車にハンターたちを乗せてヒゲイノシシ猟に連れて行き、獲れた猪肉《ちょにく》を売って得た現金を山分けするとともに、車のローンの支払いに当てようと企てたのである。リーダーは、車の運転を、かつて木材伐採キャンプで車の運転をした経験のある男に任せた。

ヒゲイノシシが運よく獲れた場合には、獲物をしとめたハンターたちが、車でたくさんの労働者がいる木材伐採キャンプまで売りに行くことになった。木材伐採キャンプから狩猟キャンプに戻ってきたハンターたちは、いくらで売れたのかを、共同体の全メンバーに報告した。売上金額は妥当なものだった。しかし、不思議なことに、老いて狩猟行には同行しないリーダーにはいつも売上金の十分の一ほどの金額しか手渡されなかった。残りの九割にあたる売上金を何に使ったのかはいっさい明かされることはなかった。ハンターたちは、自分たちに対する分配金を手にするのを遠慮した。売上金で酒を飲んだに違いないという噂が、女たちの間に広まった。リーダーも、そのことを薄々気づいているようだったが、あえて取り沙汰《ざた》しなかった。

もやもやとした状況の中、これ以上こんなことが続くとローンが支払えなくなり、せっかく手に入れた車を手放さなければならなくなるという危機感が広がって、男女すべてを含む共同体のメンバー一同が話し合うことになった。その場でもまた、酒代に金を使ってしまったと思われる個々のハンターの責任が取り沙汰されることはなかった。話し合いの場では、ドライバーが主に売上金の管理を担えばいいという、あまり有効ではないと思われる策が示されただけだった。案の定、売上金が酒代に消えてしまってうやむやにされる事態はその後も続き、結局、ローン支払いのためのお金を捻出することができなくなって、わずか二ヶ月あまりで四輪駆動車を手放すことになった。

狩猟や漁労に出かけたり、用事で出かけたりする時、失敗や不首尾、過失について、プナンは個人に責任を求めたり、「個人的に」反省を強いるようなことをしない。失敗や不首尾は、個人の責任というより、場所や時間、道具、人材などについての共同体や集団の方向づけの問題として取り扱われることが多い。失敗や不首尾があれば、話し合いの機会を持つが、そこでは、個人の力量や努力などが問題とされることはまずない。ましてや個人の責任が追及されるようなことはなく、たいてい、長い話し合いの後に、あまり効果を期待できそうにない今後の方策が立てられるだけである。

なんとも不思議なのである。

思い立って、逆に、現代日本にこのプナンのやり方を持ち込んでみることを想像してみた。しばらく考えていて気づいたのは、我々のやり方に行き過ぎがあるのではないかということだった。営業や学業成績の不振や停滞は個人の怠慢であり、目標の未達は個人の努力不足であり、場合によっては、その「失態」は、おせっかいにも数値化されることで、反省を個人の内面へと強いるということがおこなわれている。そのことによって、個人の悩みは深まり、生きにくさを感じるようになるのかもしれない。

個人へと責任を帰着させる時、個人は精神的にも身体的にも大きなダメージを受ける。個人の能力や技量は独立排他的に個人のみに帰属するものとみなされ、個人に責任が帰され、その責任が追及されるような文化は、どのようにして生みだされたのであろうか。私は、反省しないプナンの不思議なやり方を見ていて、ふとそうした思考実験をおこなうようになったのである。

そして私は、集団や共同体による目標と方向づけをメンバーがゆるやかに共有し、不首尾や失敗を、誰のせいにするのでもなく、反省もせず、次の方策へと進んでいく、一見すると責任放棄主義のように見えるプナンのやり方を、フィールドワークをつうじて、少しだけうらやましく思うようになった。

プナン社会には、そのおかげであろうか、自死や精神的なストレスというものがない。ないと言い切れるかどうか分からないが、少なくとも、顕在化はしていない。私もプナンにならって、現代日本社会で反省しないで生きる努力をしてみたいと思ったりもする。あるいは、実はなんとも思っていないのだけれども深く反省しているように見せかけるというような、裏技を使えるようにしたい、とも思ったりもする。

プナンは反省しない。

とにかく、そう感じられる。しかし、反省しないとは、はたしていったいどういうことなのだろうか。翻《ひるがえ》って、人が反省するとはいったいどういうことなのか。こういう問いが、解けない謎として残りつづけている。

確かなことは、プナンが、私自身がそれまでは考えてもみなかったことを、考えてみるように仕向けてくれたということである。反省しない生き方というのは、おそらくストレスがたまらない。その意味で、現代日本社会で、反省しないで暮らせたならば、なんて気が楽になるだろうかと感じられて、反省しないで生きていくことを宣言したくなる誘惑に駆られる。どうして、日本社会では反省しないで過ごすことができないのだろうか。いや、反省しないでやり過ごしていくこともできるのだろうか。そういうことをひっくるめて、プナンは、反省するという人間行動に関して、私たちに大きな問いを投げかけている。

だが、図書館や書店で、反省することとはいったいどういうことなのか、あるいは、反省しないとはいったいどういうことなのかについて調べようとしても、たいていの場合、反省する生き方を称揚するような人生論や人間論に出会うだけで、がっかりさせられることになる。そうした文献は、反省することが人生を深めることを教えてくれはしても、反省するとはいったいどういうことなのかについては、ほとんど何も答えてくれない。

はたして、哲学者は、反省するということをいったいどのように考えてきたのだろうか。そのような文献を探し出すことは、私にとってかなり骨の折れることであった。例えば、カントは、「反省的判断力」について述べていた。それは、どうやら道徳とも関係しているらしい。フィヒテによれば、「自我の反省理論は、〈自分と関係し、自分自身のうちへと向きを変えることによって、自分自身を認識する自我―主体〉について語る」ことであるらしい［ヘンリッヒ　一九八六］。なんとなくしか分からない。まだ雲をつかむような感じだ。ということで、私の力不足である。なんだかわけの分からないままに、哲学をベースとする研究の検討をここで断念することにしよう。

となると、私としては、手がかりを自然科学に求めたくなる。生物進化上ヒト以前の動物は、はたして反省した／するのだろうか、反省しなかった／しないのだろうか。そのあたりから反省の起源を探るのは、どうだろうか。「反省だけならサルでもできる」という言い方がある（九〇年代のドリンク剤のテレビCMのコピー）。残念ながら、チンパンジーやゴリラなどが反省するのかについての研究があるのかどうかさえ、私は知らない。心や人間性の起源を取り上げる近年の霊長類学はその点に関して踏み込んでいるのかどうかさえも分からない。

では、脳科学はどうだろうか。ガザニガによれば、道徳に触れて難しい善悪の判断を迫られる状況で脳がどう働くのかに関しては、これまでのところ明らかにされていないが、善悪に関わる判断が脳活動で説明できるとする研究が、近年盛んらしい。また反省が、脳のどのような活動に対応するのかについて、すでに研究が進められているらしい［ガザニガ　二〇〇六］。しかし、現在の私の力量では、自然科学が反省についてどのような研究を進めているのかについて明らかにすることは難しい。

ここまでのところ、反省することと、反省しないことに関して、学問の中で何が論じられてきたのかを調べることで、何が分かったのかというと、結局、今の時点では、何も分かったとは言えないのである。情けないことである。

ふたたび、プナンについて。彼らは、反省するのではなくて、反省しないのであるから、その「不在」を、真正面から記述によって浮かび上がらせるということは、実はなかなか難しい。ここでは、反省しないとはどういうことなのかということについて、言えそうないくつかのことを、さしあたって書き留めておきたいと思う。

ひとつには、反省することには、善悪の観念が関わっているのではないかということである。悪いことをした、やってはいけないことをしたからこそ反省するのであり、悪いことやってはいけないことがなかったり、悪いことだと考えていなかったりする場合には、反省心は起こらない。あたりまえのことかもしれないが、けっこう重要なことではないだろうか。その意味で、プナンの善悪の観念をたどることは、重要なことかもしれない。

ふたつには、悪いことをした、やってはいけないことをしたら、それをゆるやかに吸収するような社会的な仕組みがあれば、一般に、反省心を起こすような必要はない。例えば、子どもが悪いことをしたと気づいたら、親が無言で抱きしめてやるというようなことである。プナン社会では、特に、親子の親密な間柄で、そういったことがいつも起きているようにも思われる。

みっつには、反省することが、しでかしたことと弁証法的にとでも言おうか、よりよきあり方へと発展するということが考えられることがないような場合には、反省心は起きないだろうと思われる。つまり、発展や向上といった概念がないような社会意識のもとでは、反省は有効に働かないように思われる。

こうした見通しのもと、プナンが反省しないことについて、今度は、言語の面から少し考えてみたいと思う。

狩猟キャンプで、懐中電灯用の乾電池がなくなった。電池の買い出しのために、ある昼下がり、私とニュアクという男は、近くを通りかかった近隣の焼畑稲作民クニャーの男性Tの車で、ロギング・ロード（森林伐採道路）を二十分ほど離れたところにある雑貨店にまで送り届けてもらった。Tの車のエンジンの調子が悪い。Tは少し車を動かして、もし調子が回復したら、後で、狩猟キャンプまで我々を送り届けてあげると言って、車を発進させて去って行った。

私とニュアクは買い物を終えて、ロギング・ロードの道端でTが来るのを待った。やがて、ぽつぽつと雨が降り始めた。雲行きを見ると、どうやら雨は長引きそうである。雨が長引くと、ロギング・ロードはぬかるんで、私たちを乗せてくれるような四輪駆動車、木材運搬車は通らなくなると予想された。

遠くのほうから、Tが私とニュアクのいるこちらに向かって歩いてきた。どうやら、車を置いたままで、車の調子が悪いことを我々に伝えに来るようである。ちょうどその時、便乗者のいない木材運搬車が、Tがやって来る方向から我々に近づいてきた。私は、それに乗せてもらって帰ることができればラッキーだと思ったが、同時に、Tも近くまで歩いてきている。ニュアクの判断に任せることにした。

結局、木材運搬車を見逃して、Tを待って、彼の話を聞いた。Tは、案の定車の調子が悪く、我々を送り届けることができないと、わざわざ言いに来てくれたのである。それから二時間以上にわたって、雨が降り続いた。結局、雨が止《や》んでから、その日はそれ以上車の通行はないと観念して、私とニュアクは、狩猟キャンプまで夕暮れの道をとぼとぼと二時間近くかけて歩いて戻った。

私は悔やんでいた。雨が降り出し、Tが歩いてきた時に、車はもう来ないと予想していたにもかかわらず、どうして木材運搬車に便乗させてもらわなかったのだろうか、と。しかし、同行者のニュアクは、一向にそのことを気にしている様子はなかった。単純な疑問を感じて、私はニュアクに、道々、先ほどのことをどう思うのかと問うてみた。

Bera iyeng maau ia tua nii.

さきほど、彼について行かなかったのを残念に思う。

彼は、*bera* という言葉を使った。*bera* とはプナン語で、「残念に思う」「後悔する」という意味の言葉である。ニュアクにそのことを教えてもらったすぐ後に、私は、次のように自分の思いを伝えた。

さっき、それ（木材運搬車）に乗るべきだった、そうすれば帰れたのに。

Ateklan tae alee na nii sukat mulie.

ニュアクは頷《うなず》いた。ここからは私の経験によるあて推量であるが、出来事を悔いたり、やり方について思い悩んだりするというやり取りは、ふつうプナン同士ではしない。ある出来事の未達やまちがいを残念であった、悔やんでいると述べるようなことは、たまにあるように思う。しかし、プナンが、「〜しなければならない／しなければならなかった（*ateklan*）」という言い方をすることは、実際にはほとんどない。私は、その語彙《ごい》をプナン語として知っているだけで、ということは使うこともあるのだろうけれども、人々が使うのをこれまで聞いたことがない。

言い換えれば、プナンは、「後悔」「残念」という感情を持つけれども、「〜しなければならなかった」「〜したほうがよかった」という言い回しを用いて、反省へとは向かわないようなのである。後悔と反省とは違う。後悔は悔やむことで、反省とは、後悔をベースにして、ああすればよかった、こうすれば適当だった、次回同じようなことがあったらこうしようなどと思いをめぐらすことを含む。

すでに述べたように、「反省する」という言葉はプナン語にはない。あえて言えば、「考える（*kenep/pikin*）」という言葉がそれにあたるだろう。*kenep*とは「心」のことで、心を用いて、人は思い、考える。*pikin*とは、おそらくマレー語からプナン社会にもたらされた言葉で、「考える」を意味する。

プナンは、後悔はたまにするが、反省はたぶんしない。なぜ反省しないのか。いや、その問い自体が変なのかもしれない。実は、私たち現代人こそ、なぜそんなに反省するのか、反省をするようになったのかと自らに問わなければならないのかもしれない。しかし、とりあえず今、プナンがなぜ反省をしないのか、しないように見えるのかについて考えてみれば、以下のふたつのことが推測される。

ひとつは、プナンが「状況主義」だということである。彼らは、過度に状況判断的である。その時々に起きている事柄を参照点として行動を決めるということをつねとしていて、万事うまくいくこともあれば、場合によっては、うまくいかないこともあると承知している。そのため、くよくよと後悔したり、それを反省へと段階を上げたりしても、何も始まらないことをよく知っているのである。

もうひとつは、反省しないことは、プナンの時間の観念のありように深く関わっているのではないかという点である（「5　森のロレックス」参照）。直線的な時間軸の中で、将来的に向上することを動機づけられている私たちの社会では、よりよき未来の姿を描いて、反省することをつねに求められる。そのような倫理的精神が、学校教育や家庭教育において、徹底的に、私たちの内面の深くに植えつけられている。私たちは、よりよき未来に向かう過去の反省を、自分自身の外側から求められるのである。しかし、プナンには、そういった時間感覚とそれをベースとする精神性はどうやらない。狩猟民的な時間感覚は、我々の近代的な「よりよき未来のために生きる」という理念ではなく、「今を生きる」という実践に基づいて組み立てられている。

大学の教員たるもの、学生による授業評価アンケートの集計結果に向き合わなければならない。それを見て、私は教え方を反省する。家庭内外でも、じつに様々な問題が起きる。私のやり方がよくなかったのだ。反省。……私たちは、プナンと違って、日々反省するように動機づけられている。反省することは風習であり、自由な服従であり、本能であり、そして今や徳でもあるのだ。

アレット川沿いに建てられた高床式の狩猟小屋。周囲にヒゲイノシシなど野生動物の足跡が見られる場合にはそこを拠点として1週間ほど暮らすことが想定され、木で床が組まれる。

3の補論　「反省しないで生きる」を日本人はどう捉えたか

二〇〇六年度の一年間のプナンの現地調査を終えて帰国した私は、当時勤めていた大学のアジア地域研究関連の授業で、たびたびプナンのことを取り上げて紹介し、感想や疑問を含め、学生たちの反応を探った。そのうちの多くが、私が説明する、反省しないプナンの文化に対して寄せられたものだった。リアクション・ペーパーの中には、考えさせられたり、はっとさせられたりするものがいくつもあった。以下では、二〇〇八年度の授業（受講生は百数十名規模）の中で得られた、そうしたリアクション・ペーパーの文章を取り上げてみたい（匿名《とくめい》で、括弧の中は当時の学年）。

反省と後悔ですが、私は反省するからこそ、次に同じ失敗を繰り返さないものだと思ってきました。なので、反省をしないプナン人は、同じ失敗をしないのか気になりました（三年）。

プナンの人々の社会では犯罪は起こらないのか？　起きたらどういう対応をとるのか？今日の授業で話したように、自分が気をつければいいという話で済んでしまうのでしょうか？　いつかは反省しないとまた引き起こしてしまう気がする（四年）。

日本の人びとも反省をしない人も多く見受けられるが、絶対必要な事だと思う。反省してから向上できる事もあるし、成功する一つの手段である（三年）。

プナン社会は、文明社会で生きてきた自分としては、反省しないというのは腹立たしいことであろう。ただ、プナンでは、それが当たり前であり、逆にその考え方が過ごしやすい生活になるのである。言い換えれば彼らの知恵であるのかもしれない。それを思ったうえで彼らを責めることはできない（三年）。

反省することは重要であると考える、このひとつめのカテゴリーに入ると思われるもののうち、以下の四つは、やや説明が必要かもしれない。

自分の住んでいる世界とは全く想像もつかない世界で、とても楽しみながら授業を受ける事ができました。プナンの人達は今日どうやって生きていくかを真剣に考えていて、反省などする意味があまりないのではないかと思いました。自給自足をしているかれらは世間からどう見られているかなど関係ないし、これからも気にしないで、ただ純粋に人間としての自然な形を生きていくのだと思いました（三年）。

後悔や反省は日本社会では日々くり返されていることであり、学校生活では小学校一年生から、学習や掃除の反省などがある。日本では子どもを反省、自分自身をふりかえらせることで「教育」していると思っているかもしれない。しかし、プナン人も他民族とハンティングのキャンプなどで一緒に仕事をすることがあるのだから、いつかプナン社会にも反省するということが組み込まれていってしまうのではないだろうか（反省することによって、再度、そのまちがいをおこさないようにすることができるのだから）（四年）。

反省しない社会に自分が飛び込んだら、どう感じるだろうと思いました。話を聞いていても、うまく想像ができません（三年）。

先生はプナン人（特に、反省しないし向上心がない人）にキレそうになった事とかありま

すか？　又、先生でも早く日本に帰りたいと思う事はありましたか？（一年）

最初の感想には、プナンが自然の中に住む「野生児」であり、反省する必要がないという見方が表れているように思われる。ふたつめの感想では、プナンも今後、反省心を身につけるのではないかという予測が述べられている。みっつめの感想も、反省することがベースにあって、反省しない世界は想像できないと表明している点で、人間には反省は欠かせないと考えているようだ。最後のものは、私に対して、プナンが反省しないことに一方的に怒ることはなかったかと問いかけ、反省することこそが正しいことだと考えていることが分かる。

次に、反省しないで生きるプナンの話を聞いて、反省している自らの見方や生き方を揺さぶられたという内容のものを取り上げてみたい。ここで引くのは紙幅の都合上全てではないが、区分けした三つのカテゴリーの中で、数としては圧倒的に多い。

特に反省するという行為は、次に同じことを繰り返さないためにも必要なものだと思っていたが、逆に、その考え方にしばられてしまうこともあるのだと思った。どちらがよいとは言い切れないことは多々あるが、自分の世界だけで生きていくよりは、こうして他の世界に住んでいる人たちに触れ、考えるということはとても大切なものだと思う（二年）。

プナンの「反省」をしないという社会は、うらやましいと感じました。人にとって自分を批判するという行為はとても辛《つら》いことであるし、プレッシャーとなり、ストレスになるのだと思います。私は今までそういった社会で生き、それが当たり前だと思っていましたが、今回の授業で「逆になぜ私たちは反省するのか」という疑問を抱きました。反省するということは、「悪いことをしてしまった」という罪悪感があるからだと思います。しかし、そういったことを気にしながら生活するのは、何かもったいないと感じました。いつも何か気にしながら、ストレスを抱えて生きるよりも、プナンの人のように生きられたらどんなに良いだろう……と思いました（四年）。

反省をしないプナンの人々について。これはプナンの人々は日本人にくらべ、自分の行動に対して批判される、人から言われることに対しての意識が低いから反省しないのだと思う。逆に日本人は批判をされるからこそ反省しなければならない状況が作り出されていると思う（四年）。

私たちは、小さい頃から悪い事をするたびに、先生や親から〝あやまりなさい〟、〝反省しなさい〟といわれ続けるので、プナン人の反省しない生き方をうらやましく思っても、すでに、反省しないということをできないだろう、と思った（四年）。

私はプナン人ほどにはいかないですが、あまり反省をしない、というか何かあってもあまり気にせずに寝れば忘れるような性格なのですが、時々友だちにそのことを注意されます（笑）。昔はもっときちきちした考え方でストレスが多かったですが、適度にゆるく生きようと思ってからはあまりストレスを感じなくなったように思います（三年）。

今日の授業でプナン人には自死やストレスといったことがないということに、とてもおどろきました。プナン人には反省することがないように思えるということは分かったのですが、その感情も全くないのでしょうか。私は反省というのは、しなくてもいけないな～と思ってするときもあるし、無意識のうちに頭のどこかで反省しているときもあります。ストレスがないというのは何よりもうらやましいと思いました（三年）。

プナン人が反省しないことについては、他人から言われることに対する意識の低さをその原因と考えるものや、自分も反省しないほうなのでそれにはストレスがないと述べるものなど、多様な意見が示されている。反省しないで過ごすことはうらやましいし、共感もできる。反省するとなによりストレスがたまる。子どもの頃からそう教わってきたので反省している。反省するとはいったいいかなることなのか……共通しているのは、授業の中で「反省しないで生きる人々」を紹介され、自らの問題として考えてみることで、揺さぶりをかけられているという点である。そのことが授業後にも長く続いたかどうかは別にして。

みっつめに、プナンはほんとうに反省していないのかという疑義を呈示するリアクション・ペーパーを紹介しよう。

　人の物を盗んで酒を買うお金をつくってしまうプナン人の例が出てきましたが、確かに彼自身はそうすることが悪とは思っておらず、反省をしていません。しかし、盗まれた村人たちは話し合いの場において盗まれては困る、ではどうしたら盗まれないのか？　と話し合っています。これは反省ではないのですか？　自分の物の監視がゆるかったことをかえりみて、そのことについて、どうすればそれが改善されるかということを考えていると思います。それは反省には入らないのでしょうか？　（三年）

プナン社会の「反省しない」とは、はじめ悪い意味で捉えていたのですが、個人ではなく、全体でどうすればいいかとする解決法は好ましいと感じました。一つの事象で独りが向上するのではなく、複数で共有することができる点がプナン独特なものではないでしょうか（三年）。

これらは、プナンが、自分たちこそが甘かったのだと、集団的に反省しているようにも見えるという指摘を含んでいる。つまり、集団としては、何らかの反省をしながら生きているのではないかというのである。その見方は、否定できない。そうした集団的な反省なるものによって、個人としては反省しなくてもいいということになっているのだとすれば、プナンは実は、反省しているのだとも言える（個人と集団の所有に関しては「7　欲《よく》を捨てよ、とプナンは言った」参照）。

大学生たちの感想・疑問をこうして検討してみて改めて思うのは、プナンが反省しないで生きているというのは、外来の調査研究者である私自身の見方に他ならないということである。現地にしばらく身を置いてみて、私には、そう強く感じられるということである。上で見たように、プナンは個人的には反省しないけれど、集団的には何らかの反省をしているのだと言えるのかもしれない。ならば、ここで言えることは何かというと、この地球上には、反省しないで生きる人々もいるのだと考えてみてはどうか、というくらいのことになる。授業のリアクション・ペーパーから、私の語り口に寄り添いながら学生たちが揺さぶられているさまを見て取ることができたが、ふだんは思いもつかない切り口で考えてみることが、私たちの想像力を膨らませることもまた事実であろう。

反省することは、はたして、人間に本来的に備わっている思考と行動のパターンなのだろうか。いや、自らを再帰《さいき》的に振り返るという思考と行動が、ある時から出てきたのだろうか。そうだとすれば、人類は反省することを、いったいどの時期に手に入れたのか。そうした想定が正しいのだとすれば、私たち人間は反省する文化を持つようになったのだと言える。個人的な反省ではなく、集団的な反省のようなものがあって、人類の生存価《せいぞんか》が高まったのかもしれない。集団が先か、個人が先か。反省とは個的な行為なのか、あるいは社会的な行為なのか。

私たちはふだん、反省することがいかなることなのかを顧みることなく、何かにつけ反省をしている。私たちは、ある意味息苦しい、反省することの世界の外へいったん出てみることができるのか、できないのか。

4　熱帯の贈与論

買い物のとき品物が安いとわれわれのけち振りは増して来る。──なぜか？　小さな値段の差が、たった今けちの小さな眼をこしらえたからであろうか？

フリードリッヒ・ニーチェ『曙光』

プナンの民話は、動物譚《たん》の宝庫である。

かつてマレーグマだけに尻尾《しっぽ》があり、他の動物たちにはなかった。マレーグマの尻尾は格好よく見えた。動物たちはマレーグマのところに出かけて行って、尻尾を分けてくれるように頼んだ。マレーグマは来る動物来る動物に、気前よく尻尾を分け与えた。最後にテナガザルも尻尾をねだりにやってきた。しかしその時には、マレーグマに尻尾の手持ちがなくなっていた。それで、今日、マレーグマとテナガザルには尻尾がない。

マレーグマは、人はケチであってはならない、寛大な心を持つべきだという、人に範を垂れる存在として描かれている。この民話は、「ケチはダメ（*amai iba*）」というメッセージを伝えている。プナンにとって、寛大であることは重要な美徳である。

プナンは、つねに、もらったものを惜しげもなく誰かに分け与えることが期待されている。私が年二回のペースで訪れる際に、いつも世話になっている男性の家族にお土産として持っていく時計やポーチ、バッグなどは、すぐにそれらをねだる別の誰かの手に渡る。さらにそれらは、また別の人へと渡っていく。遠く離れた森の狩猟キャンプを訪ねた折に、見知らぬプナンの男が、私がある人物にプレゼントした日本製のウェストポーチを身につけていたことがあった。贈り物は、自らのもとに抱え込むのではなく、それを欲しがる別の誰かに惜しみなく分け与えることが期待されている。

もらった贈り物を他人に分け与えることは、プナンが生まれながらに持っている「徳」なのだろうか。いや、そうではないように思われる。私がプナンの居住地を訪ねていくと、ホストファミリーからは、お土産をけっしてみながいる前で見せないように言われる。みなが、あれが欲しい、これが欲しいと言って品物を持ち帰ってしまい、手元には何も残らないことを危惧《きぐ》するからである。逆に言えば、手元にものを置いておきたいというのが本心であり、「社会慣習」として、ものを惜しみなく他人に与えることがおこなわれているということだ。

ある時のことである。私が幼児に飴玉《あめだま》をいくつか与えると、彼女はそれらを独り占めしようとした。周囲にいる子どもが欲しそうに眺めていたが、幼児は飴玉をしっかりと身に引き寄せて手放そうとはしなかった。母親がそれを見て、傍にいた子どもたちにも分け与えるように促した。最初は怪訝《けげん》な様子だったが、母の教えに従って、幼児は飴玉を他の子どもたちに配り始めた。プナンは、そのようにして後天的に、与えられたものを分け与えるという規範を社会に広く行き渡らせてきたのである。ものを惜しみなく分配するという寛大な精神は、けっして生まれながらのものではない。

ケチの小さな芽は、見つけられたらただちにつぶしにかからなければならない。

フランスの社会学者マルセル・モースは、ニュージーランドのマオリのものの霊、「ハウ」を取り上げたことで知られる。マオリは、贈り物が贈り手から移動する時に一緒に移動する「贈与の霊」のようなものがあると考え、それをハウと呼んだ。ハウは贈り主のもとに帰りたがるので、別のものに乗せてお返ししなければならない［モース　二〇〇九］。

アメリカ大陸では、インディアンたちもまた、贈り物を交換し、何かをもらったら必ずお返しをしていた。インディアンは、白人の行政官が村を訪れた時に、みごとなパイプを贈り物として贈った。数ヶ月後、インディアンが、その白人のオフィスを訪れると、暖炉の上にそのパイプが飾ってあるのを見て、「白人はもらったもののお返しをしない。それどころか、もらったものを自分のものにして、飾っている。なんという不吉な人々だ」と感じたのだという。インディアンにとって、贈り物は、白人がするように、飾っておくべきものではなかったのである。

中沢新一によれば、インディアンにとっては、贈り物を自分のものにしてはならず、贈り物は動いていかなければならなかった。贈り物と一緒に「贈与の霊」が、他の人に手渡される。「贈与の霊」は、別のかたちをした贈り物にそえてお返ししたり、別の人たちに手渡したりして、動かさなければならない。中沢は、「贈与の霊」が動き、流れてゆく時、世界は物質的にも豊かになり、人々の心は生き生きとしてくるのだと言う［中沢 二〇〇九］。

資本主義のもとでは、資本が一ヶ所に集められ、事業に投下されることによって経済活動がおこなわれる。やがて、お金がどこかにためこまれ、経済が停滞すると、社会そのものに活力がなくなってしまう。そうしたお金と社会が関係している点に着目し、「お金は老化し、消え去らなければならない」と唱えたのがドイツの経済学者シルビオ・ゲゼルである［ゲゼル 二〇〇七］。世界恐慌《きょうこう》の時代、財政破綻《はたん》に陥ったオーストリアのとある町議会は、その町だけで通じる「自由貨幣」を発行することを決めた。それ以来、地域通貨を導入し、貨幣を循環させ、人と人のつながりを生みだし、社会に活気を取り戻すための取り組みが世界各地で行われてきた。資本主義が抱える課題の先に見出《みいだ》された地域通貨の中にもまた、「贈与の霊」の精神を確認することができる。

プナンには、「贈与の霊」そのものズバリの考え方はない。しかし彼らも、ものに「贈与の霊」があるかのように、ものを滞らせることなく、循環させようとしている。人が人にものを贈る。もらった人は別の人にそのものを贈る。そのことにより、ものは特定の個人だけに留まることはない。個人占有の否定、つまりケチの小さな芽をつぶすことは、原理的に、ものを循環させることにつながっている。

プナン社会では、与えられたものを寛大な心ですぐさま他人に分け与えることを最も頻繁に実践する人物が、最も尊敬される。そういう人物は、ふつうは最も質素だし、場合によっては、誰よりもみすぼらしいふうをしている。彼自身は、ほとんど何も持たないからである。ねだられたら与えるだけでなく、自ら率先して分け与える。何も持たないことに反比例するかのように、彼は人々の尊敬を得るようになる。そのような人物は、人々から「大きな男（*lake jaau*）」、すなわちビッグ・マンと呼ばれ、共同体のアドホックなリーダーとなる。そうしたリーダーのあり方は、高級なスーツを身にまとったり、高価な時計を腕に着けたり、ピカピカの高級車を乗りまわしたり、平気で公金を私的に流用したりする先進国の（一部の）リーダーたちとなんと違っていることか。

与えられたものを他人へとすぐさま与えて、ものを循環させるスピリットを持っていれば、彼のもとには、その徳を敬い、彼のことを慕う人々が集まる。彼の言葉は、集まってきた人々に受け入れられ、人々を動かす原動力になる。ビッグ・マンの口から言葉が発せられれば、人々は狩りに出かけるし、言い争いは鎮《しず》められる。

逆に、彼が個人的な欲に突き動かされるようになり、与えられたものを独り占めして出し惜しみし、財を個人の富として蓄えるようになれば、彼が発する言葉はしだいに力を失っていく。それだけでなく、人々はしだいに彼のもとを去っていく。その時、ビッグ・マンはもはやビッグ・マンではなくなっている。プナンは、ものを惜しみなく分け与えてくれる男性のもとへと集うのである。

なぜそこでは、このような社会道徳が発達してきたのか？　それは、食べることと生きることに深く関連するように思われる。狩猟に出かけて獲物が獲《と》れなくても、隣の家族で獲物が獲れた場合には、そちらに行って食べさせてもらう。逆の場合、つまりこちらで獲物が獲れてあちらで獲れなかった場合、こちらはあちらに惜しみなく食べ物を分け与える。そうすることで、共同体の誰もが、空腹に困らず、つねに食べることが可能になる。つまり、ものがある時に惜しみなく分け与えることで、ものがない時に分け与えられることを保証する仕組みが築かれてきたのである。モースは、社会全体に自然の恵みが行き渡るこうした交換様式を「全体的給付体系」と呼んでいる〔モース　二〇〇九〕。その仕組みを支えるために、プナンでは「ケチはダメ」という規範が広く浸透しているのだと思われる。

　ものをもらった時、何かをしてもらった時に、相手に対して感謝の気持ちを伝える「ありがとう」という表現は、プナン語にはない。ふつう、贈り手に対しては、その場では、何の言葉も発しない。他方で、「ありがとう」に相当する言い回しとして、〝*jian kenep*〟（よい心）という表現がある。それは、「よい心がけ」であると、贈り手の分け与えてくれた精神性を称《たた》える表現である。感謝されるのではなく、分け与える精神こそが褒められるのである。

　その意味で、ビッグ・マンは、「よい心がけ」という言い回しによって表される文化規範の体現者でもある。熱帯の狩猟民は、有限の自然の資源を人間社会の中で分配するために、独自の贈与論を生みだしてきた。

　ビッグ・マンが発する言葉は、共同体の中でひときわ大きな意味を持つ。「キエリテン」の起源を語る神話（「2　朝の屁《へ》祭り」参照）が、そのことを端的に示している。かつて人を含むすべての動物の頂点に君臨する王だったキエリテンは、人間に大木を切り倒すように命じ、「耳かきをつくれ」と命じたのである。巨木を切り倒しておいて、そのようなちっぽけなものをつくるように命じるキエリテンには、まったくリーダーとしての資格はない。キエリテンは、やがて王位から滑り落ち、臭い屁《ひ》を放るだけの動物へと転落したのである。

さて、この熱帯の贈与と交換の仕組みの中で、誰が最も強い存在であろうか？　それは少なくとも持つ者ではない。何も持たない者こそが、そこでは最強である。〈彼〉／〈彼女〉はつねに〈私〉の持ちものをねだりにやって来て、〈私〉から持ちものを奪い去っていく。〈私〉にとっての〈彼〉／〈彼女〉である他者は、何も持たない者であるからこそ、〈私〉を脅かしつづける。〈私〉は、つねに物欲を抱えているからである。そのうちに、物欲とともに、〈私〉はこの仕組みの渦に呑《の》みこまれる。〈私〉は、やがて持たないことの強みに気づくようになり、最後には、持たないことの快楽に酔い痴《し》れるようになる。

その意味で、熱帯の贈与論における「他者」とは、たんにねだりにやって来る〈彼〉／〈彼女〉のことではない。それは、〈私〉が目指すべき、ねだっては与える

〈私〉、すなわち「自己」でもあるのだ。プナンの小宇宙では、こうした持つことと持たないことの境界が無化された贈与と交換の仕組みが深く根を張っていて、貨幣を介して、持ちものやお金をためこもうとたくらんで外部から滲入《しんにゅう》してくる資本主義をばらばらに解体しつづけているのである。

2007年3月に一斉結実した森にプナンは家族で押し寄せて10家族以上収容可能な狩猟小屋を建て、男たちは連日猟に出かけたくさんのヒゲイノシシを持ち帰った。人々は肉に満たされ、狩猟小屋はつねに華やいだ。

5　森のロレックス

すべての者がおしなべて心に思う、――来し方は無であった、さなくも取るに足らぬものだった、近い将来が一切だ、と。だからこそ、この急《せき》立ち、この叫び立て、それ自身も聾《みみしい》るこの騒ぎ立て、この自己瞞着《まんちゃく》が生まれるのだ！　誰も彼もが、この近い将来における第一人者でありたいと望んでいる――けれども死と死の静寂とこそが、この将来における唯一確実なもの、万人に共通のものなのだ！　この唯一確実なもの共通なものが、人間に対しほとんど何の力をも加えることができないとは、また、彼ら人間が自分を死との兄弟だと感ずることが全くないぐらいだとは、何とも奇体なことでないか！　人間が死の思想を金輪際考えたがらないのを見ると、私は幸福の思いにうたれる！　彼らのために生の思想を百倍も考察に価するものとしてやるために、よろこんで私は何かをしたいと願っている。

フリードリッヒ・ニーチェ『悦ばしき知識』

日本国内の大学でかつて広く使われていた文化人類学の教科書の中で、人間の時間の経験に照らして、通過儀礼および人生儀礼についての説明がなされていた。本来はにおいも形もないカオスの状態、あるいは区切れのない連続体に対して人間は区切れを入れる。そのことによって、人為的に時間の体系をつくり出したのである。その後、そうやってつくり上げた時間の体系をつうじて、人間は時を経験するようになったとされる。

ところが、私たちは、私たち人間が時間の体系をつくり出したことを、今やきれいさっぱり忘れてしまっている。私たち現代人にとって、時間はつくられたものではない。時間ほど確かなものはない。それは、私たちの外部に厳然と存在するものと感じられるほどである。時間によって働くことが管理され、給与は時間単位で決められる。学校では、授業の開始と終了時間が決められていて、試験ともなれば、開始後二十分を過ぎると、試験そのものを受けることができなくなったりする。

時間を体系化することは、はたして、人間が生まれながらに持っていた特性だったのだろうか。時計が発明されたのは、今から四千年ほど前のシュメールにおいてであるとされる。時計の発明は、時間の体系化の後のはずだ。そうだとすれば、人類の歴史のどこかで、時間が体系化されたはずである。いわば時間には誕生の瞬間があったのだ。では、私たちの祖先は、いったいいつ頃から、カオスに区切れ目を入れ、時間を体系化するようになったのだろうか。

プナンとしばらく一緒に暮らしていると、私たちとは異なる時間が流れていたり、時間に対する感覚が違っていたりする「異文化の時間経験」よりも、より根源的な意味で、そこには時間の観念がない、あるいは時間の観念が薄いと感じられるようになる。プナンなら、人の住む場所から離れた無人の地にたどり着いて、一人ぼっちで生きなければならなくなっても、映画『キャスト・アウェイ』（二〇〇〇年　アメリカ）で、トム・ハンクス扮《ふん》する無人島に一人漂着した主人公のように、太陽が昇って沈むまでをひとつの単位として、木の幹や岩などに印をつけて、最初に漂着してからどれくらい経《た》ったのかを計るというようなことはしないであろうと思われる。

プナンに生年月日を尋ねると、老若男女、答えられる人は誰一人としていない。自分がいつ生まれたのかを覚えてもいないし、周りの者も誰も知らないのである。考えてみれば、西暦や年号および月日を用いて生まれた日を特定するという、誕生をめぐる日本および先進諸国の習慣に基づいて、プナンに生まれた日を尋ね、それに対する答を期待する私自身による問いの設定のほうが問題なのであろう。年月日によって生まれを言い表すことは、人類の普遍的な表現の様式ではないのだ。そうだとすれば、プナンは、自分の生まれた日付を覚えていないというよりも、これまで、そういったことを認識したり表現したりする術《すべ》を持たなかったし、言い表す必要もなかったのだと考えるべきだろう。

プナンは、誰某《だれそれ》は自分よりも先に生まれた、誰某が自分よりも少し後に生まれたというふうに、年齢については、時間軸という絶対的な基準を用いて言い表すことはない。そこには、あやふやな、相対的な差異があるだけである。

補足して述べれば、絶対的な基準であとさきを決めるのではない相対的な年齢意識は、プナンが、生まれた日付のあとさき、年齢の大小に基づく序列によって社会を組織していないことにもつながるように思われる。そこでは、一般に、生まれのあとさきが何かをする際の基準にはなりえない。そのことは、人間はみな原理的には対等であるという、プナン社会の平等主義のアイデアに関わっている。


プナンは、時系列の観念が薄い。せいぜい雨が多く降ったり、少なかったりといった程度の気候変化しかない、季節性のない熱帯雨林の中で、かつて彼らはサゴヤシや野生動物を採集・狩猟しながら暮らしていた。食料がなくなると、別の場所へと移動した。今日、ブラガ川上流域に暮らすプナンは、一九八〇年代初頭までは、そうしたノマディック（遊動的）な暮らしをしていた。

ノマドだったころのプナンにとって、時系列に沿って考えたり、時間や暦で生活のリズムを管理したりする必要はなかったと推測される。時間の観念や暦がないことは、熱帯の森の中で生活する上で、何ら支障にも障害にもならなかったのだろう。いや、必要がなかったから、時間の観念や暦がなかったのだと言える。今日に至るまで、プナン社会にカレンダーの類《たぐい》はない。

ここで、時間の体系化に関して、ひとつの仮説が立てられる。人類社会に時間の観念がはっきりと出現してくるのは、今から一万年ほど前まで続く採集狩猟の段階ではなく、人類が農耕や牧畜という生業を始めてからのことではないかというものである。将来に向けて生きていく糧《かて》を備蓄するために、いつ頃、どのような作業に取りかからなければならないのかを決める上で、暦やカレンダーが必要になった。

私が一九九〇年代に現地調査した、ボルネオ島（インドネシア・西カリマンタン州）の焼畑稲作民カリスの社会には、夜の空高くに見える三ツ星を見上げた時に、被《かぶ》っている帽子が後ろに滑り落ちるようになったら種蒔《たねま》きをしなければならないという、その社会独自の農耕カレンダーがあった。自然現象が農耕作業の開始を告げ、そのことをひとつの区切りとするようになり、そのような手がかりを実用的なレベルで人々が用いるようになって、その後しだいに、暦が必要とされるようになるとともに、時間の体系化が進められていったのではないだろうか。

翻《ひるがえ》って、農耕が開始される以前の、採集狩猟を主な生業とする社会では、そういった類の時間の管理、時系列の組織化は要らなかったのではないか。現在でも、プナンは、何かに対して備えるということをほとんどしない。あれをするためにこうしておかなければならないというような機序が、個人のレベルでは少しだけあるが、共同体や社会のレベルではほとんどない。ノマドであった時代にも、彼らは何かに備えるということをしなかったはずである。今日のプナンは、そのことを受け継いでいる。

プナンは、食料や財が豊かに周りにある時には貪欲《どんよく》に消費し、それらがなくなれば、別の場所に移って探す。森のどこかには、野生動物や果実などの食料をはじめ、人々が必要とする様々な財が存在する。だから彼らは特定の場所で備えたり待ったりすることはなく、ただ移動するだけである。そうした環境で暮らす人々にとっては、すでに述べたように、暦や時間は必ずしも必要ではなかったのだろう。

今日、プナン語に「時」や「時間」にあたる言葉がないわけではない。「過去（*jaka saau*）」や「現在（*jaka iteu*）」というような言い方はある。しかし、それは漠《ばく》たるものとしての過去であり、現在であり、それらの語彙は、私たちが用いているような、時刻や日付で表現される絶対的な基準による時間の観念を土台として組み立てられているものではない。

この点に関して、イギリスの人類学者モニカ・ジャノウスキーとマレーシアの人類学者ジャイル・ラングブによる「森の中の痕跡《こんせき》と印づけ」と題する論文が示唆《しさ》に富んでいる。ジャノウスキーらによれば、マレーシア・サラワク州の焼畑稲作民であるクラビットが森の中に石などを置いて人の死を印づけ、後代にまで残そうとするのに対して、狩猟採集民プナンは森の中に物理的に何かを残すことはない。プナンは、そこにかつてあった「痕跡」のみを大切にし、記憶だけに頼る。自然によって掻《か》き消され、記憶から漏れ落ちた時、痕跡は跡形もなく姿を消してしまう。プナンは、出来事や事件を、「形」あるものとして、印づけ、留めおこうとはしないのだという［Janowski & Jayl 2011］。

プナン社会では、人の死はふつうの出来事である。ニーチェが言う「人間の兄弟」である死が、時折やって来る。ノマド時代には、近親者の死に際して、死がもたらす心痛を避けるために、死が起きた場所に遺体を埋めて、その場を放棄し立ち去っていた。近親者の死にさいして、プナンは、遺体を土中に埋めた後、死者のことを思い出させる遺品をすべて破壊し尽くし、死者の名前を口に出さないようにして、死者と親族関係にある人々の名前を一時変える（「8　死者を悼むいくつかのやり方」参照）。

ブラガ川上流域のプナンは、二〇〇〇年ごろからキリスト教に改宗し、遺体を土葬し、近隣焼畑民をまねて墓をつくり始めたものの、それまでは、死者の遺骨や遺灰を納める墓や、死者の生前の業績を記念して建立《こんりゅう》されるモニュメントなど、死を印づけることはしなかった。死が記念されたり、過去が刻まれたりすることはなかった。死あるいは死の静寂が、時間の体系の中に位置づけられることはなかったのだと言える。

第二次世界大戦後あたりから、年代（西暦）を用いて、過去の出来事を言い表すようになったと説明するプナンもいる。しかしプナンが覚えているのは、せいぜい一九八〇年代以降の出来事が起こった、ごく大まかな年である。過去のことを語る際の典型的な言い方は、以下のようなものである。

私がちょうど（今の）ジュエンのころに、彼は亡《な》くなった。
daun akeu Juen ia matai.

現存する人物であるジュエンに拠《よ》って、過去の出来事、この場合、ある男の死を描きだす。死んでしまったもの、なくなってしまったものは、ただ、人々の帳簿からしだいに消えてゆくのみである。だから、プナンの歴史は、それを語る人物の現実の経験を超えて深まることはない。

未来（*la*）についてはどうだろうか。未来についても、プナンはほとんど語ることはない。「将来、私はこうしたい、こうなりたい」ということを、共同体のリーダーや小学校を出た数少ない「エリート」以外は、ほとんど口にしない。子どもに対して、「将来、何になりたいの？」と、将来の夢を尋ねることは、まったく意味をなさない。

このことは、ひとつには彼らが時間軸を想定して、軸の先のほうまで考えることがないことに関係しているように思われる。ふたつには、プナンが都市や遠くに働きに出かけることがほとんどなく、生まれ育った森での暮らしの中に自己完結するような人々であり、職業や生き方の選択肢がないことに関係している。

ただし、プナンが必ずしも時間の計測をしてこなかったというわけではない。

ノマド時代のことである。二人の男が何日か後に再会する約束をした時、二人はそれぞれ、木の枝に同じ数の紐《ひも》か縄の結び目をつくったという話を聞いたことがある。二人の男は、結び目の付いた枝をそれぞれ持ち帰り、一日ごとに結び目をほどいて、約束の日が来るのを計った。プナンの「トム・ハンクス」たちである。二人のうちどちらかがやって来ることになっていた場合、待つほうは相手がやって来るまでずっと待ちつづけたというのである。日時計測の原初形態。

○月×日の午前△時に、この場所でふたたび会いましょう、という絶対的な時間に基づく約束の仕方は、プナン社会に学校教育が（部分的に）導入され、行政サービスが行われるようになるごく最近まで存在しなかった。プナンは、そのやり方にはまだあまり慣れていないように思われる。また、誕生日、結婚記念日、命日、創立記念日、〇〇記念日という時間の区切り方は、プナンにとっては、今日でもほとんど意味を持たない。

今日、プナン、特に青年期以降の男性は、腕時計をとても欲しがる。私には、次に訪ねてくる時にはセイコーの腕時計を持ってきてくれ、いや、日本製の時計であれば何でもいい、などと土産物をねだる。町に出た時などに手持ちの金があれば、腕時計を買い求めることもある。大枚をはたいて、と言ってもせいぜい四千五百円くらい（百五十マレーシア・リンギ）までであるが、ロレックスなどの高価な腕時計を買うのである。四千五百円のロレックスは、もちろん偽物《にせもの》である。

しかし彼らは、腕時計を持っていないと不便だから、つまり時間を知ったり計ったりするために腕時計を着けているのではない。その証拠に、プナンが腕にはめている時計の時間が合っていることはほとんどない。時間が合っているかどうかを気にしている様子すらない。時間はどうでもいいのである。

プナンにとって、腕時計はたんなるファッションにすぎない。腕に着ける以外の置き時計や掛け時計の類は、プナン社会にはまったく見当たらない。断然、腕時計である。とはいうものの、針が動かなくなったロレックスは、森の中にあっさりと投げ捨てられるか、束《つか》の間、子どものおもちゃとなる。

プナンは、体系化され、機械の中に閉じ込められた時間をあてにしないだけでなく、それをまったく信じていないようでもある。身につけるためだけに特化しているが、それほど執着するでもなさそうな、プナンによる腕時計の扱い。それは、カオスから秩序を得るために自らがつくり出したものによって、逆にがんじがらめに縛られてしまっている私たちのとは異なる腕時計の使い道なのではないだろうか。

乾季で水量が減った川に投網をする男たちとその後を舟を漕いで追う少年。

6　ふたつの勃起《ぼっき》考

子供を見たりすれば、人間はあたかも失われた楽園を思い出したかのように感動する、子供は否認すべき過ぎ去ったものをまだ全くもたず、過去と未来の隔ての間で有頂天に盲目になって戯《たわむ》れているのである。だが子供のこの戯れも邪魔されざるをえない。子供はあまりにも早く忘却から呼び覚まされるのである。

フリードリッヒ・ニーチェ『反時代的考察』

伝達機能を持たないが、一体感を生みだすような社会的な機能を持つ話し言葉を用いることを、〈交感言語使用〉と呼ぶ。プナンには、「おはよう」や「こんにちは」「元気ですか」「さようなら」といった定型句がない。つまり交感言語使用がほとんどないのである。人々がずっと一緒に行動し、密に接して暮らしていると、一体感を生むために交わす言葉などほとんど必要ないのだと言えよう。

しかし、離れたところに暮らしている親しい男同士の間柄で、挨拶《あいさつ》代わりに交わされる言葉を耳にすることがある。「元気ですか」に代わるのが、〝*buat nyi?*〟や〝*agak nyi?*〟である。*nyi* とはペニス、*buat* は長い、*agak* は立つという意味である。両方とも「勃起している」という意味になる。それらが、挨拶言葉になることがある。「勃起しているか」は、「元気ですか」という意味である。さもありなん。使う相手や場所をまちがえると相手を侮辱することにもなりかねないが、それらの句は、親しい間柄の二人の男が出会った時に、冗談っぽく発せられることがある。

男同士が出会った場合だけでなく、日常の会話の中で男たちが冗談を言い合うような場合にも、〝*buat nyi*〟（長いペニス）、〝*jaau nyi*〟（大きいペニス）、〝*dee nyi*〟（血がみなぎったペニス）、〝*agak nyi*〟（隆起したペニス）という言い回しがよく聞かれる。女好き、女殺し、色魔、デカチン野郎……というような意味合いである。共通しているのは、それらがすべて「勃起」を意味しているという点である。プナン語には、勃起を言い表す語句がなんと多いことか。

未婚の男たちは、不随意に起きた勃起を「女を探しに行く（*pitah redu*）」理由にしたりする。そのような時には、男たちは何人かで組んで、夜這《よば》いを目的として、遠く離れた別のプナンの居住地に出かけたりする。勃起という言葉は、おおらかにプナンの日常にあふれている。勃起は、男性個人の下半身の現象としてけっして隠されない。

加えて興味深いことに、プナン語には、〈勃起〉を表すふたつの言葉がある。ひとつは、ふつうの〈おとなの勃起〉、アガック（*agak*）で、もうひとつは、〈子どもの勃起〉、ウギ（*ugi*）である。プナンは、射精（*mesit be ape*）可能なおとなの男の勃起と、（射精できない）子どもの勃起を分けているのだ。考えてみれば、不思議である。驚きでもある。なぜ、勃起をわざわざふたつに分ける必要があったのだろうか。言えるのは、プナンは〈子どもの勃起〉を、性交可能な〈おとなの勃起〉とは違うものと認識してきたということである。小さな勃起と大きな勃起。熱帯にそびえ立つツインタワー。

まず、〈子どもの勃起〉。

はたしてそこでは、どのようにして子どもに勃起が起きるのか。ひとつの「出来事」を描くことから始めたい。

ある日の昼下がり、三、四歳の二人の男の子が、私のいるすぐそばで真っ裸ではしゃぎまわっていた。一方が、ある瞬間にペニスの包皮を手でめくって、亀頭《きとう》部分をむきだしにしたようだった。他方がそれを見たのだろう。それに応じて、おもむろに四つん這いになった。そして、彼に対して臀部《でんぶ》を差しだしたのである。一方の男の子は、亀頭の先っちょを四つん這いになった相手のお尻《しり》に軽く押しつけ、肛門《こうもん》の中へと差し込もうとした。

その二人の幼い裸ん坊の戯れを、そこまでぼんやりと眺めていた私は、突然、二人に名前を呼ばれた。自分たちのやっていることを見ろというのである。私は立ち上がって、二人の行為を上から見下ろした。ハレンチさが、その時まざまざと目に飛び込んできた。今まさに肛門の中に差し込まれんとしているペニスは前後に微動しながら、小さく勃起していたのである。私はとっさにひらめいて、バッグからカメラを取り出し、そのハレンチな行為を撮影しようとした。だが次の瞬間、私はそのことを躊躇《ちゅうちょ》した。もう一人の私が、彼らは「恐るべき子どもたち」だ、そんなものを記録にとどめるべきではない、と命じたからである。そのため、その証拠写真は残っていない。

小さく勃起したペニスは、お尻の穴に挿入されることはなかったが、その小さな勃起と小刻みな腰使いは、その後しばらくの間、明滅しながら私の脳裏から離れなかった。〈子どもの勃起〉、ウギ。その時それは、小便がたまったとか、不意の刺激を受けてもたげたというような態《てい》ではなかった。それは、疑似的な行為であるにせよ、原理的には〈おとなの勃起〉、アガックとほとんど変わらないものであるように思えた。

その真っ裸の男の子たちは、いったいいかにして、そんな遊びをするようになったのだろうか。そんな問いが、私の心に残った。考えてみれば、遅かれ早かれ誰もがたいてい、異性との関係を進展させ身体をすり合わせて、なんとかして性行動を達成するわけだから、その行動自体にそれほど不思議なところはない。そうであれば、考えなければならないのは、男の子たちがいかにして〈子どもの勃起〉に至ったのかということのほうである。そして、その問いに対してまず考えてみるべきなのは、裸体（*ugai*）の日常化とでもいうべき、プナンの身体性にあるように思われた。

プナンの男の子たちは、四、五歳くらいになるまでは、朝から夜まで、だいたい一日じゅう真っ裸で遊び回っている。六、七歳になっても、真っ裸で過ごすことが多い。男の子たちは第二次性徴を迎えるまでは、人によって違いもあるが、人前で真っ裸で暮らしている。そのため、男の子、とりわけ幼い男の子は、自らの身体およびそのパーツを衣服に覆《おお》われたものではなくて、つねに裸体としてむきだしのまま経験している。彼らは、それらを直接見下ろし、それらに触れる。裸の童たちは、遊びながら、自分のペニスや睾丸《こうがん》に頻繁に触れるが、他人のものに触れることは稀《まれ》である。

裸ん坊の男の子たちは、睾丸の中に男茎を隠してみたり、皮の先っちょをひっぱってみたり、それをいっぱいまで伸ばしてみたり、包皮をむいたりして遊ぶ。衣服の中にしまい込まれていないために、ペニスは男の子たちの最大の関心物のひとつなのである。

ペニスは、自らの身体のレベルでの戯れの対象からスライドして、いつしか日々の集団的な遊びの中での戯れの対象となるということなのかもしれない。ペニスへの触覚的な刺激が引き金となって、〈子どもの勃起〉、ウギが引き起こされるのかもしれない。二人の男の子たちの擬似性交の場面では、戯れによる微動によって、〈子どもの勃起〉が起きたというふうに見ることができる。

また、そのような男の子たちの性器の感覚経験の延長線上に、ペニス・ピン（*uteng nyi*）という、亀頭に付けるユニークな性具が発達したことも十分に考えられる。〈おとなの勃起〉の領域に属するペニス・ピンについては、後ほど述べる。

しかし、これまでのところ、自らのペニスと戯れていて、そのうちに勃起するということを言っているにすぎないのかもしれない。はたして、裸ん坊たちは、勃起へと至る擬似性交をする手がかりを、いったいどこから得るのだろうか。日々の遊びの場面で、少し上の世代の男の子たちから、そのような遊びを教えてもらうということが、ことによるとあるのかもしれない。

ふたたび、擬似性交をしかけた裸の男の子にご登場願おう。ある日、たくさんの子どもたちが、男女入り混じって遊んでいた。その時、私は、例の裸ん坊の彼の行動を

真っ裸で暮らす男の子たちと犬。

目で追っていた。また何かするのではないかという予感がしたからである。すると、ペニスをいじくり始めたその男の子は、いきなり自ら手で包皮をむいて、亀頭を露出させたではないか。「おっ、できた」みたいな言葉が聞き取れたような、たんなる空耳だったような。

そして、その裸ん坊はペニスを、彼の前を歩いている六、七歳の女の子の臀部に押しあてようとした。女の子は、その裸ん坊よりもずいぶんと背が高かった。裸児はペニスを女の子のお尻に持っていくことができるように、思いっきりジャンプした。女の子は、後ろを振り返り、裸ん坊が何をしているのかを一瞬で悟ったようだった。振りむきざま世の中にこれ以上の憎むべき者はないとばかりに、その裸児を思いっきり蹴《け》っ飛ばして、何やら呪《のろ》いの言葉を吐いた。しかし、当の裸児は、平然と何食わぬ顔で、罵《のの》り言葉に臆《おく》することなくそのお姉さんをあきらめ、今度は別の同じ年頃の女の子のお尻をめがけて果敢に襲いかかっていった。彼は、またもや地獄に落ちろと言わんばかりに蹴っ飛ばされ、無残にも追い払われたのである。その有頂天になった裸ん坊の男の子の、恐れを知らないさまに、私はうっとりと見とれてしまった。同時に、当の裸児が、小さく勃起しているのを視認した。

その時にピンと来た。その裸ん坊は、ところかまわず交尾をする犬（猟犬）の所作をまねているのではないか。発情した雄犬は、勃起した亀頭部を露出させて、あたりをうろつきまわる。そのうち、雌犬の生殖器のにおいを嗅《か》いで、雌犬の背後から乗りかかろうとする。雄犬は時には受け入れられ、時には拒まれる。裸の男の子がまねたのは、居住空間でしばしば目にする、犬の交尾だったのではないのだろうか。

そのような仮説をもって、私は、挫《くじ》けることを知らぬ英雄に近寄っていった。さっき女の子のお尻にジャンプして何をしていたのかと尋ねると、当の裸児はうつむいて、ペニスをいじり始めた。そして、私のことを困ったような眸《ひとみ》で見上げて、無言で、ただペニスの包皮をむきだしたのだった。〈子どもの勃起〉は、その時には、すでにチン静化していたように思う。

これらの裸ん坊たちの戯れは、「ウギ遊び」とでも呼ぶべきものではなかったか。〈子どもの勃起〉は、どうやら裸の子どもたちの戯れに関わっているようである。

すでに述べたように、男の子は、第二次性徴の直前までペニスを人前で露出するのに抵抗を覚えることがない。それに対して女の子たちは、早くから衣服を身につける。ヴァギナ（*ukin*）は三、四歳のころには、衣服に覆われる。裸に抵抗を覚えるようになるずっと前に、女の子の身体は布で覆われる。

少女たちは、おとなの女たちに交じって、おとなの女たちと同じように、衣服を着けたまま川の中で水浴びをするようになる。女の子たちが人前で裸体を晒《さら》すことを恥ずかしいと感じたり、抵抗を覚えたりしているのかどうかははっきりしない。彼女らに衣服を身につけるように仕向けるのは、おとなたち、とりわけ母親や女の親族である。ことによると、女たちは、男たちの性的な視線から女の子たちを守ろうとしているのかもしれない。

経済人類学者・栗本慎一郎はかつて、文化人類学の「儀礼論」と、フランスの哲学者ジョルジュ・バタイユの「蕩尽《とうじん》論」をミックスさせて、動物の中でヒトだけがなぜ

「パンツ」をはくのかという問いに挑んだ。栗本の結論は、ヒトという動物は「脱ぐために、パンツをはいている」というものだった。パンツとは、脱ぐことによって得られる快楽を極限にまで高めるための道具であり、装置なのである〔栗本　一九八一〕。

栗本の「パンツ理論」を援用すれば、早い時期から、女の子の裸体を衣服で覆うことは、男たちの欲望の視線から女を守るためという単純なことではない。そうではなくて、それは、男たちが、日常では衣服の下に隠された女の裸体を妄想するだけで、欲望をひたすら内側にためこみ、非日常で一気に蕩尽するために、おとなたちによって仕組まれたたくらみなのだと言えなくもない。

いずれにせよ、男の子の〈子どもの勃起〉は、女の子の裸体の隠蔽《いんぺい》という現象と比べてみても際立《きわだ》っている。男の子たちは、裸だからこそ小さく勃起する。

次に、もうひとつの勃起。

それは、射精可能な、〈おとなの勃起〉である。あるいは、衣服の下に隠さないと、タワーとなって、欲望の記号が人目につきすぎて、本人だけでなく周囲がうろたえてしまうような勃起。ふつうに言えば、生の源泉たる〈おとなの勃起〉である。その勃起ももちろん〈子どもの勃起〉からの成長に他ならないのであるが、他方でそれは、プナンにとっては、ペニス・ピンという性具を付ける勃起である。

ペニス・ピンとは何か。

それは、ボルネオ島の先住民の間で、かつて広く用いられていた性の道具である。その心棒には、動物の骨、竹、木、真鍮《しんちゅう》などの素材が用いられていたという。両端の突起部分には、原石、葉、種、羽、ブタの剛毛などが使用された。ピンの直径は二ミリから四ミリで、長さは二十一ミリから五十ミリのものまであった。ペニス・ピンは、ふつう輸尿管に垂直に取り付けられる。一度に五つのピンが取り付けられる場合もあるが、ふつうは単一のものが付けられる。ピンは一般に、脱着可能である。

ペニス・ピンは、一八三〇年代以降に、ヨーロッパの人々の関心を惹《ひ》きつけたようである。しかしその実態は、ヨーロッパのポルノ趣味の延長線上に、ペニス・ピンを熱帯の原住民の風変わりなセックスの道具として見るという、興味本位のものであった。ボルネオの原住民の女たちは、巨大化したペニスによるセックスの刺激を求めていると解釈されたのである［Brown 1991; Brown, Donald E., James W. Edwards, and Ruth P. Moore (eds.) 1988］。

ボルネオ島全域で、近代化によって今日、ペニス・ピンの装着率は大きく減少する傾向にある。しかし、プナン社会には今日までペニス・ピンが伝承されてきている。

マレーシア・サラワク州の先住民がたくさん出入りする南シナ海に面した都市で、先住民のペニス・ピンの装着をめぐる、よく知られた噂話《うわさばなし》がある。

ある時、娼館《しょうかん》に、順に三人の男たちが入っていった。最初、イバンの男が入っていくと、娼婦は手慣れた調子で、新聞を読みながらサービスをした。次に、クニャーの男が入っていくと、その娼婦はまた、新聞を読みながら相手をした。最後に、プナンの男が入っていった。娼婦は、もう新聞を読むどころではなかった。新聞を放り投げて歓喜の声を上げた。プナンはペニス・ピンを付けていたのである。

イバンとクニャーはともに、サラワク州の先住民であり、かつてはペニス・ピンを装着する風習があった。都市では今日、ペニス・ピンはもっぱらプナンだけが付けている性具として語られている。

ペニス・ピンが〈おとなの勃起〉に関わっているというのは、それが、子どもには付けられることがないからである。

プナンの男女は、第二次性徴を迎えるとほどなくして、性愛の相手を探し始める。

すでに述べたように、衣服を身につけるようになった男の子たちが、やや背伸びして、〈おとなの勃起〉をするようになったことを理由として女を探し始める。ポーカカップ（*pekakap*）とは、男があらかじめ約束しておいた女の蚊帳《かや》（*kulabu*）の中に夜中に忍びこむことを含む「通い婚」、夜這いのことである。

プナンの家屋、狩猟キャンプなどでは、夜になると蚊帳がいくつも吊《つ》られる。夫婦と小さな子どもたちは、ふつうひとつの蚊帳の中で眠る。十歳を越えるころには、つまり、〈おとなの勃起〉が近づくころになると、男の子たちは父母の蚊帳から出て、少年たちだけの蚊帳に移動して眠るようになる。プナンは、マラリア対策用にサラワク州衛生局が蚊帳を配布する一九八〇年代以前から、布を縫い合わせて蚊帳をつくって張り、寒さをしのいでいた。ボルネオ島の熱帯雨林は、夜から明け方にかけては思いのほか冷え込む。

夜這いは、けっして、ひと組の男女の間で秘密裏に行われるのではない。女の家族は、夜這いの事実について知っているか、気づいている。男が、夜這いを行う夜の前の昼間に、女の住まいにやって来て、家族と談笑した後に、女がその夜、当の男が夜這いに来ることを、なかば公然と承諾するからである。すると、男を迎えることを承諾した女と同じ蚊帳に寝ている姉妹たちは遠慮して、その夜は、父母やすでに結婚し

「結婚」する直前の年頃の男女。この二人はイトコ同士なので性交渉はタブーとされる。

ている兄弟姉妹の蚊帳にもぐりこむ。その意味で、夜這いは、女の家族たちが、そのひと組の男女の情愛関係のなりゆきを見守ることを含んでいる。

夜這いでは、初回からセックス（*pekunyi*）が行われるとは限らない。いちゃつくだけで、ことに及ばないこともある。夜這いを繰り返すうちに、その男女の間柄は広く知られるようになる。セックスを始めたばかりの年頃の男たちは、もちろんすでに〈おとなの勃起〉の従事者であるが、その段階で、ペニス・ピンを装着することはまだない。

神話によれば、遠い昔、ある川の上

流に人間がいた。人間たちは、川の両岸に籐《とう》のロープを渡して、川を渡った。後のプナンの祖先はそれを渡り切って、対岸の森の中で暮らすようになった。渡る時に川に落ちて、下流まで流れていった人たちが河口に町を築いて、町の住民になったという。
森の中で暮らすようになったプナンは、やがて諍《いさか》いを起こして、殺し合いに明け暮れるようになった。そして最後に残ったのは、ひと組の兄と妹だった。彼らはたった二人で、これからどのようにして生きていけばいいか分からず、途方に暮れていた。

ある時大風が吹いて木々が揺れ、その後しばらくすると、あちこちに新たな木が生えてきた。木々が揺れることで新たな生命が生みだされることを知った兄と妹は、木々が揺れるのをまねてセックスし、子どもをつくった。その後、大風に揺れる木々のように揺れて（＝セックスして）、プナンの子孫はどんどんと増えていった。

兄と妹が、木々が揺れた後に木が生えてくるのを見知って、揺れをまねたのがセックスの起源だとされる。そこには、風が吹いて、種が飛び散り、地面に落ちて、そこからやがて新たな生命が誕生するのと同じように、セックスが生をつないでいくための原初の行為である、という考え方が示されている。

神話で語られるように、木々のように揺れることが、プナンのセックスのすべてである。生殖器は交合するためだけにある。生殖器は、見たり触ったり舐めたりするようなものではない。「精液（*be ape*）」は、必ず女性器に射出されなければならない。激しいセックスには、「蚊帳からはみ出る（*mesit kulabu*）」という独特の表現が与えられている。

プナンは、男女とも自瀆《じとく》行為（マスターベーション）をしない。同性愛がおこなわれている証拠はない。また、アナルセックス、集団セックス、レイプがおこなわれている証拠もない。夢精には、負の意味が与えられている。夢精を含めて、セックスの夢を見たならば、狩猟に行っても獲物が獲《と》れないだろうし、何か良くないことが起きると考えられている。（野生）動物とのセックスに関しては、噂を聞いたことがある。それは、十代の男が森から担《かつ》ぎ下りた雌イノシシ（の死体）と交わっていたというものであった。この話は、獣姦《じゅうかん》が密《ひそ》かにおこなわれる可能性を示している。

〈おとなの勃起〉が夜這いにつながり、その後セックスがおこなわれるようになるのだとすれば、それはやがて、男女の恒常的な性愛関係を含む結婚へとつながるはずである。

しかし、私たちの結婚の概念を持ち込んで、プナンの結婚を理解することは、しばしばまちがいを生む。言えるのは、結婚が人生のひとつの区切りとして、出発点にあるのではないということである。男女の性愛関係が先にあり、その関係が維持・継続されている期間が「結婚」である。逆に、そのような性愛関係を解くことが「離婚」である。

プナン語には、男にとってのカノジョ（恋人）と妻の間の、また、女にとってのカレ（恋人）と夫の間の線引きはない。つまり、「結婚」を境に、パートナーが夫と呼ばれたり、妻と呼ばれたりすることはない。「結婚」しているか、していないかにかかわらず、排他的に（場合によっては優先的に）性的に接近する権利があるパートナーは、男にとっては女（*redu*）であり、女にとっては男（*lake*）である。

プナンの「結婚」は、必ずしも儀礼によって印づけられているわけではない。近隣の焼畑民たちの慣わしをまねて、男から女へ贈り物（指輪など）が贈られることがないわけではない。結婚式が行われることは、稀である。子どもができることで、あるいは養子が迎えられることで、「結婚」が印づけられる（「9　子育てはみなで」参照）。父母となった男女は、子どもの性別を基準にして、しばらくの間、「女の子のお父さん（*teman itung*）」、「女の子のお母さん（*tinen itung*）」、あるいは「男の子のお父さん（*teman uket*）」、「男の子のお母さん（*tinen uket*）」と互いに呼びあう。このことは、とりわけ、第一子が生まれた時に、ひと組の男女が「結婚」状態にあることを確認し、公《おおやけ》に示すことになる。このような「結婚」生活におけるセックスに対して、ペニス・ピンは、極めて重要な役割を持つものとして登場する。

今から百年近く前のことであるが、一九二〇年代に、ペニス・ピンを付けていることと子どもの数の相関関係に関して、オランダ領ボルネオ（現在のインドネシア・東カリマンタン州）で調査研究をおこなった人物がいる。オランダ人の医師、クールワインである。彼は二千五百人を対象として、ペニス・ピンの装着の有無とそれぞれの子どもの数を調べた上で、ペニス・ピンを付けていることと多産の間には有意な相関はないと結論づけた。ペニス・ピンを装着したからといって、必ずしも子どもがたくさんできるとは限らないというのである。彼は、ペニス・ピンは、セックスの「回数」を増やすためのものではなく、セックスの「質」を高めるものだと考えた。ペニス・ピンは、性的な快感を高める道具なのである［Kühlewein 1930］。

クールワインの往年の調査結果に重なるように、プナンは、ペニス・ピンを用いてセックスをすると、「女が気持ちよければ、男も気持ちいい（*lake jian tegen daun redu jian rasa*）」と言う。ペニス・ピンは、女のセックスの快楽を増大させるだけでなく、男の気持ちよさも高めるための道具であると、プナンは捉《とら》えている。

はたして、ペニス・ピンの装着がもたらすセックスの快楽とは、いったいいかなるものなのか。生物学的には、セックスの快感はだいたい以下のように説明される。女性の場合、膣《ちつ》の出口で血管が収縮し、不随意に呼吸数と心拍数が上昇する。オルガスムにより不随意収縮と痺《しび》れるような快感が訪れる。他方、男性の場合、脊髄《せきずい》の反射中枢《ちゅうすう》が反応して、睾丸、精巣上体《せいそう》、精管の平滑筋を収縮させ、精子を尿道へ送り込む。射精が始まると制御不能となり、精液を放出して快感を得る。ペニス・ピンは、このような、いわゆる自然の過程に文化的に介入して、セックスの快楽の度合いを増すことになる。

しかし、ペニス・ピン付きペニスの挿入は、はたしてセックスの快楽を増大させるというような、生やさしいものなのだろうか。実物を目《ま》のあたりにすると、ピンの先端はなめらかに削られているとはいえ、ペニス・ピン付きペニスのヴァギナへの挿入は、女性にとっては酷《ひど》い苦痛となるのではないかと想像される。そのような直観に合致するように、プナンは、ペニス・ピンを付けてセックスすることは、若い女性に対しては不向きであるという。若い女性は、セックスに不慣れのため、ペニス・ピンは「苦痛（*magee/sakit*）」であり、時には、出血して死に至ることもあるという。そうであれば、なにゆえ、そのような痛みを伴う危険な道具を用いるのだろうか。

セックスに慣れた女性にはそれが苦痛ではなく、逆に気持ちよくなるのだと、プナンはいう。苦痛は快楽に転じるのだ。カトリックの宗教的な体験では、天使の槍《やり》がテレジアの心臓を貫くという苦痛の経験が、「神との合一」という至高の悦楽に転じたとされる［バタイユ　二〇〇四］。また、フランスの哲学者ジョルジュ・バタイユが友人から譲り受けた写真に写っている、百刻みの刑に処せられる中国人の青年は、注射されたアヘンが効いているが、頭髪を逆立てて白目をむき恍惚《こうこつ》の表情を浮かべている［シュリヤ　一九九二］。人間の快楽は、加虐《かぎゃく》的および被虐的な回路をつうじて、増幅されるようにプログラムされているのである。このような経験を手がかりとすれば、ペニス・ピンは痛みを越えて、その先にある特大の快楽を生みだす道具であるということができる。

先に、ペニス・ピンは〈おとなの勃起〉からなだらかにつながっていると述べた。ペニス・ピンの装着は、プナンの一夫一婦制における性生活に関わっている。「結婚」は、必ずしも安定的ではない。プナンは、一般に、性成熟直後から生涯を閉じるまでの間、第二いとこを超えたインセストの範囲外で、一人以上の異性と「結婚」する。その「結婚」は、ある時間をパートナー同士で共有し、その後互いに「飽きた」ら、次のパートナーに乗り換えるという類のものである。「別れたら次の人」というのが、プナンの「結婚」の基本原理である。つまり、共時的には一夫一婦であるが、通時的にはパートナーをどんどん替えていくというのが、プナンの「結婚」に他ならない。その「結婚」の通時的な過程のどこかで、男はペニス・ピンを装着する。プナンのペニス・ピンは亀頭の両面に穴を空けて、ふたつの木のピンを刺すタイプである。

ブジャ（五十代男性、以下、すべて仮名）は、「数人の日本人が木材伐採の仕事でここにやって来たころに（二十歳くらい、一九七〇年代）、ペニス・ピンを付けた。父が付けていたからである。ペニスの包皮がむけたら、ペニス・ピンを付けるものだと思っていた」と語った。スタイ（七十代男性）は、「そこにいる若者（十七歳）のころには、まだペニス・ピンを付けていなかったが、こちらの若者（二十四歳）のころにはもう付けていた。父が付けていたからだよ。誰かに付けろと言われたからではない」と述べた。

インガン（三十代男性）は、「子どもが二人できると、女（＝妻）からペニス・ピンを付けてほしいと言われたが、付けたくなかったので、彼女とは『離婚』した」と述べた。ウダウ（五十代男性）は、「今の女（＝妻）と『結婚』した時、女に前の男（＝

夫）が付けていたので、付けてほしいと言われて付けた」と述べた。

前二者は、父親の影響で若いころに付けたという。後二者は、「結婚」相手の女性から付けるように頼まれたのである。ペニス・ピンは、父や兄など、周囲に装着している人がいれば装着する。また、「結婚」しているパートナーの女性から装着を依頼されることで付けることがよくある。ペニス・ピンを付けるかどうかについては、もっぱら本人の意思や好みに任されている。装着する理由は様々であるが、共通するのは、それが〈おとなの勃起〉のための道具だという点である。

ペニス・ピンは、〈おとなの勃起〉に関わる。その性的な快楽を増幅させるように方向づける。亀頭の両サイドに穴を空けて、木を切って形を整えたものを亀頭の穴に刺す。そのモノが、セックスでの快感を大きくする。それは、女の性的快感のためだけではない。男の快楽のためでもある。その意味で、ペニス・ピンとは、すべてのおとなのための、民主的な快楽の道具なのである。

最後に、ペニスをめぐる噺《はなし》をひとつ加えたい。本章の冒頭で述べたように、プナン語で「ペニス」は〝*nyi*〟である。一方、「先ほど／さっき」は、〝*nii*〟である。日本語で表せば、前者は、ニャ・ニィ・ニュ・ニェ・ニョの「ニィ」、後者は、ナ・ニ・

ヌ・ネ・ノの「ニ」である。頭で分かっていても、日本人にとって、「ニィ」と「ニ」の発音をくっきりと分けることは難しい。フィールドに入ってずいぶん長い間、「いつ来たの？（*Siran tuai?*）」と聞かれて、「さっき来た（*Tuai nii*）」と言うべきところを、私は「ペニス来た（*Tuai nyi*）」と言ってしまっていたようで、プナンにきまって笑われた。

みなで解体・料理した後に残った動物肉は関係者が見守る中、狩猟に参加したメンバー（の家族）の間で均等に分配される。この時、誰かが美味なる部位をもらうとか、少し多めに得るとかということはけっしてない。

7　慾《よく》を捨てよ、とプナンは言った

或《あ》る程度までなら、所有は人間を独立的にし、いっそう自由にする。もう一段進むと——所有が主人になって、所有者が奴隷《どれい》になる。彼はかかる奴隷として、所有のための己れの時間を、己れの省察を犠牲にしなければならない。そして以後は、自分が交際に拘束され、場所に釘《くぎ》づけにされ、国家に同化されてしまったように感じる、——それも、すべてはおそらく彼のいちばん内面的な、またいちばん本質的な欲求に反して。

フリードリッヒ・ニーチェ『人間的、あまりに人間的Ⅱ』

数人で食事に行って、私が一番の年かさで、みなにご馳走《ちそう》しようと思いついたものの、会計の時、手持ちがなかった場合、その場で私は誰かに向かって、こんなふうに言うかもしれない。

A君、今手持ちがないのだけど、五千円ある？　あったら申し訳ないけど、出しておいて。

と。その後に私が、

あとで、すぐに返すから。

と加えれば、そのやり取りは、A君からお金を「借りる」行為となる。ところが、私が、

A君、今、五千円ある？　あったら出しておいて。

と言うだけなら、A君は、みなに食事を奢《おご》るはめになりかねない。そう考えたなら、A君は私に言い返すだろう。

分かりました。出しておきます。あとで返してもらえればいいです。

と。その返答があって、そのやり取りは、はじめて貸し借りをめぐるやり取りとな

る。

しかし、私たちにとってあたりまえのこうした貸し借りをめぐるやり取りは、プナン同士では、けっしてなされない。「あとで、すぐに返すから」という表現が加えられるようなことがないのである。そこではふつう、持ち合わせがある人物が代金を支払う。なんとすれば、単純に支払う現金が〈そこにある〉からである。

プナン語には、「借りる」「返す」という言葉がない。ごく稀に、「お金ちょうだい、明日返す（＝戻って行く）(*akeu mani rigit sagam mulie*) から」という言い回しで、そのやり取りが貸し借りであることが示される場合がある。今日では、国語であるマレー語を用いて、とりわけ私に対してお金を「借りたい (*mau pinjam*)」という言い方がなされる場合もある。細かいことを言えば、彼らが置かれている社会環境の変化を背景としていろいろ厄介な事情があるが、とりあえずここで確認しておきたいのは、プナンが、「伝統的に」貸し借りの仕組みに慣れていない、貸し借りの概念がないということである。

貸し借りがない世界について考えるために、まずあたらなければならないのは、貸し借りとはいったいいかなることなのかという問いである。それは、「所有すること」

に密接に関わっている。貸し借りが成立するためには、その前提として、財が誰かに所有されていなければならない。そうでないと、貸したり借りたりすることはできまい。このことから言えるのは、プナンにとっては、財が個人所有されるという前提がそもそもなかったということである。

話を進める前に確認しておきたいことがある。「所有」とはいったい何か？　大庭健は、以下のように整理している。

所有は、すでに原理的に、(1)他者による承認を前提とし、(2)「私」であることと「排他的」であることとの関係に関わる、人間的な概念である。のみならず…（中略）…(3)私たちは、自分が生きている・自分がいるという「存在」の事実を、自分「の」生命・能力等々をもっている、という形で「所有」の事実に回収してしまう思考回路から、いまだ自由ではない。

［大庭　二〇〇四：九八］

所有は「私」および「排他」に関わり、他者からの承認を必要とする人間的な概念であり、生命や能力などの事象までも所有されているとみなされる。この大庭の定義が優れているのは、私という個人ではなく、「私」の「排他」性を土台としている点である。後に述べるように、「私」を個人に限定すれば個人所有となり、それを複数人に拡大すれば共同所有という見方が成り立つ。

大庭の定義を手がかりとすれば、プナン社会では、他者および共同体が、何らかの財の個による排他的所有を承認しないのだと言える。言い換えれば、プナンは、財を排他的に個人が所有するものとして、互いに主張し認めあうことがない。そこでは財を、排他的に、個人の意のままに使うという考え方それ自体が存在しない。

他方、欧米や日本社会では、バイクや車だけでなく、土地や借地から知的財産まで、〈もの〉から〈非・もの〉（生命や能力、知識など）にいたるまで、それらを所有する権利があるという考え方があり、そうした考え方に基づいたやり取りがある。〈もの〉や〈非・もの〉の所有が通用する社会の中で生まれ育った私にとって、プナンの所有に関する慣わしは、驚きや不思議さに満ち溢《あふ》れた、いや、それ以上の、つかみどころのない問題だったのだと捉え返すことができる。

プナンの居住地でフィールドワークを始めて間もないころ、人々が、入れ代わり立ち代わり私のもとにお金を「借りに」やって来た。そのことに私はとても難渋《なんじゅう》した。子どもの発熱が続いていて、町の病院に行きたい。昨日から何も食べていないので、雑貨屋で即席麵《めん》を買いたい。彼らはそうした理由を述べた後で、マレー語を用いて、私に「お金を貸してほしい」と言ってきた。しかし、マレー語は方便であり、返す気などないことが後々判明した。「貸した」お金のその後の回収率は、ほとんどゼロに近かった。

はたして、私は、お金を持ち歩く習慣がないどころか、お金を貯《た》めこむことがほとんどないのだけれど、何かをするために、あるいは何かを手に入れるために現金を必要とするプナンの「カモ」にされたのだろうか？　あるいは、貸し借りをめぐるプナンのやり取りに関して、私の「他者」理解が不十分だったのだろうか。

その後、より丁寧な言葉遣いで、「今、お金がないので、助けてくれないか」と囁《ささや》きながら、プナンは私のもとに現れるようになった。この表現には貸し借りの原理がまったく組み入れられていなかったことを、私は後になってから気づいた。彼らは、「貸してほしい」ではなくて、巧妙に「あったら融通してほしい」と述べていたわけである。その際のお金のやり取りは、貸し借りの枠から外れている。

さらに私は、プナンの人間関係の網の目に組み込まれていくにつれて、〈もの〉の所有をめぐるもっと厄介な問題にも巻き込まれていった。人々は、他に使えるものがない場合には、いつの間にか、私の所持金や所有物（サンダルや長靴、カバンなど）を勝手に使ったり、使いまわしたりするようになったのである。いったん使いまわされると、そのことは常態化し、時にはエスカレートして、私の手元に戻って来なかったものもあった。また、私が自分用に持ち込んだ食料の入った段ボール箱からは、即席ラーメンや缶詰などがいつの間にか抜き取られていった。それはしだいにエスカレートし、中身がなくなってきた段階で段ボール箱ごとなくなったこともあった。私の所持金や所有物は、彼らにとっては、私個人が排他的に所有しているものではなかったのである。私は、居心地が悪かった。

こうしたプナンの所有概念を考えるために、所有をめぐる諸論を見ておきたい。まず、稲葉振一郎・立岩真也の所有論を見てみよう。二人は著書『所有と国家のゆくえ』の中で、所有について論じている。

「ものが落ちてる、拾ってラッキー」じゃないんですね。ものが落ちてるときに「誰の？」って考えちゃうような主体なんです。そこにあるものを「ラッキー、あった、拾った」ってことが、本当に自明で無前提な議論なのか。そうではないんじゃないか。「なんかあるんだけど、これって誰の？」っていうふうな立て方で議論が進められるんじゃないか。

［稲葉・立岩　二〇〇六：二四］

この部分は、基本的には、そのとおりだと思われる。所有論の出発点に位置づけられるのは、〈もの〉が誰に属しているのかという問いである。

立岩は、それに続けて、

所有に対して所有のない状態とか、私有に対して私有じゃない共有であるとか、そういうふうに考えなくてもいいいんじゃないか

［稲葉・立岩　二〇〇六：一二七］

と述べ、さらに次のように言う。

ぼくが批判しているのは、われわれの社会における私有のあり方です。

［稲葉・立岩　二〇〇六：一二八］

立岩は、自ら述べているように、「われわれの社会」における私有のあり方をもっぱら問題にしている。逆に言えば、私たちの外部に位置する人々の所有をめぐる行動

や考えを対象にしていない。つまり、所有の根源的なあり方を問い、考えようとしているのではない。これでは、プナンの所有を考える上では不十分である。

プナンにとっての所有を考えてみるためには、「私たちの所有」の問題ではなく、人間的事実としての所有のありようを、その根源にまで遡《さかのぼ》って見なければならない。手がかりとなるのは、中沢新一の議論だと思われる。

中沢によれば、農耕以前の狩猟を生業とする社会では、財とは確たるものではなく、不安定なものであった。その時代、人間は、自然の中に生きる動物や植物を偶然に与えられ、生きながらえてきた。

すべての財産は、物質性をもたない「無」の領域から「有」の世界に、贈り物としてやってくる。だから、その出現も、喪失も、神と人のあいだのデリケートな関係に左右された。すべてが変化しやすく繊細で、壊れやすく、安定した財産は少ないかわりに、人間には自然にたいする、深い倫理観が成長できた。

［中沢　二〇〇九：一七―一八］

狩猟を生業とする人々にとっては、財は自然から偶有的に「賜物《たまもの》」として与えられていたのである。その意味で、「無」から「有」が生みだされていた。人々は、自分たちに対して見返りなしに「有」である恵みを与えてくれる自然を畏《おそ》れ敬った。そうした畏敬《いけい》の念を土台としながら、人々は、倫理観を発達させた。

自然からの恵みとしての財は、誰某《だれそれ》の排他的な所有物になるのではなく、共同体のメンバーの間でシェアされ、共同消費されたと考えるのが適当であろう。もともと特定の誰かによって生みだされたり、つくり出されたりしたものではないのだから。

ところが、狩猟という生業においては、財が獲得できるかどうかは、つねに不安定であった。そのような自然から与えられる財の不安定さが乗り越えられたのは、人類が農耕を開始してからのことだったのである。

そういう［＝狩猟を生業とする］世界では、地上の富の発生も不安定だし、保存も不安定だ…（中略）…そこに、農業革命が生まれたのだ。農業は「死への恐れ」を反映している。繊細な倫理の関係によらなければ、気まぐれな贈与の霊は、豊かな富を与えることを拒否するかも知れないし、財産は貯蔵のきくかたちを持っていない。それに恐れをいだく人々のなかから、農業は発達したのだ。

狩猟によって自然からの恵みだけに頼って生きながらえる暮らしには、つねに不安が伴う。中沢によれば、それは「死への恐れ」であった。

［中沢 二〇〇九：一八］

人類は、「死への恐れ」につきうごかされて、農業をはじめた。財産はたしかなものとなり、所有は堅固な形式をもつようになった。そして、そのかわりに、自然との契約の精神を失いはじめた。農業には「死への恐れ」、所有の喪失への恐れが潜在している。

［中沢 二〇〇九：一九］

狩猟民が、財の安定的な確保を目指して、死への恐れを克服しようとした時に、農業が生まれた。つまり、農耕革命をつうじて、安定的に手に入れることができるようになった財を所有し始めたのである。その一方で、自然との契約精神の表れである「倫理」が衰退したのだと中沢は言う。その後、財が確かなものになるにつれて、所有は堅固なものとなる。その結果として、所有を喪失することに対する恐れが新たに生まれたと推論する。

死の恐れによって生みだされた農業。当の農業は、所有を生みだしたが、他方で、所有を喪失することの恐れもまた生みだした。ここでは、中沢のこの説を拠《よ》りどころとしながら、農耕革命以前に主流であった狩猟を主生業とするプナンの所有について考えてみよう。

自然の恵みとして、財が人間に与えられる。その多寡《たか》は、自然の摂理あるいは神と人とのデリケートな関係に左右された。そこで、人々は「ある〈もの〉を分ける」というやり方を築きあげたのではなかったか。「私」を個人だけに限定し、それを「排他」的に成立させて所有するのではなく、「私」の範囲を集団の複数の成員にまで広げ、共同で所有して、成員に分けるというやり方をした。共同体のメンバーが生きながらえるために、自然の恵みは共同所有されたのである。

幼い子どもたちは、与えられた果物やお菓子などを自分だけのものとして独占しようとする。それは、地球上どこに行ってもよく見かける光景である。プナンの子どももまた然《しか》り。プナンの大人たちは、まず、この幼な子の所有慾に手をつける。幼い子どもらは、与えられた食べ物はけっして独り占めしてはいけないよ、隣にいる誰かにも分け与えなければならないよ、と諭される。私が飴玉《あめだま》を与えた幼児がそれらを独占しようとした時、それを見た母親が、傍にいる子どもたちにも分け与えることを促したことはすでに見た（「4　熱帯の贈与論」参照）。

欲を捨てよ、とプナンは言う。いわば、「本能」としての個人的な所有欲は、徹底的に殺《そ》がれる。つまり、人間には、生まれながら、自動的に共同所有の観念が植えつけられているわけではない。個人的な所有欲は殺がれ、後天的にシェアする心が養われる。

なぜ、プナンは、独り占めを忌《い》み嫌い、隣人にも分け与えようとするのだろうか？なぜ、みなでシェアしようとするのだろうか？　それは、その場にいるすべての人間存在に、すべてのプナンに、自然からの恵みに頼って生き残るチャンスを広げるためではないだろうか。「今」分け与えて、「あと」で、ない時には分けてもらう。そうすることで、互いに支えあって、みなで生き延びることができる。個人所有を前提として貸すとか借りるのではない。そこには、ある〈もの〉はみなで分かち合うという精神がある。

プナン語には、何かをもらった時の「ありがとう」という感謝の言葉がない。たまに発せられる〝*jian kenep*〟（よい心）という言い回しは、「4」で見たように「よい心がけ」であると、分け与えた相手の精神を称《たた》えるためのものである。

興味深いのは、分け与える対象が、たんに〈もの〉だけではないという点である。プナンはすべての人物に、あらゆる機会に参画することを認める。機会もまた分け与えられる。何かをする時に、独占的にするのではなく、みなで一緒にしようとする。大庭は、〈非・もの〉まで所有の事実に回収されると述べたが、そこでもまた、分配される対象が〈非・もの〉にまで拡大されている事実を確認することができる。

行きたいと主張すれば、プナンは、老人であれ子どもであれ、森の中の狩猟に連れて行く。ヒゲイノシシをしとめるハンターでなくても、その人物が、獲物の肉の運搬、薪割《まきわ》りや解体・料理など、何らかの役を担《にな》ったならば、しとめられた動物肉を売った時には、家族がひとつの単位として、売上金を均等に分配する員数に数えられる。狩猟に行く時、私は銃弾を購入して、ハンターたちに手渡すことがある。そのことにより、私にも獲物を販売した代金を均分した分配金が与えられる。

ヒゲイノシシの肉を自分たちで消費する場合には、獲物を撃ち殺した人物が、多少多めに肉の分け前を得るとか、脳や睾丸《こうがん》などの最も美味なる部位をもらい受けるということはけっしてない。プナンは、参画したメンバーの間の平等な分配に執拗《しつよう》なまでにこだわる。みなが見守る中で、ヒゲイノシシの肉は、関係するメンバーの間できっちりと均分にされねばならない。

仕事の量や地位を見計らって、誰かに偏《かたよ》って分配することは、プナンの掟《おきて》にはない。逆に言うと、分配作業の過程で、そうした重みづけの要素は徹底的に排除される。この世界に存在すると考えられるすべての〈もの〉は、参加したメンバーの間で均分される。とにかくプナンは、ある〈もの〉を、得た〈もの〉を均分することにこだわって生きてきた。

徹底的に個の差異を否定する、こうした非・個人所有の考えを、ここでは仮に「共有主義」と呼んでおこう。共有主義を突き詰めていけば、〈精神〉や〈感情〉までも共有され、分配されるものとなる。共有される対象として、〈非・もの〉の領域はとどまることなく拡張されるのだ。

プナンとともに暮らして一年後に私が帰国する時期が近づくと、プナンは寂しくなる、悲しくなる、と口々に言うようになった。その後も、訪問するたびにそのような感情表現が彼らの口の端《は》から漏れ、私はそうした振る舞いに、プナン特有の情動のあり方の妙を感じてきた。悲しいとか寂しいという情動もまた、共同体の中で共有されるのである。優しさにあふれた女性だけでなく、酔いどれも子どもも、とにかくみなが一斉に寂しい、悲しいと囁きだす。そこでは、感情もまたみなで共有される。〈精神〉や〈感情〉は人間だけでなく、動物にもあるというプナンの考え方を踏まえれば、彼らは、動物の〈精神〉や〈感情〉に深い部分で共鳴し、死にゆく動物の思いに気づいた上で、動物を殺害しているとも考えられる。人間のように思考し、豊かな感情を持つ動物たちの物語が、神話語りをつうじて共有されている。

さらに、情愛は、男女の間のそれであれ、血を分けた親子や養子縁組した親子であれ、共有されているように思われる。つまり、愛もまた共有されるのである。加えて、慈《いつく》しみや憎しみなどの感情もまたつねに周囲に伝染し、共同所有されるとも言える。

最後に、「所有」との関わりで、幼少期の子どもの所有慾の否定というプナンのやり方を、私たち日本社会のやり方に対比させながら考えてみたい。

私たち日本人は、子どもたちの所有慾を認める。チョコレートが欲しいと言ったら、チョコレートを買い与える。おもちゃが欲しいと言ったら、おもちゃを与える。そのやり方は、個人が持つ所有慾を他者が無理やりねじ曲げるのではないという意味で、とても自然なことなのではないか。逆に、プナンは一人だけに買い与えたり、分け与えたりすることはない。そういった慾を起こすこと自体を認めない。

そうなのだとすれば、自然なやり方は、プナンのほうではなく、むしろ私たちのやり方のほうなのである。プナンは、幼い子どもたちの「本能的な」所有欲の発芽を殺ぐ。

そのようにして、日本社会では、個人の所有欲はほったらかしにされ、それを認められた子どもたちは、所有欲の芽生えとともに、あれが欲しい、これが欲しいと親や縁者におねだりするようになる。チョコレートが欲しい、おもちゃが欲しい、スマホが欲しい、望遠鏡が欲しい、ノートパソコンが欲しい、バイクが欲しい、と欲はしだいにエスカレートしていく。

所有されるのは、たんに〈もの〉だけではない。知識や能力もまた、親や縁者から授けられ、個人によって所有される。個人的に所有されるような知識と能力によって、人は活路を見出《みいだ》す。幼児教育の知識を身につけて保育士になり、法律の知識を授けられて弁護士に、飛行機操縦の知識と能力を持ってパイロットになる。

プナンのやり方との対比で言えば、所有欲を否定せず個人所有を認める考え方が、知識と能力などもまた個人によって所有されるとする考え方へと拡張されて、私たちの社会をつくり出している。大庭に従うならば、私たちは、知識や能力を「もつ」存在者として、それらを所有の事実に回収している。

これに対して、プナンの場合、知識や能力は、個人に属する類《たぐい》のものではない。それらは、集団の中で共同所有され、生かされている。大庭が言う「私」の範囲が、集団のレベルにまで拡張されているのだと言うこともできよう。いずれにせよ、知識や能力は個人の排他的な独占物として、後天的に教育によって授けられる日本社会に対して、プナン社会では、狩猟や漁労に関する知識や能力は個人ではなく、親子や集団の中で共有され使われる。

日本社会では、〈もの〉および知識や能力などの〈非・もの〉はすべて、個人によって所有されている。そのため、それ相応の知識と能力を持った個人だけが選り抜かれる。人々をふるいにかけて、不適切な人物を排斥することによって、高度な知識集団や技術集団が組織されてきた。プナン社会とは対照的に、私たちの社会は、競合と選抜の原理から成り立っている。

そのような体系のおかげで、私たちの社会では、競争の原理が働いて、優秀な人材が生みだされ、専門性のもとに、知識と能力が磨き上げられる。個人は、知識を増やし、能力を高めるという「清く尊い」努力を続けることを求められる。その結果として、優秀なる人物は、知識と能力に見合った報酬を手に入れ、財産を築くことになる。所期の目的が達成された場合、その個人は、物質的・精神的な幸福を手に入れることになる。

その一方で、知識と能力を身につけることの準備に多大な時間とエネルギーを注いだにもかかわらず、それらに欠けるとみなされる人たちもいる。彼らは、彼らが目指していたその道のエキスパートによって無残にもふるい落とされる。そして、場合によっては、心に大きな傷を抱えることになる。過剰な競争によるストレスが生みだす「心」の問題は、今日、私たちの社会が直面する大きな課題である。

個人的に所有したいという欲への初期対応の違い。

一方は、所有欲を認め、個人的な所有のアイデアを社会のすみずみにまで行き渡らせ、幸福の追求という理想の実現を、個人の内側に掻《か》き立てるような私たちの社会。他方は、個人の独占欲を殺ぐことによって、〈もの〉だけでなく〈非・もの〉までみなでシェアし、みなで一緒に生き残るというアイデアとやり方を発達させてきたプナンの社会。

プナン社会では、個人的な所有が前提ではなかった。それゆえに、そこでは、概念としての「貸し借り」は、長い間存在しなかったのである。

所有欲を認めることによって、私たちの社会は、必然的に個人間の格差を生みだす。

結果として、地位や希望を含めて、格差が増殖することになる。個人の格差が温床となって、個人の努力による秀《ひい》でた知識と能力の高さが育まれる。知識や能力の所有は、個人を独立的なものにし、自由にするだろう。しかし、所有者は、やがて、「所有」の奴隷になるという危険がある。「所有が主人になって、所有者が奴隷になる」。所有者は、交際に拘束され、場所に釘づけされ、国家に同化されてしまったように感じる。

他方、所有慾を捨てよと、プナンは言う。そこでは、慾は認められず、格差の芽がその都度摘み取られる。そのため、格差が見当たらない。格差がない代わりに、個人の持つ向上心や努力などもない。

個人所有と、その否認である共有主義。それは、あまりに粗雑な二項対立図式かもしれない。仮に、そのふたつの「所有」を認めたとしても、ふたつのうち、一概にどちらが善いとか悪いとかを言うことはできない。ただ、個人的に所有する慾望を殺ぎ、みなで分かち合うプナンの狩猟民的なやり方は、競争原理を排し、すべての人にとって優しく組み立てられているように見える。その存在を知ってしまった今となっては、どちらが好きかと問われれば、私にとってはプナンのやり方がうらやましいと感じられる。

油ヤシ・プランテーション企業から支払われた賠償金でビールや酒を買って宴を開く。夜を徹して、サピと呼ばれる弦楽器を奏で、うたに興じる。

8　死者を悼《いた》むいくつかのやり方

身近なものがますます遠くなるわけ。——存在したもの、存在するであろうもののすべてを考えれば考えるだけ、ほかならぬ現在存在しているものは、われわれにとって一層色があせてくる。われわれが死んだ人々と一緒に生き、彼らが死ぬとき一緒に死ぬとすれば、そのときわれわれにとってさらに「身近な人々」とは何であるのか？　われわれは一層孤独になる——しかも人間性の全潮流がわれわれの回りを流れているために。すべての人間的なものに向けられているわれわれの情熱は、ますます増大する。——そのためにわれわれは、われわれを取りかこむものを、あたかもそれが一層どうでもよいものになり、影のようなものになったかのように眺める。——しかしわれわれの冷たい眼差しは、人を傷つける！

フリードリッヒ・ニーチェ『曙光』

プナンの居住地でフィールドワークを始めて間もないころ、プナン語を教えてもらっている時に、身近な人が死ぬと名前を変えるという習慣の話題が出た。プナンは身近な人が死ぬと、死者ではなく、残された家族・親族が名前を変える。別の機会に、

「おまえのところ（日本）では、父親が死ぬとどんな名前に変えるのか？」と聞かれたこともあった。その質問をしたプナンは、どこでも同じようなことをやっていると考えたのである。

日本の葬送習慣では、人が死ぬとたいていの場合、死者に対して戒名（法名）が与えられる。戒名は遺族に対してではなく、死者に対して与えられる。日本のドンであった元首相・タナカカクエイは死んでから、「セイカクインデンエッザントクエイダイコジ」に、四代目三遊亭金馬の「たらちね」の落語に出てくる八五郎の母親は、「ウンチンダラリンガンチクリンカンダツミョウソウシンニョ」に変えられた。プナンから質問された私は、だいたいそんなことを答えた。彼らは、おまえのところでは不思議なことをやっているのだなあ、とでも言わんばかりに、私の話を聞いていた。

プナン社会で誰かが死ぬと生者の名前が変えられるとは、例えば、こんなふうだ。ブニという男にはブウォという妻がいた。ブウォが死ぬと、ブニは「アバン」と呼ばれるようになった。その後、アバンはアニという名の女性と再婚し、ふたたびブニとなった。妻を亡《な》くした夫であれば誰であろうとも、アバンと呼ばれるようになる。その後再婚すると、ふたたび本名へと戻る。

子どもが亡くなった場合にもまた、その子と関係がある家族・親族は、名前を変える。第一子が死んだ場合、父母ともども「ウユン」という名前になる。父母は第二子が死んだ場合「サディ」、第三子は「ララー」、第四子は「ウワン」……という名前に変えられる。しばらくして、その母が死ぬと、やもめとなったその父は、アバンと呼ばれる。プナンは、死を契機として、死者と親族関係のある生者の名前を変えるのだ[Needham 1959]。

狩猟民のプナンや近隣の焼畑民クニャーを含めて、マレーシア・サラワク州でオラン・ウル（上流の人たち）と総称される人々の間でかつて広く見られたこのような習慣を最初に記録したのは、二十世紀初頭のオランダ人J・M・エルスハウトであった。プナンのそれについては、一九五〇年代に、イギリスの人類学者ロドニー・ニーダムが調査報告している。ニーダムはそれを「デス・ネーム（death-names）」と呼んだ。私の調査地のプナンはその習慣を、「ンゲリワー・ンガラン（*ngeliwah ngaran*）」、すなわち「名前を変える」と呼んでいる。プナン社会では、この習慣が今日まで色濃く残っている。

なぜ、何のために、そんな習慣があるのだろうか。プナンに直接尋ねてみた。

「人が死んだら名前を変えることになっている」というのがたいていの場合の答だった。私はそれだけでは納得できず、ことあるごとにいろんな人に尋ねてみた。すると、彼らのうちの何人かは、答のようなものをひねり出してくれた。それは、おおむね以下のふたつである。

ひとつには、一時期遺族の名前を死者に対して与えることで、死の弔いとするというものである。死者が生前、個々に呼んでいた名前は、しばらくの間、死者だけに独占される。ジャガン、ウマ、アワ……という個人名は、死者にあの世に持っていってもらう。そのことにより、死者を失った悲しみが表されるのだともいう。プナンは、父親をお父さん（*ameu*）と呼ぶこともあり、場合によっては、ジャヤやジョイなどの個人名で呼ぶこともある。つまり、プナンは、相手が誰であれ、呼称と名称を用いて呼びかける。その両方が、プナンにとっての名前であり、そうした名前の体系の上にデス・ネームの習慣がある。

ふたつには、身近な人が死んだ場合、後を追って殉死しようというほど、悲嘆にくれることがある。そうした熱くなった心を鎮《しず》めるために、名前を変え心を落ち着かせるともいう。

死者によって名前があの世へ持っていかれるというのと、後追いの死を避け、心を落ち着かせるためにデス・ネームの習慣があるという説明は分からないでもなかった。

このようなプナンのデス・ネームの習慣は、一九五〇年代初頭に現地調査をしたニーダムをずいぶんと熱中させたようである。一九五〇年代に、デス・ネームをめぐる論考を相次いで発表し、その後、研究対象地をプナンから離れて別の場所に変えたにもかかわらず、おおよそ二十年後まで、デス・ネームを取り上げて論じている［Needham 1971］。彼は、プナンのデス・ネームの習慣とは何なのか、何のためにあるのかを、以下の五つの可能性に整理している。

第一に、遺族の名前をデス・ネームに置き換えるのは、死者を象徴的に共通の祖先とするためである。第二に、デス・ネームは、共同体のメンバーを失ったことに対する集合的な喪の表現である。第三に、デス・ネームは、死者の追憶のために用いられる。第四に、家族の成員を失って生業活動に従事できなくなった遺族に対する食料の供給などのニーズを満たすことを、家族以外の人々に知らせるために、デス・ネームの習慣がある。第五に、近親者の死に際して、デス・ネームに変えることは、死によって共同体がなくなってしまうのではなくて、逆に、共同体を持続させていくことが必要であることを人々に意識させることになる［Needham 1954: 427-31］。

こうした可能性を示しながら、ニーダムは、プナンのデス・ネームの習慣に対していろいろな面から切り込んでいる。そのうち、プナンにとって名前とはいったいいかなるものかという点に立ち戻っているくだりがある。ここでは、ニーダムの記述考察に基づいて、プナンの名前のあり方の中にデス・ネームを位置づけてみたいと思う。

プナンにとっての名前は、私たちが考える名前とはやや趣が異なる。プナンは、人間は、〈身体〉〈魂〉〈名前〉の三つの要素を備えた存在だという。人間を構成する三つの重要な要素のひとつとして、〈名前〉がある。ニーダムは、その三つの要素とそれらの相互の関係を、以下のように描きだしている。

〈身体〉は、状態と形態の点で常に変化し、物質的条件の影響を受ける。〈魂〉は実体がないために自由に動き回る。この二者は、しっかりと結びついていなければならないけれども、その結合はつねに不確かである。その結びつきを確かにするものこそが、〈名前〉なのである。名前は、プナンにとってたんなる称号でも社会的な便宜でもない。それは、身体と魂に影響を及ぼす重要な人格の構成要素のひとつなのである。〈身体〉〈魂〉〈名前〉の三つの構成要素がそろってはじめて、その存在者は人間となる。逆に言えば、人間とは、その三つの構成要素を完備した存在者である。

［Needham: 1971: 205-6］

プナンにとって、人間には〈身体〉と〈魂〉があり、そのふたつの要素の結合は不安定である。それらをしっかりと結びつける接着剤のような働きをするものこそが〈名前〉なのである。いや、接着する役割を持っているだけではない。〈名前〉は、名づけと名づけられること以上の重要性を持つ、〈身体〉と〈魂〉と並ぶ存在（者）の構成要素なのである。

その〈名前〉が、先述したように、人の生活史の中でころころと変わる。〈身体〉を〈魂〉にしっかりとつなぎ止めておくために、別の〈名前〉がその都度与えられなければならないかのように。ニーダムは、そのことを以下のように説明する。

［プナンは］生涯に何度も自分の名前を変えることがあります。病気その他の危機的状態の際に名前を変えるのが普通であるため、その人間の当面の名前は永続的な個人性の指標というよりはむしろ変化の証拠と考えることができる

［ニーダム　一九八六：一三九］

プナンは、重篤《じゅうとく》な病気に罹《かか》った場合に個人名を変えることを含めて、変化する〈名前〉のうちに暮らしているのだとも言える。〈身体〉と〈魂〉をしっかりとつなぎ止めておくのが〈名前〉だというよりも、〈名前〉を次々と変えていくという「刺激」のようなものを与えてやらないと、〈身体〉と〈魂〉はしっかりと定位しないかのように。ニーダムの説明を踏まえて、クロード・レヴィ＝ストロースも以下のように述べている。

［プナンは］三種類の名前で呼ばれるのである。一つは個人名、一つは親名（「誰々の父」、「誰々の母」）、それからもう一つは「喪名」とでも呼びたい名前で、「喪父」「喪姪」というように死んだ親戚と当人との家族関係を示す。

［レヴィ＝ストロース　一九七六：二二九］

「喪名」とは、デス・ネームのことである。

プナンの個人名には、ふつう、祖先や現存する親族の〈名前〉が付けられる。私のプナン名ブラユン（*Berayung*）は、かつて共同体のリーダーだった祖先の〈名前〉から取ったものである。今は亡き私の擬制の「父」（後述）が、その名を私に授けてくれた。そのことによって、私の「プナン人としての人格」は安定したものになったのである。

それに対し、レヴィ＝ストロースが述べている「親名」は、人類学では、テクノニムとして知られる名前のことで、「誰々ちゃんのお父さん」「誰々ちゃんのお母さん」というものである。それは、子どもが生まれると与えられる。他方で、「喪名《デス・ネーム》」とは、これまで見てきたように、死者の遺族に対して、それぞれの死者との関係に従って与えられる名前である。いずれにせよ、プナンは、デス・ネームを含めて、人生のいくつかの場面でころころと〈名前〉を変える。主体的に、自発的に〈名前〉を変えるのではない。死、時には生に関わる出来事が、外側から〈名前〉を変えるように強いてくる。プナンの感覚からすれば、近親者が死ぬと、〈名前〉がどこか別の場所からやって来て、〈私〉の〈名前〉だけでなく、〈私〉の周りの人たちの〈名前〉をごっそりとすり替えてしまうのである。個人名はあるのだけれども、日常では口にされないので、それらはどこかに漂っているような、自分から離れてしまったような、不思議な感覚を催す。それはまた、〈私〉という存在の変容でもある。〈名前〉はそのうちに個人名に変わることもあれば、次に起きた死によって、別のデス・ネームに変わることもある。

ところで、冒頭で述べたように、死に際して生者の〈名前〉を変えるデス・ネームの習慣は、死に際して死者の〈名前〉を変える私たち日本人の戒名とは大きく異なっている。ここでは、戒名と比較しながら、デス・ネームについて考えてみよう。

戒名の成立の歴史的経緯については、宗教学者、島田裕巳によると、だいたい以下のようにまとめることができる。仏弟子となるために授けられた戒名が、時代が進むにつれ、仏教寺院に経済的な貢献をした人に院号・院殿号を伴って与えられるようになり、しだいに変化していった。江戸時代に寺請制が広がるにつれて、人々は寺の檀家として葬式、法事、墓地の管理を寺に委任するようになり、戒名、過去帳、位牌《いはい》、法要を組み入れた葬送慣行が確立された。十六世紀初めに書かれた『貞観《じょうがん》政要格式目』などの戒名の手引書を手本としながら、追善供養《くよう》として死者に戒名を付けることが、日本社会に広く定着したのである［島田　二〇〇五］。

こうした戒名の成立とその問題の解明はもちろん大事であるが、ここで問うてみたいのは、日本人がなぜ死んでしまった者に名前を付けるのかという問題である。考えてみれば、それは、「不在」に対して名が与えられる不思議な習慣なのである。

そうした見通しが、プナンのデス・ネームを裏返しにしたものとして、浮かび上がってくる。

戒名に関して、日本の祖先崇拝を研究したベルギーの宗教社会学者オームス・ヘルマンは、以下のように説明する。

　この世における生活が成人への過程であり、あの世における生活は祖霊化の過程である。この世の旅に出る人間はだれでも、その出発点、誕生にあたって、新しい名前をもらう。同様に、あの世の旅に出るどの魂もまた、その出発点＝死にあたって、新しい名前をもらうのである。最初の名前（俗名）は、身体が母の胎内から離れ、独立した存在となる時にもらう。「新しい生命」の出現は新しい名前でシンボライズされる。第二の名前（戒名）は、魂が体を離れ、独立した存在となる時にもらう。もっとも子供の場合と同様に、魂もまた、しばらくのあいだは、多分に他の人びとの世話にならなければならない。

［ヘルマン　一九八七：六三］

ヘルマンによれば、死者は生前の「俗名」を捨て、独立した存在となり、新しい死出の旅を始める時に「戒名」が授けられる。ヘルマンは、そのような過程を経て、死者の魂が位牌と塔婆《とうば》に入れられ、儀礼の対象となると見る。

デス・ネームとの対比で仮説的に述べれば、死者に名前を付ける日本の習慣は、死んでいなくなってしまった者の死者としての輪郭をはっきりさせた上で、祖先祭祀《さいし》の対象とすることに関わっているように思われる。死者は、死後の新しい名前を授けられ、「新しい生命」を持った存在者としてあの世にいる。そのことにより、遺族は、仏壇や墓などを通して、死者を弔い、祀《まつ》ることができるようになる。

それに対してプナン社会では、死者に新しい〈名前〉が付けられるどころか、死者の〈名前〉は口に出してはならないとされる。残された者たちの会話の中で、どうしても死者に言及しなければならないような場合には、死者は、死体を埋葬するためにつくられた棺《ひつぎ》の素材である樹木の名前を用いて、「ドゥリアンの木の男（*lake nyaun*）」、「赤い沙羅《しゃら》の木の女（*redu keranga*）」などという言い方で仄《ほの》めかされる。ある意味、とても詩的である。

その時にだけ、棺に使われた樹種で死者を示す換喩《かんゆ》的なレトリックが用いられる。逆に言えば、死後、死者についての話題は極力避けられなければならないし、どうしても死者のことに言及しなければならない場合には、誰だか分かるように、部分を用いて全体を表すレトリックに拠《よ》りながら、ヒソヒソ声で語られるのである。そのようにすることで、死者は生ある存在以後の、つかみどころのない、はっきりとしない

「何か」となる。〈名前〉に関して言えば、死者は無名化される。

ここで一瞬立ちどまって、文学作品を取り上げてみたい。磯﨑憲一郎の芥川賞受賞作『終《つい》の住処《すみか》』の主人公や妻、子、その他の登場人物には固有名詞がない。無名の存在者たちである。主人公の「彼」が関係を持つ女たちは「サングラスの女」「生物教師の女」など普通名詞で、換喩的に呼ばれる。名前が付けられることがない人間たちは、その輪郭がおぼろげで、はかない印象を与える。

それに見合うように、この小説では、人々はすぐに老いていく。主人公の妻は視線の先に何を見ているのか見当もつかないし、生物教師の女の幼少期の話は、主人公の娘の語りと混ざりあって聞こえてしまう。名前のない登場人物たちは、影の薄い、存在感のない、その特徴や思想・信念などがはっきりしない、同質的な人たちとして描かれる［磯﨑　二〇一二］。プナンにとっての死者もまた、『終の住処』で描かれる人物たちのように、消え入るような、はかない存在として思念されているように思われる。

プナンは、死者の〈名前〉を呼ぶことを忌避し、死者を無名化し、それと同時に、死者と関わりのある人々の〈名前〉をごろっとデス・ネームに変えてしまう。日本社会の戒名の習慣との比較で言えば、プナンは、死者を死んだ存在としてくっきりと浮かび上がらせるのではなく、死者の輪郭を虚《うつ》ろな、あやふやなものとする。

こうした広い意味でのデス・ネームにまつわる習慣は、プナンの葬儀（死の儀礼）にどのようにつながっているのだろうか。プナンの死の儀礼の一端を見てみよう。

二〇〇六年に一年間プナンと一緒に暮らしたフィールドワークで、私には「父」ができた。私は、彼のフィクティブ（擬制的）な息子として、プナンの人々に受け入れられたのである。プナン名を授かったことは、先に見た。

二〇一四年の八月、半年ぶりにプナンの居住地を訪ねた私は、その前月に病死した、共同体のリーダーであった私の「父」の部屋に「母」を見舞った。その時、マレーシア連邦政府が二〇一〇年に建てた家のうち、「父」が暮らしていた居室の壁が取り払われていることに気づいた。大金を払って、苦労して居住地に運び込まれた応接用のソファーセットが片づけられ、だだっ広い何もない空間が広がっていた。私は一瞬のうちに、「父」の死に対する妻や子や孫の深い悲しみが大きな渦となって、具体的な行動へと転じているのではないかと感じた。

「母」は私を一瞥《いちべつ》すると、恭《うやうや》しく目に涙を浮かべながら、ゆるやかに握手を求めた。しかし、その後、死んだ夫である「父」については何も語ろうとはせず、うつむいて、終始無言だった。遺族は死者について語ることだけでなく、死者の〈名前〉さえ口に出すことを厳しく禁じられていたからである。

そこにいた人々から、死者が遺《のこ》した品々はことごとく処分されたと聞かされた。ソファーセットは、土葬の直後に庭先で燃やされたということだった。それらは遺品化されるのではなく、死者がこの世からいなくなったのと同じように、滅却されたのである。

生きていた痕跡《こんせき》をすべて消し尽くしてしまうような死への激しい態度。プナンはなぜこのように荒々しく、演技的に近親者の死を扱うのだろうか。その様子は、アメリカの社会学者、アーヴィン・ゴッフマンのひそみに倣《なら》えば、プナンによる「死のドラマトゥルギー」とでも呼べるものかもしれない［ゴッフマン　一九七四］。

一九八〇年代までの森を遊動していた時代のことを知る人たちから聞くと、プナンはかつて、いくつかの家族で寄り集まって集団を形成し、小屋に住み、ひとつの炉を共有して、経済活動を行っていた。彼らは、料理や食事のための道具を、少ないながら共有していた。メンバーのうち男たちは協力して森に出かけ、ヒゲイノシシやシカ類やサル類などの野生動物を狩猟した。また、サゴヤシを植栽し、男女総出で、主食となるサゴ澱粉《でんぷん》を産出した。そして、周辺地に食料が乏しくなると、小屋を捨て、みなで他の場所に移動した。そうした場所は、獲物たちが集まってくる果実がなる場所の近くである場合もあれば、かつて自分たちが植えたサゴヤシが大きくなって澱粉を抽出できる場所のこともあった。

プナンが暮らしの場を変えるのは、周辺地に食料が乏しくなってきたという理由からだけではなかった。集団のメンバーのうち誰かが死んだ場合、残された者たちはできるだけ速やかにその場所から移動した。人が死ぬと、それが老人であれ幼児であれ、生活の場である小屋の炉の下に死体を棺に入れて埋葬したようである。もとより極めて少ないながら、衣服など死者の個人所有物は埋葬されるか、燃やされた。その後、その場所から人々は立ち去ったのである。

そうしたやり方は、民族学で、〝bury and run〟（「埋めて逃げる」）と呼ばれたことがあった。それは、死体の放棄だと解釈され、葬法が誕生する以前の狩猟段階の人類の最も原始的な死への態度ではないかと考えられたこともあった。しかし、そのやり方の背景には、彼らなりの考え方があることがしだいに明らかになった。プナン研究のアメリカの人類学者ピーター・ブロシウスによれば、

死が起きると遺体はできるだけ早く彼らが占有していた小屋の炉の下に埋められ、住まい

は取り壊されるか焼き払われ、キャンプは崩れて移動した。

[Brosius 1995-6: 200]

この記述は、プナンの定住化以降のことであるが、私の「父」の死に際して、部屋が解体され、一切の品々が焼き払われたことを想起させる。ブロシウスによれば、プナンが死の起きた場所を立ち去るのは、第一に、死が発生した場所が死霊の徘徊《はいかい》する危険な場所であると考えられていたからである。第二に、そこが死んだ人物の痕跡を感じさせる場所だったからである。そのため、彼らは死体を「埋めて逃げ」たのである。

ブロシウスは、とりわけ第二の点、すなわち死者の痕跡の忌避に関して、以下のように述べている。

それ［＝痕跡］は、感情を喚起するとともに、情緒的な意味を帯びた場所である。プナンは、誰かの痕跡を見て引き起こされる痛みについて語ることがある。そうした心痛を回避しようとする欲求が彼らをその場から立ち退《の》かせたのである。

[Brosius 1995-6: 200]

プナンは、死体を埋葬し、住まいを破壊し、死が引き起こす心痛を遠ざけるため、死が起きた場所から速やかに立ち去った。こうした行動パターンは、遺族にデス・ネームを授けることと並行して行われる、死者を無名化し、死者の輪郭をぼやかすやり方と地続きなのではないだろうか。つまり、プナンは、死が引き起こす心痛を和らげる目的で、死者のことを口に出すことなく、死者を生きている者たちからできる限り遠ざけようとするのではないか。

すでに見たように、私たち日本人は、死者に生前の俗名とは異なる戒名を授け、死後の世界に形象を与え、供養の対象とする。死者の死者化の上に弔いを行う日本人に比して、死者をこの世からフェイドアウトさせることに意を注ぐプナン。

そのことの実践面が、死者にまつわる一切合財を取り壊し、死者に連なる品々を焼き払うという死のドラマトゥルギーだったのではないか。人々は死者の遺したものをぶち壊し、火の中に投げ入れて荒々しく滅却する。プナンは今日でこそ、他民族やキリスト教の影響を受けて墓をつくるものの、死が起きた時でないと墓地には近づかない。死は生の世界からできるだけ遠ざけられ、かなたに忽略《こつりゃく》されるのだ。

ところで、身近な人の死とは、はたしていかなる事態であるのか。死とは、これまで存在した者がいっさい動かなくなったり、いなくなったりすることである。残された者たちにとっては、死者について思えば思うだけ、今存在しているものが色あせて感じられる。身近な人はすでになく、そのことに思い至ることで、私たちはより一層の孤独や虚《むな》しさを感じるようになる。死者に対する思いが募る一方で、自分を取りかこむものは一層どうでもいいものに思えてくる。

死に直面した際のこうした人間の情動は、世界中どこに行こうとも、あまり変わらない。違いが出るのは、その後の思考と行動である。

プナンは、私の「父」の死後の光景で見たように、死者の遺品を暴力的なまでに焼き尽くし、死者が生きた空間のかたちを無に帰し、死者自身の痕跡の一切を見えないようにした。死者の痕跡が隠滅されることによって、死者はその輪郭とともにぼやけていく。私が年に二回ずつプナンの居住地を訪問する時に持ち込む写真もまた、新たに死んだ者が写りこんでいる場合、多くの人の目につく前に処分される。写真の中の死者は、近親者に心痛をもたらす。残された者たちは死者の〈名前〉さえ口にすることも禁じられ、死者との日々はしだいに遠のいていく。

死者とともにあった日々の中で用いられていた生者の〈名前〉は変えられる。どこかから〈名前〉がやって来て、自分と周りの人々の〈名前〉を取りかえてしまう。プナンはデス・ネームによって、死者への視線を生者へとずらし、意識を生者へと向けさせようとしているのだとも言える。そのようにしているうちに、残された者たちの心痛はしだいに癒《いや》されていく。

ボルネオ島の熱帯雨林。死に直面した人々による、この比類なき工夫。死者を無名化し、生者に新たな〈名前〉を与えるデス・ネームをめぐる習慣は今日、死者を埋め、死者が遺した場所や品物を破壊し焼き払って、死者の痕跡を消し尽くそうとするプナン流の死のドラマトゥルギーに流れ込んでいる。デス・ネームと死のドラマトゥルギーは、深いところでつながっているのだ。

9　子育てはみなで

われわれは古いもの、確実に所有しているものに次第に飽き飽きし、ふたたび外へ手を出す。われわれがそこで三カ月も生活していると、この上なく美しい風光でさえ、もはやわれわれの愛をつなぎとめるわけにゆかない。そしてどこか遠くの海浜がわれわれの所有欲をそそのかす。ともあれ所有物は、所有されることによって大抵つまらないものとなる。自分自身について覚えるわれわれの快楽は、くりかえし何か新しいものをわれわれ自身のなかへ取り入れ変化させることによって、それみずからを維持しようとする、——所有するとは、まさにそういうことだ。

フリードリッヒ・ニーチェ『悦ばしき知識』

ジャレド・ダイアモンドは、『昨日までの世界』で、環境条件をたまたま利用することができた白人たちがつくり上げた文明が世界を制覇しているが、ヨーロッパ化された世界は今日、環境、経済や戦争、高齢化、宗教などの深刻な課題に直面するようになってきており、私たちは、「昨日までの世界」、すなわちヨーロッパ化される以前の世界をもう一度振り返るべきだと唱えた。ダイアモンドは、今日でもニューギニア、アフリカ、南米の「伝統的社会」の中に、昨日までの世界の知恵を探ることができるのだと見ている［ダイアモンド　二〇一三］。

ダイアモンドは、その本の「子どもと高齢者」を取り上げたパートで、伝統的社会で見られる「アロペアレンティング」（代理養育）と呼ばれる子育て法に着目している。それは、「子育て」を表す〝parenting〟に「もうひとつの、代わりの」という意味の〝allo〟という接頭辞を付けて、「実の親ではない人物による養育」という意味合いを持つ用語である。生物学的な親以外の大人（たち）が、子どもたちの世話をして養育することが、アロペアレンティングである。

ダイアモンドによれば、広い意味でのアロペアレンティングは、ヨーロッパ世界でもかつてはおこなわれていた。しかし、

現代は、昔のように、祖父母やおじ、おばが近所にいて、育児に手を貸してくれる時代ではない。もちろん、ベビーシッターや保育士、教師、同居の祖父母、年長の兄弟の貢献もまた重要であり、子どもの成長に大きな影響を与えることは否定しないが、伝統的社会におけるアロペアレンティングは、こういった人々がはたす役割よりもはるかに重要な役割をになっており、生物学的な親以上に子育ての中心的な存在なのである。

［ダイアモンド　二〇一三（上）：三二一］

アロペアレンティングとは、近代社会よりも伝統的社会でより重要な制度であったのだという。

その上で、ダイアモンドは、アカ・ピグミーやエフェ・ピグミーなどのアフリカの狩猟採集民の小規模血縁集団を取り上げて、生まれた赤ん坊の世話が多数の大人たちによって共同でおこなわれるさまを描きだし、アロペアレンティングは、父母が一緒に出かける狩猟採集という生業様式の食料調達に関係していたのではないかと推測している。赤ん坊が「父母の帰りを待つ時間は、数日の場合もあれば、数週間にわたる場合もあり、その間は祖父母が子どもの面倒をみることになる」［ダイアモンド　二〇一三（上）：三二二］。

ダイアモンドによれば、東アフリカのハヅァでは、祖母が子どもの世話をする場合のほうが、そうでない場合よりも体重増加のペースが速い。南米ペルー・アマゾンのヨラの子どもの場合、食事の半分は、自分の両親とではなく、自分の家族以外の家族と一緒にするのだという。

アンダマン諸島民の社会では、子どもは九歳か十歳になると、近隣集団の家族と一緒に暮らし始める。その時間が長くなると、養子縁組の約束が交わされ、養子になる子どもはふたつの近隣集団の友好関係の維持に一役買うことになる。アラスカのイヌピアト社会では、養子縁組があたりまえのように行われており、それは、二組の親だけでなく二組の集団をつなぐ絆《きずな》としての役割を果たす。こうした民族誌事例を踏まえて、ダイアモンドは、アロペアレンティングの重要性を以下のように整理している。

子どもにとってアロペアレントは物質面で重要な存在である。親以外の存在として、自分に食物や保護を提供してくれる存在だからである。世界各地の小規模社会に関する研究からも、アロペアレントの存在が子どもの生存率を高めることが示されている。そして、親以外の人々が子どもの養育に関与することは、子どもの心理面の発育のうえでも重要である。それらの人々は、子どもに、いろいろと人生に必要なことを教えてくれる存在でもあり、子どものとるべき行動のお手本となる存在だからである。

［ダイアモンド　二〇一三（上）：三二五］

アロペアレンティングによって、子どもたちは食料と保護を与えられ、多数の大人によって人生で必要なことを教えられ、心理面の発育が促される。さらには、先に見たように、実親と養親の間の社会的な絆を固める。

プナン社会でも、実親以外が子どもを世話するという意味で、アロペアレンティングがおこなわれている。ふつうの親子関係が営まれている場所のすぐ隣で、血のつながりのない一組の男女と子どもの間にも親子関係が結ばれ、それらの二組の親を含む多数の大人たちによって子育てがおこなわれている。そのことは、基本的には、生みの親と養親の意志による主導でおこなわれる。互いの親の合意によって、子どもが「養子」となり、養育の場が養親のもとに移される。養子が乳呑み児《ちのご》の場合には、完全に場所を移ってしまうのではなく、近くにいる生みの母親のもとで母乳が与えられる。

子どもがいない夫婦が養子を迎えて育てるということももちろんある。しかし、それはプナンのアロペアレンティングの主軸ではない。日本では、兄弟・親類や他人の子と親子関係を結ぶ「猶子《ゆうし》」を除けば、家父長制的な家族制度のもとで、家を存続させるための養子縁組がおこなわれることが多かったが、プナンの養子とは、家のためにおこなわれる養子縁組ではない。

プナンは、「アナック・ラン（実の子）」と「アナック・アムン（養子）」を区別することがある。しかし、実子か養子かを問わず、親たちが共同で子育てをすることに、プナンのアロペアレンティングの主眼がある。そのため、夫婦には子どもがすでに何人もいるのに養子を迎えたり、祖父母が娘の息子を養子として引き取って育てたりすることがある。子どもの側から見れば、養親とともに生みの親が近くに住んでいることがほとんどで、その場合、養親と生みの親のどちらとも頻繁に行き来をすることになる。

五十歳代の男性ジャガンのアロペアレンティングを含めた子育てを見てみよう。プナンの配偶制度は一夫一婦的で、男女が次から次へとパートナーを替えていくことで、一夫一婦の原則は保たれている。男女の結びつきが先にあり、実子にせよ養子にせよ、子を得ることが、プナンの「結婚」である（「6　ふたつの勃起《ぼっき》考」参照）。

ジャガンという名の男性は二十歳になったころにパートナーと暮らすようになり、その後三人の子どもをもうけた。三十歳を目前にそのパートナーと別れ、子どもたちは、母親と一緒に暮らした。その後、ジャガンは新たなパートナーを見つけたが、その女性との間には子どもがすぐにはできなかったので、養子を迎えて育てることにした。五年ほど経《た》つと、ジャガン夫婦には相次いで二人の子ができ、養子一人と実子二人を一緒に育てることになった。養子は、ジャガンと、近隣に住む彼の実の親とその

周囲の森で獲物が獲れなくなって狩猟小屋を撤収し始めると、子どもたちは解体中の小屋の桁（横木）にぶら下がって遊び始めた。

家族の間を行き来しながら大きくなった。

子育てが一段落すると、ジャガンと妻は幼い子がいないのは寂しいという理由で、近隣に住む親族（後述するスリン夫婦）から生まれたばかりの乳呑み児を養子として迎えた。乳呑み児には最初、生みの母親によって母乳が与えられ、その後、ジャガンたちが主に養育するようになった。その子が歩き始めるころに感染症で死亡すると、ジャガンは、その後、近隣で生まれた新生児を新たに養子として迎えた。

もとより、こうしたアロペアレンティングは、ジャガンと彼の妻が始めたものではない。ジャガン自身も、養父によって主に養育されたし、彼の母の兄弟姉妹たちが暮らす場所で、親たちの世代の大人たちによって育てられて大きくなったのである。

スリンは二十歳代で、ジャガンのいとこにあたる女性とパートナーになった。第一子は女の子で、生まれるとすぐに隣住の子どものいない夫婦のもとに養子に出された。第二子、第三子は女の子で、スリン夫婦のもとで育てられた。第四子は女の子で、すでに何人かの子どもがいる別の隣住の夫婦のもとに養子に出された。第五子は男の子で、スリンたちのもとで育てられた。女の子であった第六子は、上で見たジャガンのもとに養子に出されたが、幼くして死んでしまった。第七子の女の子は、第一子と同じ夫婦のもとに養子に出された。第八子である男の子は、スリンが育てている。スリンは、八人の子どものうち四人を養子に出しているが、養子先はすべて近隣の家族である。子どもたちの側からいえば、いつでも実親・養親のどちらとも会える距離にいたことになる。

プナンのアロペアレンティングは、血のつながりのない親子のフィクティヴ（擬制的）な親子関係を血のつながりのある親子関係に加えることによって、多数の大人が子育てに関わることである。親が養子を引き取って、自分の家の中だけで育てることはない。プナンの社会空間それ自体はとても開放的な空間であり、養子は、養親と生みの親だけでなく、共同体に出入りする大人たちによって養育される。多数の子どもたちに対して、多数の大人たち、年長者たちが入り混じって養育に加わる。

親の側から見れば、子育てに対する負荷が少ない。虐待《ぎゃくたい》などをおこなうような誤った育て方は、多数の目によってチェックされる。

この点に関して、ダイアモンドは、現代社会でおこなわれている多数の大人たちによる子どもの保育について述べている。

問題がある親に育てられながらも、社会的にも認知的にも立派な大人に成長した子どものエピソードについては、私も自身の友人たちから、いくつも聞かされている。そして彼らの言によれば、彼らが、正常な神経でいられたのは、自分を定期的に訪問してくれる親以外の大人がいて、その人が自分の味方になってくれたからだそうである。たとえ、その大人が週一度きりしかやってこない、ピアノの先生だったとしてもである。

［ダイアモンド　二〇一三（上）：三二六］

子どもたちは、早くからいろんなタイプの人と交わって人間関係を学び、精神的にも成長する。それが、アロペアレンティングである。

プナン社会では、フィクティヴに結びつけられた親子関係が生物学的な親子関係と混ざりあっていた。そのことが、プナンの家族という現実を構成していた。養子と実子がひとつの家族の中で互いに混ざりあって、親子という現実をつくり上げているのだ。プナンの家族については、そのどちらが「本当の」親子関係だと言うことはまったくできない。プナン社会では、実の子であれ他人の子であれ、親とのあいだに結ばれるのが、親子の関係に他ならない。

ところで、前述したようにダイアモンドは、狩猟採集民社会ではアロペアレンティングによって生まれた赤ん坊の世話が親の代わりの大人に共同で分担されるおかげで、父母が狩猟採集という、生きていく上で欠かせない生業活動に専心できたのではないかと推測している。しかし、そもそも生きるための糧《かて》を探しに出かけるのが、男、つまり父親だけに限定されているプナン社会では、ダイアモンドの説は的を外れている。母親は、つねに赤ん坊の世話をできる近距離にいるのだ。

プナンのアロペアレンティングは、彼らの生業に関わっているようには思えない。そうではなく、実子であれ養子であれ、そのあいだに垣根を設けず、みなで一緒に育てるというやり方は、プナン社会に深く広く浸透している共同所有の原理に根ざしているという見方もできるように思われる（「7　欲《よく》を捨てよ、とプナンは言った」参照）。それは、自然に対峙《たいじ》するプナンが、人間同士のコミュニケーションを行う際の根本原理である。

人間には、生まれながら、自動的に共同所有の観念が植えつけられているわけではない。プナンは、「本能」としての個人的な所有欲を、それが芽生えた瞬間に徹底的に殺《そ》いでしまおうとする。所有欲は否定され、後天的にシェアする精神が養われる。

実子以外に養子を取ることは、すでに所有しているものに飽きて、新たな所有を目指すことではない。プナンのアロペアレンティングを駆動させているのは、むしろ、養子を所有することによって逆説的に、個人的な所有への本能を緩める力なのではないだろうか。養子とは、一見すると新たな所有であるように思われるかもしれないが、実は、子どもを共同体で、みなで育てることにつながっている。そのことで、子どもを個人的に所有するという考えは否定され、共同所有というプナン社会を支える根本原理が強められているのだ。

10　学校に行かない子どもたち

若き人は教養に関する知識をもって始むべし、決して生に関する知識をもって、ましてや生と体験そのものをもって始むべからず、と。しかもこの教養に関する知識は歴史的知識として若者に注ぎ込まれたり、わけのわからぬようにかきまぜて与えられる。換言すれば、若者の頭脳は生の直接的直観からではなく過去の時代と民族の極めて間接的知識から抽象された莫大《ばくだい》な数の概念で詰め込まれる。自分で何かを経験したい、自分の経験に関して連関のある生ける体系が自身のうちに成長するのを感じたいという若者の熱望――かかる熱望は麻痺《まひ》され、いわば酔わされる、すなわち、古き時代、それもまさに最も偉大なりし時代の最も高く最も顕著な諸経験を自身のうちで総計することがまるでわずか数年のうちに可能であるかのような傲慢《ごうまん》な眩惑《げんわく》によって、そうされるのである。

フリードリッヒ・ニーチェ『反時代的考察』

マレー世界では、都市部を除いて、今日でもふつう、手、とりわけ右手を用いて食事をする。それに対して、プナンは手ではなく、スプーンなどの道具を用いて食事をする。これはプナンが近年になって新しく取り入れた習慣ではなく、もともと道具を用いて食事をしていたことの名残であると考えられる。

古くよりプナンの主食は米ではなく、サゴヤシから抽出した澱粉だった。中華鍋《なべ》にサゴ澱粉を入れ、水を加え熱してアメ状化したサゴ澱粉を食べていた。少ない時には数人、多い時には十人ほどの気心の知れたメンバーが、サゴ澱粉の入った中華鍋を囲んで共食する。食事時には、必ず汁物が用意される。プナンは「ピック」と呼ばれる「箸《はし》」でアメ状のサゴ澱粉をくるくるっと巻いて、器用にすくい上げ、それを汁物にいったん浸《つ》けてから口に運ぶ。ヒゲイノシシやシカや魚などの肉魚類は、骨を手でそぎ落としてから口に入れる。

プナンは、一九八〇年代になると森の中でのノマディックな暮らしを放棄し、川沿いの地に定住ないしは半定住して焼畑農耕を始めると、サゴ澱粉に加えて米を食べるようになった。しだいに米食の割合が大きくなってきたが、そうなっても、サゴ澱粉を食べる時の食事のスタイルが引き継がれている。

ごはんは大きな皿の上に山盛りにされる。プナンは、ごはんを食べるために、「箸」をスプーンに持ち替えたのである。男女老若《ろうにゃく》交えて、大皿を取りかこむように人々は車座になり、手を伸ばしてスプーンでごはんをすくい取り、それを汁物の皿に浸けながら食事をする。ごはんが個々の皿に取り分けられ、そこにおかずがそえられることもあるものの、プナンは一般に、メンバー全員が大皿を囲むというかつてのサゴ澱粉の共食のスタイルを好むようである。

食事の際、一般に、人々はあまり多くを語らない。場を乱さないような、あたりさわりのない話題が持ち出されたり、出来事や噂《うわさ》をめぐる情報を交換したりするのがふつうである。そのような共食の時空は、身近に起こっている出来事に対するひとつの見方や感じ方を、その場に居合わせたメンバーが共有するように働く。食事をする場所が異なれば、出来事にたいする別の見方や感じ方が生みだされる。日ごろの共食で、人々によって築かれる社会的な絆の最たるものが、親子の親密な関係である。

プナンの父母と子どもたちは、食事の機会を含めて、つねづねできるだけ一緒にいよう、行動をともにしようとする。親は、たとえ自分の兄弟や親であっても、幼い子どもを他人に任せることはない。親はつねに、実子であれ養子であれ（「9　子育てはみなで」参照）子どもの言うことに耳を傾け、それをかなえるべく努め、子の面倒を見、慈《いつく》しんで保護しようとする。子どもたちは、そのような親たちの態度に応《こた》えようとする。父親が狩猟やその他の仕事で幼な子のもとを離れる際に、離れて行ってしまう父親を想《おも》って泣きわめくことがよくある。

そうした親子関係は、プナン社会の内側から外に向かって広がることはない。プナンの親たちは、子が外の世界を経験することを奨励し、共同体の外部で知識と技術を体得させることによって、子どもを大人にするということはない。そうではなくて、プナン社会では、子が親の膝《ひざ》もとで生きてゆくすべをゆっくりとじっくりと学び、ゆるやかに親のもとを巣立ちながらも、その後も親たちの近くで暮らす傾向にある。

密なる親子の関係を軸としたプナン社会、とりわけブラガ川上流域のプナンの共同体では、子どもを学校という親や家族がいない別組織に預け、そこで知識や技術を身につけさせようとする考えや態度が広がることはなかった。親は、子どもたちといつも一緒にいて、狩猟や採集の仕方を含め、薪《まき》の割り方、火の熾《おこ》し方、小屋の建て方など、狩猟採集の民として、森の中で生きていく上で必要となる様々な事柄をことさら伝えようとするのでもなく伝承する。教えるというのではない。どちらかと言うと、ゆっくりと時間をかけて、子どもたちに染《し》み込ませるように、様々な事柄を身につけさせる。

以下では、そうした環境の中で育つプナンの子どもたちと学校教育との関係を探ってみたい。

ある時、七人のハンターと、その妻と子どもたちから成る総勢二十人ほどの集団が、車で二時間ほど離れた森の近くでキャンプを建てて狩猟に行く機会に同行したことがある。近隣に住む焼畑農耕民スピンの商人が世話人となり、車でプナンを連れて行った。

その時は、狩猟キャンプに三泊して、ヒゲイノシシ四頭が獲《と》れた。スピンの男性は、キロあたり三マレーシア・リンギ（約九十円）で、プナンからその猪肉《ちょにく》（合計八十七キロ）を買い上げ、キロあたり八～十リンギで近隣に住むクニャーの人々に売り捌《さば》いた。プナンのハンターたちに手渡された二百六十リンギ強の現金（八十七キロ×三リンギ）から、ガソリン代や車の修理費が差っ引かれ、残りの百リンギほどが、狩猟について行った私も含めて、八人の間で均分されることになった。さらにそこから、ハンターたちがスピンの商人から個人的に購入した飲み物や塩や油などの生活必需品の代金を差し引くと、それぞれの手元には現金はほとんど残らなかった。あれは、たんなるピクニックだったというプナンもいれば、努力をしても報われないことを嘆いて、スピンの男に騙《だま》されていると主張するプナンもいた。

私にとって、そしてプナンにとって、その三泊四日の「ピクニック」それ自体はじつに愉《たの》しいものだった。現地に着くと、彼らは森に入って木々を切り出して柱や屋根材とし、葉やビニールシートを屋根にかぶせて、簡素ながら機能美がある狩猟小屋を建てた。夜が明けるとハンターたちは、静かに狩猟に出かけて行った。森の中でしとめられ、担《かつ》がれて持ち帰られてきたヒゲイノシシの内臓肉を煮込み、脂身《あぶらみ》を炒《いた》め、腹肉や頭を燻製《くんせい》にし、血をサゴ澱粉に混ぜて菓子をつくり、食べた。また、食べた。腹が膨れると、狩猟小屋の中で横になってうとうとする。することがなければペチャクチャとおしゃべりをし、冗談を飛ばす。そして、腹が減ると、獲れたばかりの猪肉料理を食べる。翌朝以降、ハンターたちは狩猟に出かけて、早ければ二時間ほどしたら、ヒゲイノシシを担いで、時に手ぶらで狩猟小屋に戻ってきた。

かつてアメリカの人類学者マーシャル・サーリンズは、食料を探すことに汲々《きゅうきゅう》としている貧しい社会という古くからのイメージを覆《くつがえ》して、狩猟採集民社会を、生きるための労働に費やす時間が近代産業社会のそれよりずっとずっと少なく、余暇の多い「豊かな社会（affluent society）」であると捉《とら》えなおした［サーリンズ　一九八四］。プナンの森の狩猟小屋での生活は、サーリンズが言うような、アフルーエントな雰囲気に満ち溢《あふ》れている。

子どもたちは、狩猟キャンプに同行することで、小屋の作り方、薪の選定や火のつけ方、肉のさばき方などをしだいに覚えていく。とはいうものの、幼な子たちや学童期の子どもたちは、特に何もすることがなく、キャンプの周りでぶらぶらと戯《たわむ》れて過ごしていることのほうが多いように見える。女の子たちは、時々食器洗いや洗濯を手伝ったり、料理の手伝いをするが、男の子たちは、十代半ばくらいでようやく、三十キロや四十キロもある獲れたばかりのヒゲイノシシを運ぶのを手伝ったりするようになる。

ブラガ川の上流域に州政府によって小学校が建てられたのは、一九八三年のことである。そこにはプナンだけでなく、近隣の焼畑民クニャーも通っている。この三十年強の間に、プナンの子どもたちのうちで、その小学校を卒業したのは二十人そこそこである。それに対して、クニャーは、小学校卒だけでなく、すでにたくさんの中卒者、高卒者、さらには、大卒者たちを輩出している。小学校を終えて、町の中学校に行って勉強し、そこを卒業したプナンは、私の知る限り皆無である。

サラワク州政府のプナンを優遇する教育政策や小学校教員たちの努力にもかかわらず、今日に至るまで、プナンの「学校嫌い」は、一向に改善される見込みはない。寮に寄宿し、朝食と昼食が出て、教育支援金が出されたとしても、プナンは学校に行きたがらない。父母や家族から離れてまでそんなことをしたくないのだという。貧しくて行けないのではない。働かなければならないから行けないのでもない。プナンの子

ロングハウス（近隣の焼畑稲作民の居住形態をまねてつくられた）の通廊では学校に行かない子どもたちがいつもぶらぶら遊んで過ごしていた。

どもたちは、行きたくないから行かないのである。学校教育は定着しない。たいていの場合、サラワク州各地の焼畑農耕民出身である小学校の教師たちは、高等教育を受け、大学教員をやっている私が同じ意見を共有していると見越して、私の前で、プナンの子どもたちが学校に通わないことを嘆くことがよくある。なぜ、プナンは学校に来ないのだろうか。どうすれば、プナンの不登校を改めさせることができるのか。小学校に入ったとしても、早いとプナンは数ヶ月か一年ほどで小学校に行かなくなるし、学年を上がるにつれて、しだいに通学を放棄する割合は高くなる。

しかし、プナンの親たちは、子どもたちの不登校を憂慮することなどない。ましてや、学校で一生懸命勉強をして、立派な社会人になりなさいと言うことなどありえない。学校に行きたくなければ行かなくてもいいというのが、プナンの親たちの共通した考えである。

親たちが狩猟キャンプに行くのであれば、子どもたちも一緒に連れて行く。子どもたちもまた狩猟について行きたがるからである。子どもにとっては、狩猟キャンプについて行って、狩られた動物の捌き方を見たり手伝ったり、魚釣りをしたり、果実を取りに出かけたりすることのほうが、それらにはそれなりに苦労や困難もあるが、現実に役に立つし、よっぽど行く末のためになる。そのことをプナンの親たちも子どもたちも、よく知っている。その意味で、学校は森の中にある。プナンの狩猟小屋の生活から見れば、子どもたちが小学校に行かない、また卒業する数が少ないということに、自然と得心がいく。子どもたちにとって、そちらのほうが学校よりも格段に面白いはずである。「お勉強」しなくても済むし、大人（の教師）からこうあるべきだ、ああしなさいなどと言われることもない。

すでに述べたように、プナンは遠くに長い間出稼ぎに行くようなことはない。都市生活をするプナンにお目にかかったことはない。彼らは一生涯、森の周囲で暮らすのがふつうである。森の中では、掛け算や割り算は役に立たないし、英語を身につけても使う機会がない。学校教育では、若者の頭脳には、生の直接的直観からではなく、過去の間接的知識から抽象された莫大な数の概念が詰め込まれていく。

ところで、私たちが暮らす現代日本では、いじめや不登校の問題をはじめとして、学校教育が抱え込んだ問題と教育の再生が、大きな社会問題となって久しい。言い換えれば、知識習得や人格形成の場としての学校が、現状としては負の社会問題を生みだす場となっている。プナンならば、学校がそのようなネガティヴな場であることを知れば、子どもたちを学校に通わせないことは間違いないと思われる。幸いと言うべきか、マレーシアでは、都市の一部を除いて、学校教育の問題はそれほど顕在化していないように思われる。

私の知るケースでは、クニャー人の生徒からのいじめを受けたプナンの子ども（小学校二年生）が、学校に行かなくなったことがあった。親はそのことを苦にしたり、悩んだりすることはなかった。いじめられていた当の子どもは学校に行きたくないという理由で、学校をやめた。その子はそれから、親の行動につねに同行するようになった。森に行って遊び、冒険し、時には親の手伝いをした。彼は森の中で、自分の経験に関して連関のある、生ける体系が自身のうちに成長するのを感じたはずである。

いじめや非行などの学校が生みだす問題に対して、学校に行かなければいいというオプションが、教育をめぐる社会・歴史的な背景をプナンとは異にする日本では、何の解決にもならないことがよく分かっている。不登校児を学校から切り離して森に送り込むという解決も、日本では通用しない。

維新後の明治政府は、欧米から学校教育制度を移植し、一八七二年の「学制」により、教育の義務教育化を図った。明治期末から大正初年には、義務教育の就学率は九十%に達していたとされる。それ以降、戦中の国民学校を経て、一九五〇年代の教科内容重視の教育から「詰め込み教育」批判がなされるようになり、一九九〇年代には一時期「ゆとり教育」が提唱されるようになる。そのような流れにおいて、学校教育は揺るぎないものとして、日本社会の中に確立されている〔今井編　二〇〇九〕。

しかし、自明化されたがゆえに、現代日本の教育再生をめぐる今日の実践的な議論からすっぽりと抜け落ちているものがあるように私には感じられる。それは、「教育とは何か、学校とはそもそも何なのか?」という問いである。学校教育に対するプナンの無関心とでもいうべき集合的な態度を知れば、教育をめぐる根源的な問いが発せられなければならないのではないかと思えてくる。

ミシェル・フーコーは、『監獄の誕生』の中で、監獄や病院と並んで、学校が近代的な権力の典型であることを指摘した。学校の建設や教師のまなざし、試験制度などの、生徒を規格化するための「規律・訓練」のテクノロジーの中で大衆教育が出現したと捉えたのである〔ボール　一九九九〕。現代のプナンの学校に対する態度は、「近代以前」の生活の断片にすぎないかもしれないが、学校教育に対して期待も評価もしない態度が、この地球上に現に存在することは、重く受け止められるべきではないだろうか。

今一度、近代以降に広く浸透するようになっただけでなく、深い部分に問題を抱え込んでしまった学校教育制度を相対化して考えてみることはできないものかとも思う。ニーチェが『反時代的考察』において教育をめぐって示した慧眼《けいがん》（本章のエピグラフ）

が真摯《しんし》に受け止められるべき時代は、この現代を措《お》いて他にはないのではないか。

そうした点を踏まえて、プナンにとって学校がいかに見えているのかをより深めるために、ひとつのエピソードを取り上げたい。マレーシア連邦政府によって二〇〇三年から、「貧しい家庭の生徒に対する資金（Kumpulan Wang Amanah Pelajar Miskin）」と名づけられた、貧困家庭に対する教育支援金の割り当てプログラムが実施されている。プナンの家庭はすべて「貧困家庭」に分類されており、その教育支援金プログラムの対象になっている。

二〇一四年の八月。すでに教育支援金の配付が済んだ他の河川の流域に住むプナンから、年間一生徒あたり九百リンギ（二万七千円）のお金が配られることになるとの情報が伝わってきていた。プナンにとっては、大金である。同時に、額面は例年同額だとの情報も届けられた。私の調査地のプナンの集合的記憶では、例年の資金貸与はそんなに大きなものではなかった。せいぜい一人当たり三百とか三百五十リンギだったのではなかったか。そんなことが、人が集まると話題に上っていた。そうだとすると、例年九百リンギから三百ないしは三百五十リンギを引いた差額は、小学校の先生たちが飲み食いに使っていたのではないか。小学校の先生というのは、私腹を肥やすとんでもない悪人たちだという噂が、教育支援金の配付が近づくにつれて、あちこちで囁《ささや》かれていた。

教育支援金が配付されるという日、私は朝から小学校へと出向いた。部外者である私は集会の場に入ることは許されなかったが、場外で、小学校校長によるマレー語での説明を聞いた。彼は、集めた生徒の父母の前で、およそ以下のようなことを話した。

マレーシアでもインドネシアでも、小学校教育は義務です。一方で、インドネシアはそのことに責任を持たないので、貧乏な家庭の子どもは学校に行けないが、マレーシアは違います。マレーシアでは、政府の責任で、貧困な家庭にも資金援助して、貧乏な生徒に学校に行く機会を与えています。これは素晴らしいことです。その意味で、親は学齢期の子どもを学校に連れてくる義務があるのです。さて、今年になって、一月から三月までの間、一年生から六年生まで、何日も学校を休んだ生徒がいます。Aくんは連続して○○日、Bさんは○○日……どうして、こんなにたくさん休んだのでしょうか？　いったい、何をしていたのでしょうか？　親には学校に子どもを連れてくる義務があるのに。今日みなさんに集まってもらったのは他でもありません。しっかり学校に通っていた生徒の家庭には、四百五十リンギをお渡しします。子どもの教育のためにぜひ有効に使ってもらいたいのです……。これから名前を読み上げるので、前に出てきてください。

私が最初にこの地を訪れたのは二〇〇六年四月だったが、それ以来、プナンの親たちの一部は子どもを学校に送り込むことに熱心になったように感じられる。学校から遠くに離れた場所に居住地がある生徒の親たちは学校のそばに小屋を立て、授業期間はそこに寝泊まりするようになった。学校教育に価値を見出《みいだ》したというよりも、教育支援金の受給が人々を動機づけたようにも感じられた。

ひとえに教育資金がもらえるからという理由からではないにせよ、「貧しい家庭の生徒に対する資金」が動機の一部になっているのではなかったかと私は勘ぐっている。プナンは、配付のために親が学校に集められることが予定されている日の二週間ほど前から、教育支援金がもらえる、いやもらえないだろうと、人々が集まるたびに話題に上せていたし、当日は朝早くから、多くの親たちが食べ物や飲み物持参で小学校に詰めかけた。現金をもらうために人々が集まるのを見越して、近隣の焼畑民クニャーがクーラーボックスを持ち込んで屋台を広げてビールやジュースを販売し、貧困家庭ではなく招請されなかったクニャーの家庭の学童がお菓子の売り子をしたりして、小学校の広場はさながら村祭りの場のような盛り上がりだった。

その日、学校側の対応は、必ずしも、現金がもらえると勇んで集まっていたプナンの思惑通りには進まなかった。校長は、生徒の通学率が高いか低いかによって、教育資金の援助をするかしないかを決め、あるいは、お金の手渡しを保留したのである。自分の息子や娘の名前が呼ばれない、つまり、欠席が多かった子女の父母の中には、名簿に子どもの名前が書かれてないことに不審を抱いて怒り、その場から帰ってしまった者もいた。名簿に子の名がない親たちは、これはおかしい、学校の先生がやはりピンハネして飲み食いに使っているに違いない、州議会議員や州政府に訴え出て、小学校の先生を辞めさせてもらおう……と口々に述べあった。親たちの興奮は、小学校の広場の盛り上がりそのまま、その後、夜を過ぎてもなかなか冷めやらなかった。

すべてのメンバーに均等に分配するのではない、学校に登校するかしないかという個人差に応じたそうした傾斜配分は、プナンが最も毛嫌いするやり方である。財や現金はある限り、それらを等しく行き渡らせるようにみなに分け与えるというのが、古くからの彼らのやり方である。「ケチはいけない（*amai iba*）」、つまり出し惜しみは、プナンの掟《おきて》では悪なのである（「4　熱帯の贈与論」参照）。その意味で、学校を経由した教育支援金の分配の仕方は、プナンにとっては、悪辣《あくらつ》かつ不吉なやり方だと感じられたはずである。プナンはと言えば、教育支援金を手に入れた家族は当の現金を、教育のために使ったとは言い難い。ありていに言えば、広場の屋台で買い喰いをしたり家族のメンバーで均分し、欲しいものを購入したのである。

この出来事を通して私が気になったのは、そうしたプナンによるその措置に対する解釈と並んで、なにゆえに政府は、それほどまで学童の親たちを「金で釣りながら」、プナンの子どもたちを学校に通わせようとするのか、ということであった。プナンの側に寄り添って眺めると、そのように見えてしまう。教育支援金を与える機会を利用して、親にこそ子どもたちを学校へ送り込む義務があるのだ、そして、それができなければ、教育資金の援助はまかりならんとまで主張して。プナンの観点から眺めれば、プナンの親たちを集めて話をした小学校長の、学校に来ない子どもたちの家庭に対する措置はかなり強引で承服できないものであるように思われた。

ところで、プナンと一緒に暮らしていて、私はしだいに、プナンの若者たち、とりわけ二十代や十代の若い世代が、生業としての狩猟に興味を示さないばかりか、狩猟をしないことに気づくようになった。それは先に、子どもたちが学校を離れて、一心に森での暮らしを愉しんでいる様子を描いてきたことに反する事態である。

プナンのハンターの現在の中心世代は、四十歳代である。私は、若者たちが森の中での生業である狩猟に興味を示さないこと、若者が狩猟の技術と知識を今習得しておかないと、今後、狩猟を中心とした暮らしが成り立たなくなることに危惧《きぐ》を覚えていることを仄《ほの》めかしながら、現役のハンターたちの反応を探ってみたことがある。驚いたことに、誰一人として、若者たちの「狩猟離れ」を気にかけている様子はなかった。「たいしたことはない（*iyeng ibo*）」と言い放った男がいた。「（若者は）おそらく（動物が）怖いのだろう（*mukin medai*）」という、解釈に困る答が返ってきたこともあった。このエピソードは、プナンが将来に向けて向上心を持って、何かをコツコツとやりながら学ぶことがない人たちだということの一端を顕著に示しているように思われる。プナンは将来に備えるのではなく、その都度の状況に合わせて、なんとかなるだろうと考える傾向にある。

翻《ひるがえ》って述べれば、プナンは、学校での勉強をつうじて、個人の能力や知識を磨き上げることに期待を寄せたり、それが重要なことであると捉えたりするような人たちではない。言い換えれば、プナンにとって学ぶことは、日常の営みから独立してそれだけでおこなわれるようなものではない。学びは日常実践とともにある。その意味で、学校とは、行っても行かなくてもいいところである。これまでのところ、登校拒否、いじめ、校内暴力、引きこもり、非行、自殺などの問題が顕在化してきていないのは、プナンにとって学校が学びの場として確立されてないためだとも言えるかもしれない。

他方で、私たち日本人が直面する教育をめぐる諸問題。現代日本では、学校に行きたくないなら、行かなくてもいいということで済ませられる状況ではない。不登校児童は往々にして脱落者の烙印《らくいん》を押され、社会的に不適合だとされ、結果として、将来の進路選択の幅が狭められることになる。登校拒否や引きこもりなどの問題が表れた場合、学校教育の内側に居つづける方針を変えないで、違うタイプの教育を受けるために学びの場を探すといった、オルタナティヴを目指すことになる。

プナンのやり方は、学校教育が前提とされる現代日本社会のやり方とは根本的に異なっている。学校に行っても、行かなくてもいい。それは、個人（子ども）の意思いかんであった。そうしたやり方を変えさせようとする大きくて強い圧力が今働いている。

そうしたことを考え合わせると、集合的に、国家が用意する学校教育制度に、さらにはそれを管理管轄《かんかつ》する国家に抗《あらが》っているかのようにも見えなくはないプナンのやり方は、とても新しく見えるし、ラディカルであるようにも感じられる。プナンのやり方は、現代日本における学校教育制度が唯一《ゆいいつ》絶対のものではないことを、あるいは別のやり方があること、別の学びの可能性があることを暗示しているのではないか。

先ほど登場した小学校の校長と、小学校でのスピーチ以前に話をした際のことである。プナンの居住地から、彼の四輪駆動車に乗せてもらって町まで連れて行ってもらったことがあった。四時間半に及ぶ道中で、彼は小学校の先生が私に対してするのと同じように、プナンの学童が学校に通わないことを嘆いた。ブラガ川上流域の小学校では、この四半世紀の間、プナンからただ一人の高等教育（中学校以上）の卒業生も出したことがないとも言った。

私は、プナンの子どもたちは、親たちが森の中に狩猟に出かける時に、たいてい親について行こうとするから、学校に行かなくなるのだろうと述べた。校長はすぐさま、「親は子どものことを考えて」子どもを狩猟キャンプに連れて行くのではなくて、学校に行かせることを考えるべきだと言い返した。私には、プナンの「親は子どものことを考えて」、子どもを狩猟キャンプに連れて行くのかもしれないと思えた。校長は、プナンにも、いずれはサラワク州の開発のメインストリームに乗ってほしいと願っていた。彼は、そうすることがプナンの未来にとってよいことだと考えているようだった。しかしそれは、プナンの考えや思いとは必ずしも一致しないように、私には思われた。議論をめぐる平行線。

校長にとって、プナンの暮らしの側に立って考えてみることなど、思いも寄らないことだったのかもしれない。プナンも、水道や電気を欲しがっているし、車で移動しようとするし、きれいな服だって着たいし、そのためには現金を稼がなければならないのだから、サラワク州の開発のメインストリームに乗りたいはずだし、乗らなければならないに決まっているではないか。言葉の端々から、校長はそのように考えていることが伝わってきた。

しかし、実際には、プナンは今のところ学校教育にほとんど価値を見出していないようなのである。学校教育には見出すべき価値があまりないと、プナンは無意識のうちに考えているのではあるまいか。学校教育の問題を考える場合、そうしたプナンの思いはことのほか重要であるように私には思える。

補足的に、校長が決して「悪人」や「権力の権化《ごんげ》」ではないという点に関して述べておきたい。彼は話の中で、サラワク州政府が現在計画している水力ダム建設が、周辺地のプナンの犠牲の上に計画されていることを嘆いた。彼の中に見出せるのは、政治や経済に力なく翻弄《ほんろう》されるプナンに対する同情や思いである。それだけではない。彼は、生徒や生徒の親たちのことを思いやる、心優しい人物でもある。その意味で、彼は健全なる人物なのだ。

この手の問題をめぐって厄介なのは、こうした個人の日常とそれを超えた大きなイデオロギーとの間のある種のズレの問題である。社会開発を推し進める側の人々の人柄と熱意には、文句のつけられないことが多い。しかし、彼らの社会人としての理想や価値観は、時に、やりきれないほどに動じないものに変転してしまうことがある。社会開発を推し進めなければならないという信念は、近代主義の代表的な価値の具現化である。

この点はひとまず措《お》くとして、プナンの学校教育に対する態度とは、結局、いかなるものだったのだろうか。私には、学校の存在意義を確立していない、学校の価値を高いものと認めていないプナンは、近代以降の社会において、私たちが容易に抗うことができないようなイデオロギーに対して正面切って歯向かうのではなく、それらを相手にさえしていないように思われる。抵抗する以前に、不要なのだから行かないし、利用しないとでもいうかのような態度。そこに、逆に希望の光のようなものがあるのではないかと感じてしまうことは、はたしてまちがいだろうか。

まじめに学校に行って勉強しなければならない、民主主義社会の一員として選挙に行って投票しなければならない、地球生態環境に生きるはしくれとして地球温暖化の危機をなんとかしなければならないなど……、個人の思考とは別に外部から個人のもとにやって来る今日のほとんど自明視されて揺らぐことのない「神々《こうごう》しい」までの価値観に対して、プナンが投げかける、疑いになる以前の疑いの断片。あるいは、高潔な理想を掲げることにより世界を構成する、強制的・半強制的な制度やルールに対する無意識の次元の反意とでもいうべき態度。そのような物事が立ち上がる以前の、言葉にされることがない問題感覚にこそ、特大の意義があるのではないだろうか。

こうしたプナンの振る舞いに、フランスの人類学者ピエール・クラストルが描きだした、自分たちに不幸や悪をもたらしているものの本質から逃れるためにアマゾン河の下流域を放浪しつづけていた、南米・パラグアイの先住民グアラニのインスピレーションを重ね合わせることができるだろう。グアラニは、病気や不条理、歪《ゆが》みや矛盾、不幸を内含したり、帰結したりしてしまう〈一〉から成る近代の枠組みではなく、不幸の廃絶された〈一〉ならざるものから成る神話的世界を求望していた［クラストル一九八七］。学校から目を反らし、一顧だにしないプナンには、人間に不幸をもたらす世界の不完全さへの拒絶という、森の民ならではの直観があるとは考えられないだろうか。

締めくくりに、一九六〇年代の初めにカナダ北西部のタイガの森に住む狩猟採集民へアー・インディアンの調査研究を行って、その後、『子どもの文化人類学』を著した人類学者、原ひろ子の経験に触れておきたい。彼女はフィールドワークにより、ヘアー・インディアン社会では、子どもたちに対してしつけや教育がなされるのではなく、子どもたちは何事に対しても、自分のペースで覚えていくことが強調されることを見出した。カナダから帰国後に、原は日本の学校教育の課題を以下のように再発見している。

日本に帰って来て、まわりを見まわしたとき、子どもも、青年も、「教えられること」に忙しすぎるのではないかと思うようになりました。…（中略）…私たちが住んでいる現代日本の文明社会においては、一定のカリキュラムにもとづいた教育が必要であることは認めます。しかし自分の心に浮かぶ好奇心を自分のペースで追求していくためのひまがない子どもが多いことは、悲しいことだと思います。

［原　一九七九：二〇一］

五十年以上も前に、海外でのフィールドワークから帰国した文化人類学者による日本の学校教育に対する観察は、正鵠《せいこく》を得ている。子どもたち、青年たちは「教えられること」に忙しすぎる。しかし、原の問題意識は顧みられるどころか、その後、放擲《ほうてき》されたままではないだろうか。子どもたち、青年たちだけが忙しいのではない。先生たちもまた今日、教育以外のことで忙しすぎる。

学校に行かないプナンの子どもたちもまた、学校教育とはそもそも何かを再検討するための糸口を示してくれているのかもしれない。しかし、そう考えることが、「時すでに遅し」でなければいいのだが。

11　アナキズム以前のアナキズム

私にとって従うことは先導するほど不快である。
フリードリッヒ・ニーチェ『悦ばしき知識』

森元斎は『アナキズム入門』の中で、思想家・鶴見俊輔の言葉を引きながら、アナキズムを、権力による強制なしに人間が助け合って生きてゆくことを理想とする思想であると定義している〔森　二〇一七〕。

十八世紀までにヨーロッパには、専制政治体制が広く行われるようになった。その統治の手法や手続きに疑問を抱くようになり、やがて、業《ごう》を煮やした民衆たちは、国家体制の打倒を目指して革命を成し遂げた。ところが、結局は、専制政治がかたちを変えて戻ってきただけだった。そのような経緯を経て、マルクスたちの思想に傾倒し、共産主義国家の樹立を成し遂げる人々が現れた一方で、国家なき自律的なコミュニズムの理想を抱きつづける人々が活動するようになった。国家による専横に痛めつけられ、虐《しいた》げられていた人々のうち、フランス革命以降に、プルードン、バクーニン、クロポトキンなどの思想と活動に導かれるようにして、国家統治の不要論を唱えるようになったのが、後者のアナキストたちであった。アナキズムは、十九世紀から二十世紀にかけて、政治的な革命を唱道する共産主義とは一線を画する思想・運動として、ヨーロッパに深く広く根を張るようになった。

興味深いのは、森は、著作の終盤に向かう中で、私たちを飼いならす諸悪の根源がここ数百年で広がり、アナキズムが生みだされるようになったのだが、他方で、そうした〈飼いならされる／飼いならす〉とは異なる仕方で、他者と共同体と、そして自然と対峙してきた人間の共同体に目を向けるべきではないかと主張していることである。革命や闘争を経由せずとも、地球上にはある種のアナキズムを実践する人々がたくさん存在してきたし、現に今日においても存在する。もしそうだとすれば、アナキズム以前、すなわち国家が存在する以前の人々の助け合いによる暮らしの次元にまで遡《さかのぼ》らなければ、国家なしに自律的に暮らすとはいったいいかなることなのかということが、本源的なものとして見えてこないのではないか。

森がマルセル・モース、クロード・レヴィ゠ストロースからデヴィッド・グレーバーを頼みとしながら文化人類学に接近するのは、アナキズムを理解するためには、アナキズム以前をつかみ取ることが欠かせないと考えているからではないか。そうしたアナキズム以前の人間社会のあり方の一端は、今日でも、「国家なきまま」自らの社会を自律的に維持している共同体の中に見ることができるように思われる。

そのひとつが、プナンの狩猟民共同体である。

プナンと国家との関係性は、住んでいる地域を基準にして、大きくふたつに分けられる。ボルネオ民族誌学で言うところの「東プナン」は、マレーシア・サラワク州を流れるバラム河の諸支流域に住む人々である。

彼らは、一九八〇年代にその地で盛んにおこなわれるようになった商業的な森林伐採に対して、自分たちの暮らす場所と自然が奪われると唱えて、サラワク州政府と木材伐採企業に対して抵抗運動を組織した。その主な作法は、伐採された木材を搬出させないためにロギング・ロードに木材と人によってバリケードを築いて、林道封鎖(ブロックエイド)をおこなうことであった。一九八〇年代に東プナンとともに森の中で暮らしたスイス人探検家ブルーノ・マンサーは、プナンが直面する窮状を広くヨーロッパ市民社会に発信することに多大な貢献をなした。森の中に侵入してくる商業的な森林伐採に対して「闘う先住民」としてのプナンのイメージは、二十世紀の最後の十五年間、世界に知れわたった。東プナンはその後、州政府や木材伐採企業との折衝を進め、協定を少しでも有利に締結するために識字率を高め、未来の世代に教育を受けさせることが大事であるという認識を抱くようになり、子らを学校に通わせ、その後、大卒者（学士）を何人も輩出し、今ではNGOのサポートを得ながら、州政府や企業に対抗できる一大勢力にまで成長した。東プナンは国家を前提として、抵抗を組織化することで、自らの要求の実現を目指す反面、自律的に生きることを選んだのである。

これに対して、同じプナンでありながら、自然環境の変化をめぐる「西プナン」の状況は、東プナンのそれとは大きく異なる。西プナンとは、サラワク州のラジャン河の諸支流域およびシラット川流域の森で暮らしてきた人たちである（本書で取り上げるブラガ川上流域のプナンは西プナンである）。

彼らは、一九六〇年代以降、サラワク州政府によって、森の中の遊動生活を放棄した上で、川沿いの沖積地《ちゅうせきち》に移住させられ、焼畑稲作の農法を身につけた後にも、それ以前の森の中での暮らしのスタイルをほとんど変えることがなかった。東プナンが州政府や企業との折衝をするために「闘う先住民」となったのに対し、西プナンは、彼らが「王国」と呼ぶ国家のやり方を独自の文化の枠組みの中に無意識的に組み入れることで、実質的に、国家とほとんど関わることなく暮らしてきた。東プナンが、サラワク州政府に対して、抵抗運動とある種のアナキズムを模索してきたことと比較するならば、西プナンは、国家や政府を前提とするのではなく、遠くのかなたに見据えながら、アナキズム以前を生きているのだと言うことができるのかもしれない。

以下で取り上げるのは、私が調査をしてきた西プナンの暮らしである。

西プナンが仮にアナキズム以前を生きているのだとするならば、そうした暮らしの骨組みの軸になっているのは、彼らの贈与交換の仕組みだと言うことができる。森の中で狩猟された獲物の肉や採集された果物やその他の財は、共同体に持ち帰られ分配されてきた。彼らは、基本的には、財をすべて共同所有する。しかも、財は、それらの獲得に関わったメンバーの間でつねに、正確無比を期して、均等に分配される。

プナン語には、「貸す／借りる」という言葉がそもそもなかったということについては、すでに述べたとおりである（「7　欲《よく》を捨てよ、とプナンは言った」参照）。貸したり借りたりすることは、文化の様式に他ならない。プナンは、肉であれ果物であれ帽子であれ時計であれ、何か〈もの〉を欲する時には「ちょうだい」という言い回しを用いる。その時、その〈もの〉は、それを持たない相手に対して、惜しみなく分け与えられなければならない。寛大さはプナンにとって最大の美徳である。〈もの〉を欲した側は、分け与えられることは至極当然であるとして、ふつうは何の言葉も返さない。場合によっては、「よい心がけだ」という言葉を返すことがある。その言い回しは、感謝を伝える「ありがとう」とは、意味として本質的に異なる。「よい心がけだ」という言い回しでは、〈もの〉を惜しみなく分与した寛大な心が褒め称《たた》えられることになる。〈もの〉を分け与えられた側は、それ以降にそれを誰かにねだられた場合、やはり惜しみなく分け与えることが期待される。〈もの〉は、それが目新しく魅力的であればあるほど、他の誰かの羨望《せんぼう》の的となり、ねだられる傾向にある。そのようにして、〈もの〉は共同体内でぐるぐると循環し、場合によっては共同体の外部に流れていく。

マレーグマだけが持っていた尻尾《しっぽ》を他の動物たちがねだりに来るとすべて与えてしまい、最後にテナガザルがねだりに来た時にはひとつもなくなっていて、今日マレーグマとテナガザルだけに尻尾がないという神話が示しているように（「4　熱帯の贈与論」参照）、プナンはケチであってはならない。こうしたプナンのやり方は、生まれながらに、自然に身についているのではなかった。たくさんの飴玉《あめだま》をもらった幼児はそれらを独占しようとする欲求本能を持っている。その本能を母親や年上の人物が優しく諭すことによって、プナンの贈与交換の仕組みが始動することについてもすでに見たとおりである（「4　熱帯の贈与論」および「7　欲を捨てよ、とプナンは言った」参照）。プナンは、独占しようとする欲望を集合的に認めない。分け与えられた〈もの〉は独り占めするのではなく、周囲にも分配するように方向づける。そうしたやり方が、プナンの共同体の中に広く深く浸透している。このような贈与交換の仕組みを、プナンはみなでつくり上げている。個人で独占所有するのではなく、みなで所有するという考え方とやり方こそが、プナンの共同体の中で取られなければならない個人の態度なのである。

贈与交換をめぐるそうした個人的な態度は、プナンの共同体の中で、呼吸のようにリズムをつくり上げている。ひっくり返して〈もの〉の側から見れば、〈もの〉は人々の贈与精神によって共同体の内と外を流れていく。〈もの〉は人から人へと流れ、そのうちに朽ちたり壊れたりして、なくなってしまう。このようなプナンの贈与論は、ドイツの経済学者シルビオ・ゲゼルの「消え去る貨幣」をめぐる議論を思い起こさせる。ゲゼルは二十世紀初頭に、財政危機を考察する中で、お金もまた老化し、いずれは消え去らなければならないと唱え、「自由貨幣」制度を提起した［ゲゼル　二〇〇七］。その考えは後に、「地域通貨」を生みだすことになった（「4　熱帯の贈与論」参照）。プナンの贈与交換を軸とする経済秩序でもまた、〈もの〉は一ヶ所に滞ってはならないかのごとく、人から人へ、次から次へと手渡され、そのうちに朽ちてなくなってしまうのだ。

これに関連して、石倉敏明は、日本で農作業の二次的産物である藁《わら》を用いて神像をつくり上げるパブリック・アートについて興味深い指摘をしている。彼は、藁が神像としてどんなに美しく束ねられ、端正に編み上げられたとしても、風雨や日差しに晒《さら》されることで劣化し、やがて自然へと返っていくという「朽ちること」の重要性を見出している。石倉は、そのことを、自然界に内在する価値の創出と滅却の循環の体系を人間社会に組み込むという意味で、ゲゼルの価値解体の過程の理論につうじるものとして評価する［石倉・田附　二〇一五］。

プナンの共同体での〈もの〉の循環は、〈もの〉の価値を、それを所有する個人の内側に位置づけるのではなく、次から次へと循環させ、共同で使いまわすことによって、劣化を促し、やがて自然へと還帰させていく。〈もの〉だけではなく、お金（法定通貨）もまた、同じような仕組みで、またたく間に流れ、消えていくのだ。〈もの〉もお金も同様に、一ヶ所にたまったり、積み上げられたりすることはない。こうした贈与交換の仕組みは、国家や政府を成り立たせている、資本や財の蓄積とそれらの増殖の原理とは、本源的に異なる。朽ちて消えゆくものの贈与交換は、アナキズム以前の贈与交換システムの大きな特性だったと見ることができるだろう。

プナンの贈与交換の仕組みの中で特筆すべきなのは、寛大な贈与精神の最も重要な体現者が「大きな男（*lake jaau*）」つまりビッグ・マンであることだ（「4　熱帯の贈与論」参照）。共同体の中で最もみすぼらしいなりをした男こそが、そのグループのアド・ホックな（一時的な）リーダーなのである。なぜなら、彼は自らに贈与された財やお金を次から次へと周囲の人物に分け与えるため、自らは何も持たなくなってしまうからである。彼が人々から尊敬の的とされるのは、自らが贈与交換の通過点となり、ほとんど何も持たないからである。彼は、贈与されたものを、惜しみなく周囲にいる人々に与える。そして、尊敬を集めることによって、財やお金がますます彼のもとに集まってくる。すると、彼は以前にもまして、ますます周囲に分け与えるのである。

プナン社会では、財やお金を蓄積し、私腹を肥やしたり、それらを自らのためだけに用立てたりしようとしない精神こそが尊ばれる。逆に言えば、財を独り占めしようとする精神性は蔑《さげす》まれ、疎《うと》んじられる。財や資本の蓄積は、そこでは絶対的な悪である。自らの財をなすために動いたり、貯《た》めこんだ財の力でもって人を動かそうとしたり、権力を握ったりするような人物は厭《いと》われ、疎んじられる。プナンはみな誰かの奴《ど》隷《れい》になることを嫌っている。アナキストのように。ビッグ・マンの奴隷、蓄積された財やお金の奴隷になってしまうと直観すると、人はしだいに離れていく。

ある日の昼過ぎ、遠く離れたところのキャンプから二家族九名が、一切の家財道具を携えて、私が寝泊まりしていたキャンプを訪ねてきたことがあった。まだ荷物を降ろし切らないうちに、そのグループの大人たちは、口々に彼らが従っていたビッグ・マンの物欲の強さをなじった。ビッグ・マンは木材伐採会社からもらった賠償金を独り占めし自らのために高価な時計や衣服などを購入し、周囲の誰にも分け与えようとしないというのだ。彼らはその日、私たちのすぐ隣に小屋を建てた。その後、その猟期の間、私が付き従っているグループと行動をともにするようになった。

また別の時、私がしばらく町に出ている間に、四家族二十数名いた私のグループから、一家族五名がいなくなっていたことがあった。財やお金の分配に関して、ビッグ・マンと何度か折り合いがつかないことがあったことを漏れ聞いた。自らを贈与交換の通過点とせずに、自らのもとでその流れを断ち切ろうとするビッグ・マンから、人々は精神的・物理的に離れていく。その時、ビッグ・マンはもはやビッグ・マンではなくなり始める。

個人的に所有することの芽生えが仄《ほの》見えた瞬間に、人々はビッグ・マンが財やお金を蓄積し、貯めこむことを打ち消す方向へと動く。彼の言うことに耳を傾けていた人々は、ビッグ・マンが権力を握るのを少しも望んでいないことを、行動として示す。彼らは、その場から黙って逃げ出すのだ。するとビッグ・マンは、離反した人々の行動の元になった自らの不徳の数々を振り返って、自らの姿勢を見つめ直すかもしれない（ここにプナンの反省の原点を認めることができるかもしれない。「3　反省しないで生きる」参照）。彼は、贈与交換の通過点となるように、居住まいを正さねばならない。それでもなお私腹を肥やし、財をなそうとすれば、人々はそのうちに誰もいなくなってしまう。

いずれにせよ、ビッグ・マンであるためには、「ケチであってはならない」という金言を体現しつづけなければならないのである。そのことこそが、プナンの共同体で、ビッグ・マンとして生きていく道であろう。あるいは、こう言ってもいいかもしれない。そこでは、プナンの贈与交換の仕組みが、ビッグ・マンを生みだすのだと。

プナンのビッグ・マンは、悠々自適の役職などではない。彼の振る舞いや言動に対して、つねに人々の監視のまなざしが注がれる、人々をコントロールするというよりも、人々によってコントロールされる。それはそれでかなりしんどいことでもあるにちがいない。

プナンにとって、今日、統治権力や経済を含め、外部から入りこんでくる諸制度や力は、何らかのかたちですべて、このシステムの中に組み替えられて取り込まれる。まずはプナンにとって、国家や政府とは何か。それは、日常においてはほとんど意識されることがない、つねに遠くにあって、彼らを動かそうとしてくる何かである。

それは一般に、マレーシア語から借用して、ペリンタ（政府）と呼ばれる。一九六三年に、サバ州やシンガポールとともにマラヤ連邦と統合してマレーシアとなる以前の呼び方を踏襲して、クラジャアン（王国）という言い方がなされる場合もある。それは、一八四一年にホワイト・ラジャ（白人王）となったジェームズ・ブルックとその後のブルック家三代による王国統治、一九四一年から四五年までの日本軍政統治、一九四六年以降のイギリス直轄統治の時代の呼び方の名残りである。

プナンと国家との直接接触は、一九六〇年代以降のマレーシア連邦のサラワク州新政府による森の民プナンの定住化政策にまで遡ることができる。将来的な森林開発を視野に入れて土地法を整備したイギリス直轄統治政府の施策を受けて、その時期サラワク州政府は、プナンを森から川沿いの沖積地に定住させることに踏み出したのである。それは強制的な移住ではなく、担当行政官による訪問と話し合いによって、ゆるやかに進められていった。サラワク州政府はプナンに定住のための土地を用意し、近隣の定住焼畑民の協力を得て農法を授け、定住家屋を建てるための支援などをおこなった。そうした行政は平和・友好裡《り》におこなわれたため、プナンは、当時の行政官をしばしば「バケ（友）」と呼ぶ。その後、森林開発が開始されるが、州政府は、森林伐採企業との賠償金支払いの折衝においても、重要な役割を果たした。

今日、プナンの居住地は、サラワク州の行政の中心から遠く離れているため、一種の「制外の地」である。森の周囲にはロギング・ロードが縦横無尽に張りめぐらされ、木材運搬車の運行を重んじてつくられた「ロー」と呼ばれる交通規則が用いられる。木材運搬車の便宜を考えて、それぞれの場所で左側通行か右側通行かが決められている。プナンはしばしば、森林開発や、今日では水力ダム開発によって得られた賠償金、さらにはヤマアラシの胃石の売却金などを元手に、四輪駆動車を手に入れることがある（「3　反省しないで生きる」参照）。それらの車はふつう、近隣先住民の所有者名義で購入される。プナンは学校教育をほとんど受けておらず読み書きができないため、自動車運転免許証を取得することができない。運転免許証を持っている近隣先住民が、名義料を取って、プナンの肩代わりをするのだ。プナンが住んでいる地域では、彼らの四輪駆動車の運転は何ら問題ない。近隣先住民から請け負った仕事の送り迎えをしたり、狩猟者を運んだり、プナンの「無免許」運転者はけっこう忙しい。ロギング・ロードをプナンの運転で走ったことが何度かある。前方をマメジカが横切った。急ブレーキをかけるかと思いきや、運転手はそれを獲物と見立てて、アクセルを思い切り踏み込んだ。彼はとっさにマメジカを轢《ひ》き殺そうとしたのであるが、その時は、その目論見はかなわなかった。別の時に、別のプナンの運転手は、前方をバナナリスが横断するのを見るや、アクセルを踏んで、轢き殺した。運転席から降りてすぐさまそれをポケットに突っ込んで、「おかずだ」と呟《つぶや》いた。ロギング・ロードは四輪駆動車を猟具に早変わりさせ、プナンは獲物を狙《ねら》う。プナンはアナーキーなハンターである。

他にいくつかのエピソードを取り上げて、アナーキーなプナンの姿を描いてみよう。例えば、民主的な政府をつくるための議員選挙に対するプナンの対応。国政選挙のたびに、立候補を届け出た議員候補とサポーターたちは、共同体への支援金を携えて、投票を呼びかけるためにやって来る。カヤンやクニャーなどの、地元の有力な先住民の候補者たちである。彼らは、来訪日には、プナンに森から定住村に戻っているようあらかじめ要請する。プナンのほうも、お金目当てでそうした集会には参加する。プナンは、共同体にやって来る議員候補のうち一番多くお金を与えてくれる候補に投票する。自らの社会道徳に照らして、惜しみなくお金を分け与えてくれる候補者の精神性を評価するのだ。プナンにとって、将来の開発計画や政治信条は、候補者選びの基準のうちにはない。金言である「ケチであってはならない」を体現する人物こそが、最も信頼のおける人物であり、議員候補がお金をバラマキにやって来る選挙戦では、その点が問われる。

例えば、お金、とりわけ、私が持ち込むお金。プナンはお金のことを「リギ」と呼ぶ。マレーシアの法定通貨の単位リンギのプナン流の呼び方である。それは、それを持つ人物の出自や家族関係などによって、自《おの》ずとその人物のもとに集まってきたものであると考えられている。リギは個人所有されるものではなく、共同所有・消費されることはすでに見た（「7　慾を捨てよ、とプナンは言った」参照）。あれば使う。なければ、それをあてに立てた計画は中止ないしは延期される。プナンの慣習の中で、私が持ち込むリギは、財布そのものを渡してしまうことこそないが、共有の財とみなされて、使われる。

例えば、学校。「10」で述べたように、プナンは学校には行かない。学校に通って英語ができるようになっても、円周率が分かっても、森の中での生活には何の足しにもならない。そんなことをするよりも、森の中で薪《まき》を選んだり薪割りの作法を身につけたり、ヒゲイノシシの解体法を体得するほうが、生きていく上では大切である。学校に行って、町の道路交通について学んでも、森から離れることなく、都市部に出かける機会もほとんどなく、ましてや都市住民となることのないプナンにとっては、何の役にも立たない。子どもが狩猟について行きたいと申し出た場合には、親たちは学校の授業があってもそれを認める。プナンにとっては、森こそが生きる場であり、学びの場なのだ。

西プナンは、権力による強制なしに人々が助け合って暮らすことを理想とする思想を、私たち現代人が想像することができる範囲を超えて生きているように思われる。それは、国家なき自律的な暮らしを理想とする現代のアナキストたちが思い描くものとは異なるものであるのかもしれない。それが、近代を経由しないアナキズム以前のアナキズムであるがゆえに。

山あり谷ありの森の中でしとめたヒゲイノシシを背負って下りてきて一休みするハンター。内臓を抜き出した後、小刀でヒゲイノシシの皮に穴を開け同じく小刀で細長く切り取った樹皮を通して背負うことができるようにする。背負うには重すぎる場合には、胴体を二分して、二人で手分けして担ぐ。

ブラガ川上流を船外機エンジン付きの舟で遡って狩猟に出かける。吹き抜ける風が気持ちいい。

12　ないことの火急なる不穏

現象に立ちどまって「あるのはただ事実のみ」と主張する実証主義に反対して、私は言うであろう、否《いな》、まさしく事実なるものはなく、あるのはただ解釈のみと。私たちはいかなる事実「自体」をも確かめることはできない。おそらく、そのようなことを欲するのは背理であろう。

フリードリッヒ・ニーチェ『権力への意志　下』

私が知っている中で、最も早く性に目覚めた男の子は、小学校四年生の同じクラスの高橋くん（仮名、以下同様）だった。彼は、ある時から急に学校で、女の子の下半身を手で触り始めたのである。自分の下半身に「ある」ものが女の子にはないことにふと気づき、それを確かめたくなったようだった。若き経験主義者・高橋くんは、学校をフィールドとして、事実を確かめるために自らの感覚を総動員する人類学者みたいだ。

やがて、クラスの人気者女子である坂井さんと山崎さんが、彼のもっぱらのターゲットとなった。たまりかねた山崎さんは、担任の女性教師・青木先生に高橋くんのその変態行為をやめさせるよう訴えた。変態と言ったかどうかは知らないが、とにかく先生に助けを求めたのだ。

青木先生は、ある日のホームルームの授業でこの問題を取り上げた。先生は、最近、女子の下半身を触ろうとしてくる男子がいます、と優しげに語り始めたが、名指しして、高橋くん、女の子が嫌がっています、そんなことは学校ではやるものではありませんよと、みなの前で高橋くんを諭《さと》した。同じクラスには、高橋くんと同じ家に住んでいる彼のいとこにあたる、同じ高橋姓の女子がいた。青木先生はそれに続けて、もし女の子にどうしてもそんなことをしたいのなら、家に帰ってから、いとこの高橋さんにお願いして触らせてもらいなさいと付け足したのである。

それを聞いた時私は、青木先生ってなんて頭がいいのだろうと、心中でその解決策に拍手を送った。学校でそんなことをしたら女の子が迷惑する、ゆえに家に帰って、身内の女の子に触らせてもらえ。なるほど妙案であるとその時の私には思えた。しかしその後、青木先生が言ったことを何度も反芻《はんすう》してみると、「身内の女子にはイヤがることをしてもいい」という青木先生の解決法は間違っているのではないかと思うようになったのであるが……。高橋くんはと言えば、それから後、学校ではその変態行為をピタリと止《や》めたが、家に帰って、青木先生の言いつけを守ったかどうか、私は知らない。

ところで、高橋くんの経験は性の目覚めと見ることもできるが、他方で、存在をめぐる思考の芽生えと見ることもできる。彼が直観したことを私なりに忖度《そんたく》すれば、彼はおしっこをするために使う棒状の道具が、「男子」とされる一部の人たちには存在するが、「女子」には存在しないということを急に奇異に感じたのではあるまいか。その道具を持たない女子はいかにしておしっこをするのであろうか？　いや、そもそも自分がおしっこの時に引っぱり出す棒状の道具がないとはいかなることであり、そうすると、あそこはどういう形状であり、その違いはいったいぜんたい何のためにあるのかという、もやもやとした思考をめぐらせたのではなかったか。つまり、私の推測では、「存在」そのものに対する根源的な問いを、彼は抱えてしまったのである。

デカルトは、自我が認識する主体であることを出発点として、その対象としてものや世界が存在すると考えた。それに対してハイデガーは、人間はふだんものを用いて何かをするのであって、もの自体に特段の注意を払わない。ものが壊れた時などにはじめて、対象としての当のものに注意を向ける。その意味で、ものとは道具的な存在であり、自我をそうした道具連関の中にいる「世界－内－存在」と捉《とら》えることで、ハイデガーはデカルト的な「主観／客観」図式をひっくり返したとされる。高橋くんはしていたという点で、ハイデガー寄りの存在論の近くにまで達していたと見ることができるのかもしれない。

いずれにせよ、ここで取り上げてみたいのは、高橋くんが感じたような、「ある」べきものが「ない」という事態についてである。人類学者は馴染《なじ》みの薄い土地にしばらく暮らすと、必ずと言っていいほど、「ある」べきものが「ない」ことに気づいて、それはどういうことなのかと考え始めて、落ち着かない思いをする。ところが、「なぜあるのか」ではなく「なぜないのか」を突き詰めるのはなかなか難しく、考察対象から漏れ落ちてしまう傾向にある。それは、実はたんに「ない」として放っておける事態ではない。それは、思考を深めるための、切迫した、危急の事態であることを以下で示してみたいと思う。

私にとって、異文化における欠損感の出発点は、まだ二十代半ばのころであった、一九八八年から翌年にかけての一年間のインドネシア放浪だったように思う。そのころ私は、大学卒業後勤めた会社を辞めて、カリマンタン島（インドネシア領ボルネオ島）を旅していた。一九八八年十二月二十日の日記に、私は以下のように記している。

サマリンダから船で出発して早くも四日目。船はどんどんとマハカム河を遡る。昨夜は、ムハマック・イルイという小さな村に船は停まった。小便に行こうとして、足をすべらせて一瞬川の中に落ちた。くわえていた煙草《たばこ》は大丈夫だったが、サンダルを片方失《な》くしてしまった。しかし今朝起きてうろうろしていると、(停船している)小船の中に見つけた！　それにしてもトイレ……どんどんと形を失っていく。というか簡素化されていくのだ。先ほど入ったトイレ(=川べりの厠《かわや》)は、ほとんど河の上にたゆたっていて両足を置くための二本の木までもが水の中につかってしまっているといった按配《あんばい》だ。

サマリンダは、インドネシア・東カリマンタン州の州都である。サマリンダから蒸気船はマハカム河を遡り、しだいに先住民の人々が住む奥地へと入っていく。川幅は日に日に狭くなり、両側に密林が迫ってくる。そこでのトイレ経験について、つづいて私は語っている。

十二月二十二日の日記。

それにしてもこちらに来てだんだんと自分が「形を失っていく」のが分かる。例えば便所。例えば歯磨き。雨が降った時に水を桶《おけ》(ドラム缶)にためておく。それを使う。料理の水もそれを使う。川では大便が沈んでいき、小便が流れて消えていく。洗濯水、せっけん水が流れ、そこで育った魚を獲《と》って食べる。人間が人間たるべき原始の姿に近いものがここにはある。というか、それが一番生活しやすいからだろう……


日記を読み返すと、私は、直近にある川の水を利用して組み立てられている人間行動に、大きなショックを受けたようである。その次の二十三日の日記にも、一行目に、「このままどんどんと『形を失っていく』のだろうか」という不安感を綴《つづ》っている。

それから三日後、私は先住民バハウの村にたどり着いた。そこではトイレが見当たらず、村人にトイレはどこにあるのか尋ねると、男が無言で川のほうを指さした。そ れに従い、私は、生まれてはじめて川の中で用便をした。必ずしも川の中で排便するように彼は指示したのではなかったかもしれないが、「川の中で大便をしたのは生まれてはじめてだ!!」と日記に記している。

インドネシアの都市部には、日本と同じような水洗式トイレがある。船に乗ると、後部に部屋があり、床に穴が空けられただけのトイレになる。モーターで水が常時くみ上げられ、ホースから水が流れ出ていて、それを排便処理に利用する。川の上流に行くと、川べりに簡素な木の囲いの厠がある。さらに上流に遡っていくと、トイレがどこにも見当たらなくなる。私はついに、川の中で直接排便せざるをえなくなったのである。

トイレの形が失われていく。「ある」べきものがなくなるという途轍《とてつ》もない落差の経験。そうした「形を失っていく」経験は、大学を卒業して企業に勤め始めたものの、それを辞めてふらふらと旅を始めた私にとって、空間だけでなく、時間を遡る旅でもあった。旅を続けるうちに、どんどんどんどんと人間の原初のあり方へと遡っていくような感覚。それは、南米の大河を遡った、カルペンティエルの小説『失われた足跡』の主人公〈わたし〉のそれに似ている。

博物館長から、未開人の楽器の探索を委《ゆだ》ねられた音楽家の〈わたし〉は、気乗りがしないまま、愛人とともに南米のジャングル奥深くへと旅立つ。〈わたし〉は旅の途上で愛人の振る舞いにうんざりして顔も見たくないと思うまでになり、それに代わってロサリオという現地の若い女に魅《ひ》かれていく。やがて、〈わたし〉はロサリオと睦《むつ》みを交わすようになる。ロサリオは、自分のことを、〈あなたの女〉という三人称で呼ぶ。「あなたの女はあなたを探していたのよ」。〈あなたの女〉は、他の男たちと暮らしたことを包み隠さず明かす。〈あなたの女〉は、おそらく出会う前に起こったことに何の意味もないことを言わんとしていたのであり、何も所有せず過去を引きずることもなく、現在を生きる彼女の生き方は、〈わたし〉にとって驚くべきものだった。彼女は、「女そのものであり、女以外のなにものでもない女」となる。

二人は、真っ裸で水浴びをする。

陽光は、股間《こかん》にはいりこんで睾丸《こうがん》をあたため、脊柱《せきちゅう》に這《は》いあがり、胸のあたりにぶつかり、わきの下をかげらせ、うなじに汗をにじませ、体のすみずみにまで浸透した。そしてわたしは、その熱によって輸精管がきたえられるのを感じ、子宮の渇仰《かつぎょう》たる、一体化へのかぎりない欲望のうちに、奥深く浸された器官の、ひそかな鼓動を求める、緊張と動悸《どうき》をおぼえた。

［カルペンティエル　一九九四：二七五］

ジャングルの奥地へと向かう空間的な旅は、始原の地へと時間を遡る旅でもあった。芸術家であった〈わたし〉はしだいに、現代文明の思い上がりに気づくようになる。先史の人々の日常生活や治療方法や宗教的実践も知らずに、人間のある種の芸術や慣習の起源を把握していると思っている連中の提起する理論が、いかにあやふやなものであるかに気づいたのである。

始原の地での暮らしはやがて、〈わたし〉に精力と創造力をみなぎらせ、〈わたし〉は作曲活動に没頭するようになる。だがある日、ジャングルの奥地で消息を絶った〈わたし〉を捜索する飛行機が突然上空に飛来する。始原の地では手に入らない、作曲のための紙とインクを求めて、〈わたし〉は、〈あなたの女〉に戻ってくることを約束して飛行機に乗り込む。大都会で、〈わたし〉を待ち受けていたのは妻であり、身体器官の意思からはかけ離れて組み立てられている、現代を支配する呼吸のリズムであった。

〈わたし〉は、ロサリオの体のほてりをわななく〈わたし〉の肉で受け止めたいという思いを昂《たか》ぶらせ、ふたたび始原の地へと向かう。しかし、始原の地へと至る入口の目印は、河川の増水によって閉ざされてしまっていた。〈わたし〉は、ロサリオへの掻《か》き立てられる思いを遮断され、始原の地と自分との隔たりを感じる。追い打ちをかけるように、金鉱採掘人から、〈あなたの女〉が今は別の男の女になっており、妊娠していることを伝え聞く。

きょうで、シシュフォスの休暇は終わった。

［カルペンティエル　一九九四：三八五］

〈わたし〉は、無限の受苦から逃れえないシシュフォスの神話のような現代世界へと戻らざるをえなかったのである。『失われた足跡』は、あらゆるものに囲まれた現代世界から、物質的には何もない一方で精神的な豊かさに満ち溢《あふ》れた始原世界への遡行《そこう》とその挫折《ざせつ》の物語である。はたして、始原の地から〈わたし〉を隔てるものとは何であったのだろうか？

端的に言えば、それは、「歴史」に他ならない。心の真ん中に空虚を見出《みいだ》した現代人は歴史的現在を断罪し、始原世界を賛美する。しかし、『失われた足跡』の〈わたし〉は、始原の地と自らの間に横たわる「歴史」を非難するどころか、逆に、「歴史」に参加せざるをえなかったのである。始原とは、「歴史」に属するものではない。この点に鋭く目を向けたのは、レヴィ＝ストロースであった。レヴィ＝ストロースは『野生の思考』の中で、「歴史」を重視し、進歩や発展を推し進める西欧世界の外側にあるのが、「未開社会」であることを喝破した。そのことが正しいのであれば、時空を遡る者たちの旅は、歴史生成の現場である現代世界へと戻ることにより、その外部にある始原の地へと降り立つことに失敗しつづけていることになる〔三浦：一九八四〕。

ボルネオ島のマハカム河を遡る旅で「形を失っていく」経験をした私もまた、歴史の外部にある始原世界に降り立つことに失敗した。自らの場所に戻って、対象地での経験を現在時制で書くという「民族誌現在」というレトリックを用いながら歴史生成の現場において書く人類学者はその典型であり、始原世界を志向する限りにおいて、人類学者はつねにすでに始原の地と現代世界に引き裂かれた存在なのである［レヴィ＝ストロース　一九七六］。

ところでプナンが暮らすブラガ川上流の森にもまた、トイレが見当たらなかった（「2　朝の屁《へ》祭り」参照）。「ある」べきものが「ない」世界、それは、人類学者がフィールドでよく経験する事態である。私もまたそうした落差をじかに経験するようになった。

「ある」べきものが「ない」事態を、ここでは仮に、〈物理的な不在〉、〈精神的な不在〉、〈言語的な不在〉の三種類に分類した上で考えてみたい。そんなにくっきりと三つに分けられるものではないが、ひとつの見取り図として。物理的な不在とは、今しがた述べた、トイレがないというような事態である。

精神的な不在については、反省心が「ない」事態は、すでに述べた（「3　反省しないで生きる」参照)。精神的な不在と呼べるかどうかは心許《こころもと》ないが、プナンには、精神病理というべきものが見当たらない事例を、ここでは取り上げたい。

現代社会では、うつ病やパニック障害などの精神的な病いで悩んでいる人たちがたくさんいる。こころの病いを抱えているという言い方をすることもある。それは、心の問題ではなく、神経生化学的な問題である。通院して投薬をすると、酷《ひど》い副作用に悩まされることもあるという。

一九九〇年代半ばに私が現地調査を実施した、プナンと同じくボルネオ島に住む焼畑民カリスの社会には、狂っている、精神病であるとされる人たちがいた。しかも、それには〈ラオラオ〉と〈マウノ〉という二様態があった。ラオラオは真正の狂気であるマウノへの移行期で、マウノには、情緒不安定となり、突然暴れて人を傷つけたり、来る日も来る日も道に石を積み上げたりといった行動を見せる人がいた。マウノの中には、町の精神病院で診察してもらった人もいた。

驚くべきことに、プナン社会にはそういった精神病、こころの病いを抱えている人がいない。本当にそう言い切れるかどうかについては慎重でなければならないが、少なくとも私はこの十年間で、精神を病んだり、こころの病いを抱えていたりするプナンに会ったことがない。

西洋の精神科医が見て、ある文化に特有の精神病理であるとカテゴライズされた「文化依存症候群」（ラター、アモック、極北ヒステリーなど）を除いて、近代以前の社会にははたして、うつ病などの精神病理が存在したのだろうか。憶測の域を出ないが、プナン社会のように、精神病理が存在しないような社会があったのではないかと思われる。現代社会でうつ病患者が増加しているのだとすれば、それは、一種の現代病に他ならない。精神を病むという「ある」を見つけ出すことはできても、精神を病むことがないという「ない」を見つけ出して、それを一般化して語ることは意外と難しいのであるが。

仮に、プナン社会に精神病理の類《たぐい》がないことを認めるならば、彼らはなぜ精神を病むことがないのだろうか。まず、プナン語には精神病、こころの病いを表す言葉がない。また、私自身の経験から言えば、プナンでは、独りで思い悩んだり、あれこれ考えあぐねたりするようなことがない。そうした時空間がないのだとも言える。別の誰かがいつも〈私〉の傍《そば》にいるし、〈私〉のことを気にしている。思い悩む暇がないほど、個が集団に溶け込んでいる。ヒゲイノシシが獲れたら、夜の三時であろうが四時であろうが叩《たた》き起こされ、食事をするように強いられる。そうしたことが、こころの病いが「ない」という事態に関係しているのかもしれない。

次に、言語的な不在について、いくつか事例を挙げてみよう。プナンには、「おはよう」「こんにちは」「元気ですか」「さようなら」といった交感言語使用がないことはすでに述べた（「6　ふたつの勃起考《ぼっき》」参照）。プナンは、感謝を述べるようなこともほとんどない。「ありがとう」という言葉がない（「4　熱帯の贈与論」参照）。

プナン語には、「薬指」の呼び名がない。日本語で「指」に付けられた名前は、「親指」から順に、一般に、「人差し指」「中指」「薬指」「小指」である。薬指は鎌倉時代に「薬師指」と呼ばれ、これが江戸時代に「薬指」と呼ばれるようになったという説がある。その指が薬指と呼ばれるようになったのは、それが、薬を水に溶くのに用いられたからだともいう。

英語では、順に、〝thumb〟、〝index finger〟、〝middle finger〟、〝ring finger〟、〝little finger〟である。中国語では、「拇指」「食指」「中指」「無名指《むめいし》」「小指」である。中国語の「無名指」は、名前がない指という意味である。

中国語で、名前がない指と呼んでいる指に、プナンはそもそも名前を付けていない。人間の経験として、その指が、何かをする時に単独で使われるようなことは稀《まれ》であると言ってもいいのではないか。薬指で頰紅を付けたり、何事かをしたりすることには、特別感のようなものが漂っている。

プナン語では、親指から順に、〝*pun*〟（親指）、〝*uju tenyek*〟（人差し指）、〝*uju bel-uak*〟（中指）、〝*ingiu*〟（小指）と、指は全部で四本である。薬指が欠けている。指は五本あるのに、指の名前が四本だけに付けられている。シニフィエとシニフィアンのアンバランス。有史以来、プナンは、親指から数えて四本目の指を呼ぶことはなかった。

そのように考えると、中国語で「無名指」と呼ぶのは、もともとは、名前がなかったところへ、他の指にすべて呼び名があるのに、その指にだけないのはおかしい、何か名前を付けておいたほうがいいと、人々が判断したからではなかったかと思えてくる。名前がない指をそのまま放っておくのではなくて、名前がないということを、その指の名前にしてしまうという、ややまどろっこしい名づけのプロセスがあったのかもしれない。

他方で、プナンは名前がない指にあえて名前を付けなかった。ある意味で、あっぱれである。ないのであれば、それでもよしとして放ってきた。しかし、あってもなくてもいい、名前さえ与えられないそれほど使用価値のない指を、どうして人間は持っているのか。進化生物学は、そのことをいかに説明しているのか、私には皆目分からない。

考えてみると、薬指は、単独ではそれほど役に立つものではない。指が五本集まった時に一体化して、手としての機能が高まるのかもしれない。プナン語では、「指」と「手」は同じ〝*uju*〟（ウジュ）という語で表される。プナン流に考えれば、薬指は手の中に機能として埋め込まれているということができるのかもしれない。事実なるものはない。あるのは、ただ解釈のみである。

プナン語で指と手が同じ単語で表されることに似ているのが、水と川を言い表す言葉である。水も川も、プナン語では〝*bea*〟（ボー）である。川は確かに水である。日本語で川といった場合には、それは原子レベルでは水に違いないが、川はひとつの普通名詞として、よりまとまった自然地理上の存在物のイメージを喚起する。広辞苑を引くと、川とは、「地表の水が集まって流れる水路」とある。プナン語では、川と水は同じであるが、洪水には〝*lenyap*〟（ロニャップ）という語が与えられている。つまり、一方に川と水があり、他方に洪水がある。洪水はたんなる川や水とは異なる水理なのである。それは、対象規定という存在の輪郭の問題でもあり、存在の問いに対する大きな問題提起なのではあるまいか。

次に、今日、プナン語で道は〝*jalan*〟（ジャラン）であるが、それは、インドネシア・マレー語からの借用語であると思われる。プナン語には、もともと「道」という語がない。森に入ると、彼らは道というものを認識しているようには思えない。藪《やぶ》を切り拓《ひら》いて歩いていくと、そこには跡ができる。それは、彼らにとっては道ではない。彼らはそれを〝ubang〟（ウバン）と呼ぶ。足跡である。

獲物を追って突き進み、その痕跡《こんせき》が線としてつながって、「道」のようなものになる。しかし、彼らはそれを道と呼ばない。なんとも呼ばない。ゆえに、動物が通る「けものみち」という概念もない。熱帯雨林では、そのうちに木々が繁茂し、痕跡は消えてなくなる。プナンは、そうしたものを道であるとは思っていない。つまり、森の中には道はない。いや、彼らには道の概念がない、いや道の概念が私たちのそれとは違うのかもしれない。プナンにとって道とは、もっぱら木材伐採会社や政府がつくった道のことを指す。ちなみに、広辞苑を引くと、道は「人や車などが往来するための所。通行する所」とある。

住んだり、何かをしたりする場所が先にあり、そこから別の似たような場所へ移動するときに使われる場所としての道。静と動、場所と非＝場所などの二分法が見え隠れするような定義だ。そもそも森の中では、そうした意味における道が不要である。「迷う（*petawang*）」という言葉をしばしば耳にする。森の中を自由に行き来する遊動の民プナン。彼らは森、森の空間の配置、動植物のすべてを知り尽くしていたのではなかったのか。森の民が森で「迷う」とは、いったいいかなることなのか。

アヴンという男は、プギン川沿いの森に犬を伴って猟に出かけたが、迷って、木の下で夜を明かした。ブニという男が、翌朝カヌーでプギン川の周囲を捜索し、呼び声を発して、アヴンを見つけ出した。バヤとラセンも森の中で迷った。二人で猟に出かけて、二日経《た》っても狩猟キャンプに戻ってこなかった。人々は総出で二人の探索にあたった。バヤとラセンは、ある川から森の中の山稜《さんりょう》へと上がって、そこを越えた川筋に降りたという。その後、最初の川筋に戻らずに、別の川筋に入って、そのうちに迷ったという。プナンが森で迷うことは、どうやらよくあることらしい。

そもそも、「道なき」森の中で、プナンはどのように位置取りをするのか。プナン語には、方位・方角を示す語がない。東西南北、東北、東南、西南、西北……という語がないということは、それらの概念を用いて、空間が認識されないということである。もうひとつの「ない」事態。

プナンは、自らのいる場所を、川の上流と下流、山の上と下によって特定する。「山」と「川」および「上」と「下」の組み合わせによって、位置取りをする。川から山に上がって、山を歩き回って、下がって「元」の川へと戻る。つまり、水の流れと場所の高低によって、自らの位置を特定する。山を歩き回って、次の川へ出て、そのまた次の山に上がった場合、川を挟んでふたつの山を越えて、「元」の川へと戻ることになる。ほとんどすべての山とか川に名が付けられており、彼らは、森を移動する時、つねに山の名前と川の名前に注意を払う。場所の名を確認することが、すなわち位置を確認することになる（ロン〈河口〉も重要であるが、ここでは省略する）。

プナンは、基本的には、目標物に向かって一直線に進むかのように見える。目標物は、獲物である場合が圧倒的に多い。逆に言えば、森の中には、訪ねていかなければならなかったり、目標としなければならなかったりするべき「場所」が、それほどたくさんあるわけではない。

直線距離の移動は、対象めがけて最短のルートをたどって行われる。対象とは、多くの場合獲物である。森の奥深く、行く手を阻《はば》む棘《とげ》のある植物などを切り裂きながら突き進む。しかし、登ることができない岩とか、倒木が無限にある。彼らは、障害物を迂回《うかい》しようと努める。何度も何度も迂回すれば、それだけ「迷う」可能性が高まることになる。実際の地理はかなり複雑である。山を越えても、目の前に、越える前と同じ川筋が現れるかもしれない。また、動物の足跡や鳴き声を追うことに集中していて、現在位置を確認することを怠ることもある。そのようにして、プナンたちは迷ってしまう。

プナンの三組の親子とビントゥルの町に出かけたことがある。コンクリート建築物が立ち並び、車がひっきりなしに行き交うさまを見て、父親は息子に「ほら、中国人の世界だ（*dalee Kina*）」と説明した。そのとき、プナンの空間認識を垣間見《かいまみ》る、ひじょうに印象的な出来事があった。

町には大きな道が三本平行に走っていたので、私は彼らに、その真ん中の道筋のちょうど真ん中あたりにホテルがある、どこかに出かけて帰ろうとする場合にはこのことを思い出してほしいと教えた。すると、大人たちは口々に、その説明ではいったいどこにホテルがあるのかさっぱり分からないと言った。直後、一人が、川はどこに流れていて、どっちが上流でどっちが下流なのかを聞き返してきた。それで、私たちはまず、町の端に流れているクメナ川の川岸に行って、そのことを確かめたのである。三組の親子は、その後、散り散りに町を歩いた。

先述したように、彼らは川や山の上と下を目印として位置取りをする。それは、目標物を対象としてきっちりと見定めた上で、そこへの行き方を探るというよりも、自分が川との関係および川の上流か下流のどちらに向かっているのかを意識することを介して、自らの場所を知るというやり方である。獲物が対象であることが多い以上、プナンの空間認識にとっては、自分と山や川との関係のほうが大事である。その意味で、認識する自我（主体）と行くべき目標物（対象）が、きっちりと設定されているわけではないのだと言える。原理的には、対象は主体と山・川の相互作用の後に現れると言ってもまちがいではない。

他方で、私たちは対象や場所を把握し、その位置を特定するために、方位・方角を用いる。いわば、鳥瞰図《ちょうかんず》的に、上方から空間を描きだすわけだ。地図による想像力。そのやり方は、対象を一義的に認識する自我というデカルト的な認識論の図式に親和的であるように思われる。現代人は今日、人工衛星を利用して、現在位置を割り出すGPSに頼るようになってきている。まちがえずに乗りさえすれば、電車やバスは、私たちを行きたいところに運んでくれる。そうしたやり方は、対象に自分をどんどんと近づけていくような、主客二元論的な認識論の土台の上にますます研ぎ澄まされているのではないだろうか。ただ、そうした機械に頼ってもなお、私たちは道に迷ってしまうことがある。

〈物理的な不在〉、〈精神的な不在〉、〈言語的な不在〉に分けて、プナン社会で私たちが「ある」べきだと思っているものが「ない」ことを見てきた。「ある」べきだと思っているものが「ない」ことに気づくことは、自らが生まれ育った土地で慣れ親しんだ事柄や事実の不在に驚くことに他ならない。存在するものがない事態は、ある種の不穏を含んでいる。そのため、私たちの思考を喚起する潜在的な力にもなりうる。

馴染みの薄い土地に長期間とどまって、参与しながら観察を行う文化人類学者は、しばしばそうした経験をする。それは、事実そのものではなく、「ある」べき事実がないという、逆立ちした穏やかでない経験である。そのことは、事象や現象をその根源にまで立ち返って考えてみることの手がかりとなる。不在は、私たちの魂を揺さぶるような、根源的な問いとなる。

不在は、私たちとの「違い」というような、緩いものではない。やや大げさに言えば、私たちが日々経験する事柄や概念のカタチそのものが、見当たらないという火急の事態である。それは、認識する自我による「ある」と「ない」の差異の発見ということだけにとどまらない。若き人類学者でありハイデゲリアンである高橋くんが思考した（かもしれない）ように、実は、ものの性質や証拠だけではない、存在そのものの意味にかかわる問いを含んでいるのだ。

日中容赦なく地上に照りつけていた太陽ににわかに影が射し遠くの空の一部が灰色からどす黒い色へと変色する。立ち込める雨雲が次第に近づいてくる。時に突風を引き起こし、激しい嵐となる。

13　倫理以前、最古の明敏

値段をつける、価値を見積もる、等価物を考えだす、交換する——これら一連のことは、ある意味ではそれが思考そのものであるといってもよいほどにまで、人間の原初の思考を先占していた。ここで最古の種類の明敏が育て上げられたのである。

フリードリッヒ・ニーチェ『道徳の系譜』

ブラガ川に注ぎ込む支流、アレット川の河口近く。大小様々な岩と石が堆積《たいせき》し、川幅は十メートルほど。川底から一メートルほど上がった岸の土の上には木々が生えていて日中の暑熱を防ぐため、狩猟キャンプを築くには格好の場所である。そこに、一週間ほど前から、三家族十人ほどのメンバーが集う高床式の小屋が建てられていた。男たちは、朝と昼はそこから森の中へ、夜になると近くの油ヤシ・プランテーションに出かけて、狩猟をした。それまでに、すでに二頭のヒゲイノシシが獲れ、人々の胃を満たしていた。

その日は、日が暮れる午後六時ころからずっと雨が降り続いていた。八時くらいには蚊帳《かや》の内側に入って、すでに熟睡していた私は、午後十時ころ、「大水だ、気をつけろ（*jaau bea, jaga*）！」という男の声でたたき起こされた。その瞬間、川の流れが大音量で私の耳へと届けられた。懐中電灯で照らしてみると、黒々とした濁流が狩猟小屋のすぐそこにまで迫ってきていた。川幅はふだんの倍ほどになり、水位は一メートル以上も上がっているようだった。

豪雨と泥流《でいりゅう》の音で聞こえなくなっていたが、女たちは狩猟小屋の外に向かって、大きな声をはりあげて、唱えごとをしていた。見ると、不安と恐怖を掻き立てられたのであろう、数人の女たちが、狭い小屋の中に木を敷き詰めただけの床の上を小さく歩き回っていた。手を高く振り上げて、声を裏返らせて、遠くにまで届くように必死に祈りの言葉を唱えていた。

うなりを上げ、稲光を放つ
人を石にする雷がやって来た、大地をこわし、大地を台無しにするあなたよ、
どうか退いておくれ、私たちにそう約束しておくれ

このまま水量が増え、水位がどんどん上がれば、我々はいったいどうなってしまう

のだろう。いまさら、小屋から降りて、川岸へ避難することなどできそうにない。もはや、逃げ場がない。みなこのまま、大水に呑《の》みこまれてしまうのだろうか。私はキャンプに集う十名ほどのプナンとともに、底知れない恐怖に怯《おび》えた。

やがて、雨と川の音はしだいに小さくなり、それから一時間ほどすると、女たちの必死の祈りがつうじたのか、川の水は引いていった。狩猟小屋の人々とともに、私は安堵《あんど》のため息をついた。

澱粉《でんぷん》を抽出するためのサゴヤシの木を求めて、森の中を遊動し、生活用水を供給する川の傍らに一時的であれキャンプを張っていたノマド時代のプナンにとって、大水や落雷は、潜在的な脅威だった。ボルネオ島に地震はめったにない。所持品をほとんど何も持たない小屋住まいのプナンにとっては、火事も何でもなかった。洪水と落雷こそが、有史以来、彼らにとって最大かつ唯一の「自然災害」だった。

洪水、そして、それを引き起こす雷雨は、「雷のカミ（*balei Gau*）」がもたらす現象であるとされてきた。プナンのカミ概念の範囲は広い。獲物をもたらす狩猟のカミ、クシャミを頻繁にさせるクシャミのカミから、天空には雷のカミや稲光のカミがいる。

日中容赦なく地上に照りつけ、強烈な暑熱を浴びせかける熱帯の太陽によって、湿り気を帯びて立ちのぼる蒸気は、やがて雷雲のかたまりとなって、「グウォォウォォウォーン」という、つんざくような響きとともに、天空全面でうなりを上げる。そのうなりは、時には、あたりの空気をも震わせる。あるいは、空の遠くの一部だけが灰色から黒々となり、稲妻がそちらのほうからだんだんと近づいてくる。それは、時間とともにより鋭い明光を発し、ますます凄《すさ》まじい音を轟《とどろ》かせるようになる。そうした自然現象は、プナンにとって、天上のかなたからの、雷のカミの恐るべき怒りとしてイメージされてきた。

怒りとは、他者あるいは自己の「まちがった振る舞い」（ポニャラ）に対する憤《いきどお》りである。雷のカミは、時に、人間のまちがった振る舞いに対して怒髪天《どはってん》を衝《つ》くように怒りを爆発させ、まちがった振る舞いをした当事者を含めて、あたり一面に怒りをぶちまけることがあるといわれる。時には、激しい雷雨とともに発生した洪水が生きとし生けるものすべてを流し去り、時には、雷に打たれた人がその時のままの姿かたちで石や岩になり、落雷で焼けただれた大地が火の色と人々の血の色で赤く染まるとされる。人面石は、過去に石化したかつての人間の名残りであり、赤色土もまた荒れ狂った雷のカミの所業の証《あかし》であるとされる。プナンが住む地では、雷のカミを激しく怒らせるまちがった振る舞いは、時に、人間が野生動物を苛《さいな》んだり、動物に対して非礼なことをしたりしたことに帰せられる。

狩猟小屋の梁《はり》に吊《つ》るされていた籐《とう》のかごに入れてあった獲物をちらっと見て、私が「おっ、ニワトリ（*dek*）か」と呟《つぶや》いた時、目の前にいた男は、その言葉を聞いていたそうあわてふためいた様子を見せた。彼は、「違う、それは、はね罠《わな》にかかったコシアカキジだ（*amai, iteu datah jin biu*）」と、大きな声で言い直した。その言葉は、当のコシアカキジの耳に入らなければならなかった。その時私は、コシアカキジを、それと姿かたちが似ているニワトリとまちがえて呼ぶことが強く禁じられていることを知った。逆に、ニワトリをコシアカキジと呼ぶことは問題ない。つまり、野生のものを飼いならされたものとまちがえて呼ぶことが、強いタブーであって、私の発話は、コシアカキジをあざ笑い、苛んだことになる、まちがった振る舞いなのだった。まちがった振る舞いは、すぐに訂正しなければ、天界の雷のカミへと届けられ、その怒りを買うことになると考えられたのである。

別の機会に、森の中に仕掛けてあったはね罠にかかって生きたまま持ち帰られたコシアカキジは、狩猟キャンプのリーダーがそれを屠《ほふ》るまでの数分の間、人々に沈黙を強いることになった。彼は、何も言うな、何もするなと、人々に命じた。コシアカキジに対してまちがった振る舞いがなされた場合、雷のカミの怒りに触れると考えられたからである。まちがった振る舞いは、野生動物が死んでからよりも生きている時に聞かれたり、なされたりしたほうが、危険度が高いと考えられている。

　狩られて持ち帰られた獲物に対して、まちがった振る舞いをしてはならない。

そのような禁忌は、すべての野生動物に加えて犬（猟犬）に対しても適用される。

プナンはよく、狩猟でしとめられた動物は解体・料理して、できるだけ早く食べるのだという。その間に、まちがった振る舞いをしないように注意しなければならない。フィールドワークを始めた当初聞かされたのは、マレーグマ（*buang*）とテナガザル（*kelavet*）は、解体から食べるまでの過程で、その名前すら発してはならないということだった。その後、しだいに、主な野生動物には、狩られた後に、通常の名前に代えて用いられる「忌《い》み名（*ngaran lumu*）」があることが分かってきた。どうしても名前を言わなければならない場合には、忌み名に置き換えなければならない。*buang* はプナンガーに、*kelavet* はイタックという名に代えなければ、まちがった振る舞いになる。

主な動物とその忌み名は、次のページの表のようなものである。意味がはっきりしないもの、近隣諸語の動物名を借用するもの、形態や行動の特徴などで言い換えたものがある。

まちがった振る舞いには、動物の名を（まちがって）呼んだり、動物のみにくさをあざ笑ったりすることが含まれる。また、犬が糞便《ふんべん》をするのを笑ったり、交尾をするのを見てはやし立てたり、さらには、川の魚を獲りすぎたりすることなども含まれる。大水に呑みこまれてしまったり、稲妻に打たれて石になったり、血を流したりといった大水や雷雨に起因する災厄を、プナンは「マルイ（*malui*）」と呼ぶ。天候の急変を、人のまちがった振る舞いのせいだと考え、逆にそれが起きないための禁忌を発達させてきた。

そうした天候の激変をめぐる観念と実践は、それぞれの社会ごとに差はあるものの、ボルネオ島、マレー半島および東インドネシア一帯で広く報告されてきた。それらは、民族誌学では一般に、「雷複合（thunder complex）」と呼びならわされている。雷複合とは、ある違反、とりわけ動物に対する違反行為が、天候の異変をもたらすという考えと、その考えに基づく行動の体系の複合のことである。「雷複合」に関する民族誌

表：動物とその忌み名

動物名		忌み名
mabui（イノシシ）	→	*besuruk*
pasui（ビントロング）	→	*risui*
kuyat（カニクイザル）	→	*lurau*
payau（シカ）	→	*lage*
telauu（ホエジカ）	→	*penyan*
puan（バナナリス）	→	*mebop*
dek（ニワトリ）	→	*iap*
kati（ナマズ）	→	*ageu*
bangat（リーフモンキー）	→	*nyakit*（カヤン語から）
medok（ブタオザル）	→	*umeng*（カヤン語から）
pelano（マメジカ）	→	*bilun*（カヤン語から）
aam（センザンコウ）	→	*besikit*（クニャー語から）
belengang（シワコブサイチョウ）	→	*bale ateng*（目が赤い）
tevaun（オナガサイチョウ）	→	*baat ulun*（頭が重い）
kuai（セイラン）	→	*juit mekeu*（座る鳥）
kelasi（赤毛リーフモンキー）	→	*kaan bale*（赤い動物）
palang alut（タイガーシベット）	→	*kaan merem*（夜の動物）
datah（コシアカキジ）	→	*juit date*（平らなところにいるトリ）

的な関心は、マレー半島のセマンの人々とボルネオ島のプナンの人々の間でほぼ同じような信仰と行為の体系があることを報告したロドニー・ニーダムの一九六四年の論文にまで遡《さかのぼ》ることができる［Needham 1964］。

その報告と考察を出発点として、その後、東南アジア島嶼《とうしょ》部各地から事例報告がなされ、考察や検討が加えられてきた。

しかし、「雷複合」は過去の遺物ではない。それは、今日でもプナンを含むボルネオ島の非イスラーム系の先住民の諸社会に、強弱の度合いの差はあれ、浸透して広がっている。

プナンの子どもたちは、森の中で狩られて持ち帰られた動物を弄《もてあそ》ぶようなことを、解体や料理の合間に、往々にしてしがちである。だからこそ、「してはいけない」という禁忌があるように思える。また、そうした禁忌を犯さないために、すでに述べたように、狩猟した動物は素早く解体して、料理して、食べなければならないとされる。

そのように、禁忌に注意を払うことだけに専心するプナンの態度は、フィールドに入ってしばらくの間は、私にはどこかモノトーン的で、趣に欠けるように感じられた。なぜなら、そこには、人間を生かしてくれる自然の恵みである獲物に対する「感謝」

の気持ちのようなものが欠けていたし、食べ物が有り難いものであるという意識がどこにも見当たらないように思われたからである。

私たち日本人は、食べ物を前にして、私たち人間の糧《かて》となってくれた存在に対して、衷心から「有り難い」という気持ちがあるかどうかは別にして、「いただきます」と、手を合わせて感謝の意を表明する。日本各地の畜産工場や動物園などの施設にはしばしば、人間のために犠牲となってくれた動物たちの魂に感謝を捧《ささ》げ、その荒ぶる魂を鎮《しず》めるための獣魂碑や供養塔《くようとう》などの石碑が建てられている。そうした私たち日本人の日常に比べて、まちがった振る舞いをしてはならない、すれば雷のカミが怒って災いが降りかかるというだけのプナンに特徴的な態度と思念は、自然の恵みに対して、命を授けてくれることに感謝を示すことなく、それらをただただ平然と受け取るだけの、慎《つつ》ましいとか恭《うやうや》しいとかとは無縁のそっけない振る舞いであるように思えたのである。

ところが、プナンが感謝の言葉を持たず、感謝をめぐる固有の表現を持たないということがしだいに分かってくると（「4　熱帯の贈与論」参照）、逆に、自然から与えられた恵みとしての獲物に対して、感謝を表明することがないそのような平明な態度こそが、プナンの〈倫理〉、あるいは〈倫理〉に限りなく近いものなのではないかと思えるようになった。

一般に、何らかの贈り物を誰かから受け取る時、意識するにせよしないにせよ、受け取った側は負債を抱え、返礼の義務を負うことになる。人は、そのようにして否応《いやおう》なしに、人間同士の贈与交換の網の目に巻き込まれていく。他方、自然から与えられた恵みもまた、私たち人間の心の中に何らかの負い目の感情を生みだす。自然からの純粋な贈与は本来的には見返りが期待されないのであるが、そうした「聖なる」贈与に対してもまた、人間の心の中に、人間同士の、いわゆる「俗なる」贈与交換のモデルが拡張されてきた。いや、人間同士の俗なる贈与が先にあって、そのモデルが聖なる贈与へと拡張されたのだという理解は、おそらく正しくない。どちらが先で、どちらが後かという問題ではない。

いずれにしても、恵みを与えてくれると考えられる人間を超えた存在に対して返礼がなされ、恵みを与えてくれることを期待して先回りし、人間の側から供物や捧げ物などの贈与がなされることは、地球上の各地に見られる儀礼などから数多くの報告がある。私自身が一九九〇年代半ばに現地調査をおこなった、ボルネオ島の焼畑稲作民カリス社会でも、畑地の選定から播種《はしゅ》、収穫に至るまで、それぞれの農作業をおこなう直前に、その都度ニワトリやブタなどの家畜が屠られ、神々や祖霊が呼び出されて、その血と肉が捧げられた上で、恵み多きことが祈願されていた。このような贈与によって、人々は、自然の背後にいる超越的な存在と交渉する。

他方、プナンは、そうした込み入ったことをいっさいしない。儀礼や祭礼の機会を設けて、超越的な存在と折衝しようなどとはしないのである。印象として述べれば、プナンは、自然の恵みを与えてくれる存在を自然の背後に見出して、その純粋な贈与に対して負い目を抱くことがないのである。ではいったい、プナンは彼らを生かしてくれる自然の恵みに対して、どのように考え、どのような態度を取ってきたのだろうか。

プナンは、原初の段階では、感謝の念を抱くことなく、返礼することもなく、森や川から得られたものを黙々と消費しただけだったのかもしれない。しかし、獲物を含む糧は、自分たちが相手よりも技能面で勝っているということだけで必ずしも得られるものではない。得られる時もあれば得られない時もある。その意味で、獲物のあるなしは、何らかの力によって左右されているように感じられたかもしれない。自然の恵みに関して、彼らはそのように、もやもやと釈然としない気持ちを抱いていたのではあるまいか。その後、そのようなもやもやを持て余すようになり、しだいにそこから一歩前に踏み出してみようとしたのかもしれない。その時、獲物に対する禁忌が発生したのではなかったか。

かくして「森の中で狩猟して持ち帰った獲物を弄《もてあそ》んではならない」「獲物の前では何も語らず、できるだけすぐに解体して料理して食べなければならない」という日ごろの行動の指針のようなものを、プナンは発達させるようになった。自然から与えられた恵みにまっすぐ向き合うために。問題は、そうした禁忌の実践が、プナンにとって何ほどの意味を持っているのかという点にある。仮に、それらをここでは、ある種の〈倫理〉のようなものであると呼んでみることにしよう。自然からの贈与である獲物に対して人間のうちに内面化されたそのような精神と態度を、はたして〈倫理〉のようなものと呼んでいいのかどうかはっきりとしないが。ここではしばらく諸学の先達の知恵を借用して、〈倫理〉が何であるのかを手短に整理しつつ、プナンにとって〈倫理〉について考えてみよう。

まずは、哲学から。前田英樹は、著書『倫理という力』の中で、法律、道徳、神話がどうして生まれたのかに関して、以下のように述べている。

人間という生物に社会を作らせようとする根本のものは、自然よりほかにはないだろう。自然が人間に群れを作らせるために与えたものは、本能ではなく、知性だった。…（中略）…知性は何とか努力して、共同体の維持につとめる。法律、道徳、神話はこうして発明される。

…（中略）…共同体に向かっての知性の活動全体に染《し》み透《とお》るような倫理への根源の欲求が、自然そのものによって植え付けられていなくてはならない。そうでなければ、人間社会は、つまり人間そのものは、自滅してしまうだろう。自然はそれ［＝倫理］を植え付けたのである。…（中略）…私たちは知っている。私たちの身近で磨かれる無数の技術が、倫理への隠れたひとつの欲求によって強く、深く動かされて組織されることがあるのを。日常のこうした技術がなかったら、私たちの社会はもっとはるかにすさんだものになっているに違いない。
［前田　二〇〇一：九二］

前田は、自然と向き合う日々のあらゆる技術の研磨・研鑽《けんさん》の過程の中に〈倫理〉が宿っていたと見る。〈倫理〉は、共同体の中に知性によって生み落とされたものでありながら、人間に社会をつくらせようとする自然を出自とする。要するに、〈倫理〉の起源は、我々人間の内側にあるのではなく、自然にあるのだという。

前田の論点は、マルク・キルシュ編『倫理は自然の中に根拠をもつか』という学際的なシンポジウムの成果をまとめた本の主張に大筋で重なる。そこでは、「我々の行動のあるものが、独自の道徳的な根拠をもっていると考えられていたのに、実は生物学的な土台、自然的な基盤をもっているということが示される」［キルシュ編　一九九五：一二]。
〈倫理〉は、人間の行動に起源があるのではなく、自然の中に土台があるというのである。さらに、そこでは、〈倫理〉の進化論的な説明が大きくクローズアップされる。

倫理とは、ある種に属する生物体が、その生存の様式を、その生き残りと適応度を確保するために組織する形式だということだ。ヒトという種は、生物が進化の途上でとっている形の一つでしかなく、これも一般法則に従う。倫理は、我々を通じて、生命の役に立っているのだ。

[キルシュ編 一九九五：九]

〈倫理〉が生命の役に立つとする観点からのそうした説明は、リチャード・ドーキンスの「利己的な遺伝子」説に対して、それだけでは説明できない、生物の〈倫理〉行動のありようを捉《とら》えようとした、マット・リドレー『徳の起源 他人をおもいやる遺伝子』にもつうじる[リドレー 二〇〇〇]。

こうした〈倫理〉をめぐる哲学や生物学の諸研究に対して、文化人類学がなしえるのは、山の向こうとこちら側において、つまり文化によって〈倫理〉行動とそれに対する考えが異なっていることを比較文化的に示すことだけでは、おそらくない。文化人類学は、〈倫理〉が人間社会においていかに出現したのかという問いに対して、右で見た諸説を補強しながら思索しうるだろう。

〈倫理〉の発生の起源に関しては、中沢新一からひとつの見通しが与えられている。

人々が、まだ狩猟をおこなっていた時代には、人間が手にすることのできる富や財産のなかに、およそ堅固なものは、なにひとつ存在しなかった。ときたま獲物として手に入る動物も植物も、生命を育て、いつくしむ森の神のものだった。人間は森の神からこれらの獲物を、「贈与」として受け取るのだ…（中略）…動物の豊かな肉体が、獲物として人間にもたらされる…（中略）…人間が自然にたいしていつも礼儀深く、感謝の気持ちをおこたらないかぎり、森の神は人間への贈与を続けてくれた。

ここから、自然のエチカ（倫理）が発生したのである……

［中沢　二〇〇九：一七］

中沢は、人間が一人では生きていくことができない、取るに足りない、ちっぽけな存在であることに自らが思い至ることに、〈倫理〉の発生の起源があると見ている。別の角度から言えば、〈倫理〉が作動することのベースには、知識や力量において人間を圧倒的に凌駕《りょうが》する自然に対する敬念や畏《おそ》れがある。

自然の中にある力への恐れや敬いが、モラルやマナーと呼ばれているものの深層にあるのだとすれば、「ああしなさい」「こうしなさい」「こうすることがマナーですよ」というような、人間が人間に対して言葉をつうじて与えるうわっ面《つら》の教育や指導だけでは、〈倫理〉にまではけっして達しないはずである。つまり、倫理やマナーは、生死を含む人間の実存の問題に深くかかわらない限り、個人の内面にどっしりと根を下ろすことはない。そのことを敷衍《ふえん》して述べれば、自然の脅威や震えあがるような恐ろしさが感じられる時こそが、〈倫理〉なるものを手に入れる絶好のタイミングなのであろう。

先学たちの考えを一瞥《いちべつ》しおえた今、ふたたびプナンの「雷複合」をめぐる振る舞いや態度を取り上げてみよう。ニーチェが贈与の中に本源的にひそむと考えた「負債（負い目）」や、その裏返しの概念である「感謝」を導きの糸としながら考えてみたい。

中沢は、狩猟をしていた時代、人類は、動物や植物が人間を超えた力を持つ森の神のものであると考えていたと推察した。それらを、人間は自然からの純粋な贈与として受け取り、〈倫理〉を発生させたとも中沢は言うが、実はその間の経緯は、もう少し複雑なのではないか。自然の恵みの背後にそれを左右する森の神を見出《みいだ》すようになることと、そうした神に対して負い目を感じるようになったことは別々の事柄のように私には思われる。どういうことか？

人間が神に負い目を感じたならば、感謝の気持ちを表明したり、それを弁済したりすることになるだろう。感謝の気持ちを怠らず、礼儀正しくあることによって、あるいは儀礼祭祀《さいし》によって、人間は神に対して、負債を返そうとする。その過程の中に、〈倫理〉や道徳が発生する契機が潜んでいるというのはよく分かる。

しかし、「4」や「7」で見たように、プナン語には感謝をストレートに表す語彙《ごい》はない。端的に言えば、プナンは感謝の概念を持たないのである。そのため、彼らはあらゆる贈与に対して、負い目を感じるようなことはないのだと言えよう。そこでは、何かが分け与えられることに対して謝意が表明されることはない。分け与えるという行為は、一般に「よい心がけ」であると評価されるだけである。そもそも、プナンにとって、自然の恵みが分け与えられるということ自体、至極あたりまえの出来事なのである。

プナン社会には負債と感謝が本源的にない。この事実が示唆《しさ》するのは、狩猟と採集のみに専心していた「原初」の段階には〈倫理〉と呼びうるようなものが入りこむ余地がなかったという可能性である。〈倫理〉が発現する手前の段階をプナンの事例は示しているのではないか。

雷のカミは、自然の恵みを分け与えてくれる存在者として思念されていない。カミは、プナンにとって、負い目を感じて感謝を捧げる対象でもない。稲光を明滅させ、轟音《ごうおん》を響かせて、あたりかまわず襲いかかる雷。それを起こす雷のカミは、プナンにとって、ただただ恐ろしい存在である。人間にできるのは、恐怖にいてもたってもいられず、言葉と身振りによって、祈りを唱えることぐらいのことである。自然は、人間の力によってコントロールできるような生やさしいものではない。不意に襲いかかる、恐るべき他者である。その圧倒的な力を前にして、人間にはなす術《すべ》がない。

では、動物を苛んではならない、獲物は忌み名に代えて呼ばなければならないという、プナンの動物に対する禁忌やその実践は、いったい何のためにあるのだろうか。狩られた動物に対して無礼を働くことを押し止めるような数々の禁忌は、その侵犯が雷のカミの怒りに因果律的に結びついているという意味で、カミからの純粋な贈与に対する人間からの折衝の可能性に部分的につながっているように見える。しかし、たとえそうだとしても、雷のカミの怒りである雷鳴や大水は、人間に負い目を感じさせるような振る舞いではけっしてない。カミは、「善」（純粋な自然の贈与）よりも懲罰的な「悪」（雷鳴や大水などの罰）をなす存在者として思念されているため、プナンはカミに対して負い目を感じることはない。カミはつねに激しく怒り、人間を困らせる存在者なのである。

雷（のカミ）は、人間だけでなく動物を含めて、生きとし生けるものすべてに無慈悲に容赦なく襲いかかる。その点で、人間と動物はカミの前に平等である。こうした地点から眺め直すならば、プナンの動物に対する禁忌の景色が一変する。動物に対する禁忌とその実践は〈倫理〉ではない。それは、人間と動物が「魂」を持つ同等の存在としてあることのひとつの表現なのではないか。

プナンにとって、カミは、見返りなしにただただ恵みを与えてくれるだけの、高雅な全知全能の超越的な唯一神《ゆいいつしん》ではない。カミは、人間が、それと対等な存在である動物に無礼を働くと、怒りを爆発させるような、「人間的な、あまりに人間的な」存在者なのである。

動物を苛むと雷のカミの怒りを買う
恐るべしカミの怒り
動物を苛むべからず

この箴言《しんげん》は、自然の恵みを与えてくれる神に対して負い目を感じ、感謝を捧げるようになり、神に対する贈与を始める手前の、人類の「プレ〈倫理〉」のありようを示している。前述した、プナンの〈倫理〉のようなものとは、〈倫理〉が作動する手前のプレ〈倫理〉だったのではあるまいか。

本章冒頭のエピグラフで示したように、『道徳の系譜』の中で、価値を見積もったり、交換することにより、人間は思考を始めたことを最古の種類の明敏と呼んだ上で、ニーチェは以下のように述べている。

> 神自らが人間の負債のためにおのれを犠牲に供し給《たま》う、神みずからが身をもっておのれ自身に弁済をなし給う、神こそは人間自身の返済しえなくなったものを人間に代わって返済しうる唯一者であり給う、――債権者みずからが債務者のために犠牲となる、それも愛からして（信じられることだろうか？　――）、おのれの債務者への愛からして！

［ニーチェ　一九九三：四七四］

人間の原初の思考である「最古の明敏」は、神自らが犠牲となって差し出してくれる自然の恵みに対して、深い負い目の意識や感謝の念から成る儀礼的な実践をおこなうようになった後に、やがて〈倫理〉として立ち現れたのであろう。そうだとすれば、感謝の概念を交換関係の中に差し挟むことなく、純粋な自然の贈与よりも雷鳴や洪水をもたらすカミを強く想念するようなプナンにとって、「最古の明敏」は〈倫理〉を一気には生み出さなかったのである。

最後に手短に、これらと同様の問題を取り上げた、デヴィッド・グレーバー『負債論』のニーチェ批判を取り上げたい［グレーバー　二〇一六：一一四―一二〇］。ニーチェは、貸し借りの関係は、人々の間に負い目を生みだしたという。借りがあることは罪責であり、人類が共同体を形成し始めると、部族が個人に対して平安と安全を与えるようになり、共同体の人々は負債を持つようになった。ニーチェによれば、人々は部族の共通の祖先に対する負債を供犠によって支払うようになったが、共同体が強大化するとともに、祖先は神に、やがてキリスト教の神へと転じた。

グレーバーは、こうしたニーチェの前提はまちがっていると見る。ニーチェは、人間本性についてのブルジョア的な前提に立って、人間を「合理的な計算機」であると見てしまっている。グレーバーによれば、ニーチェは計算すること、記憶することの拒絶が真の人間の証であると捉える狩猟民社会の「打算の拒絶」、すなわち、誰かが何を誰に与えたかを計算したり記憶したりすることを拒絶するという人間社会の根源の姿に目を向けそこなっている。グレーバーは、贈与によって、貸し借り計算をして、負債をつうじて互いを奴隷《どれい》に還元し始める世界から遡行《そこう》して考えてみなければならないと主張する。そう述べる時、グレーバーもまた、ニーチェが見据えた〈倫理〉が成立する以前の思考に達しようとしていたのではなかったか。つまり、〈倫理〉なるものが発生する手前の「最古の明敏」を考える地点に。

14　アホ犬の末裔《まつえい》、ペットの野望

お前が永いあいだ深淵《しんえん》をのぞきこんでいれば、深淵もまたお前をのぞきこむ。

フリードリッヒ・ニーチェ『善悪の彼岸』

そのころ、私はプナンの三家族十数人とともに、アレット川沿いの油ヤシ・プランテーションの近くの狩猟小屋で寝泊まりしていた。夜が白々と明け始めた午前六時前に、遠くから犬の吠《ほ》え声が聞こえた。犬は、けたたましく吠えていた。ジャヤは、その吠え声が彼の犬、ピシットのものであると分かると、起き上がって腰に山刀をさし、ライフル銃を手に取って、小屋から飛び降り、吠え声がするほうに向かって走り出した。ピシットがヒゲイノシシを追い立てていることを直観した私も、蚊帳の中から飛び出して、ジャヤに続いた。五分もかからないうちにロギング・ロードにたどり着くと、あたりはようやく明るくなってきた。ジャヤは一瞬立ちどまって、ピシットの吠えつづけている方向を聞き定めた上で、一目散にそこを目指した。ピシットは、低く唸《うな》りながら仔《こ》イノシシに噛《か》みついていた。ジャヤの「やめろ」という声を聞くと、ピシットは噛みつくのをやめ、後ずさりした。ピシットが口を離した部位から、血が勢いよく噴き出したのが見えた。代わってジャヤが山刀を振り上げ、もがく獲物の首の後ろを両断した。ジャヤは、「ピシットが食べてしまうところだった」と私に向かって呟き、地面に斃《たお》れた仔イノシシを片手で持ち上げた。

それは、早朝の十分くらいの出来事だった。我々とともに小屋で寝ていたピシットは、闇《やみ》の中に、親子で群れているヒゲイノシシのにおいを嗅《か》ぎつけ、動きを察知したのではなかったか。足音を忍ばせて獲物に近づき、吠えながら事態を主人に知らせ、ついには仔イノシシを追い詰めた。だがピシットは、主人であるジャヤに忠実にとどめを刺す役割を明け渡したのである。私はその時、人間にとっての犬の存在意義をまざまざと見せつけられた気がした。犬とは、本源的には、人間にとっての労役的存在である。

犬が人間にとっての労役的存在であることを、獲物の視点から教えてくれるのが、映画『ノー・エスケープ　自由への国境』（二〇一五年、メキシコ＝フランス共同製作）である。アメリカに入国を企てるメキシコからの十五人の不法移民たちが、米墨国境の沙漠地帯を徒歩で抜けようとする。その時、正体不明の襲撃者に突如発砲される。

その「人間狩り」の中でひときわ大きな役割を果たすのが、トラッカーと名づけられた襲撃者の犬である。隠れる場所がほとんどない沙漠のど真ん中で、まずは犬が移民たちを執拗《しつよう》に追い詰め、襲撃者はスナイパー銃で無慈悲に襲いかかる。一体となって襲い来る犬と襲撃者に、獲物となった移民たちは恐れおののき、逃げ惑う。犬がいなければ、襲撃者は獲物に近づくことも、射撃することもできなかったであろう。犬とは、かように、人間の活動の力を倍加させてくれる労役的存在である。

犬について、菅原和孝は『動物の境界』の中で、以下のように述べている。

> 犬は能力資本であり、特異な運動＝洞察能力と犬的身体の構造とが不可分に結びついた機械である。
>
> 〔菅原　二〇一七：二一七〕

牧羊犬は自分の仕事をわきまえ、いちいち人が命令しなくとも、嬉々《きき》として走りまわって牛や羊の群れを畜舎に追い立てる。猟犬も自分の仕事をわきまえ、動きやにおいを察知して獲物を追い回し攻め立てる。自らのためではなく、主である人間のために。その意味で、菅原が言うように、「家畜化された犬の本性は『労役（作業）犬』

として働くことである。人とイヌとのもっとも健全な関わりかたとは、人の統制下で犬が労働することである」〔菅原　二〇一七：二二〇〕。

プナンにとっても、犬とは、まずもって狩猟の機械である。

プナンの口頭伝承では、犬が狩猟の労役に用いられるようになった経緯が語られる。

人間は最初、虎《とら》を捕まえて、それを用いて狩猟に出かけたが、虎は獲物に接近しても吠えないのでうまくいかなかった。次に猫を用いたがこれも吠えず、狩猟はうまくいかなかった。その後、猫科をあきらめて、プナンは今度は犬とともに狩猟に出かけた。すると、犬は獲物を見つけ出して吠えたので、獲物が獲《と》れるようになった。それ以降、人間は犬を大切に育て、猟に連れて行くようになった。

犬は、この話の中で示されているように、もともとプナン社会にいたのではなく、外部の人間社会から導入されたようである。それにもかかわらず、犬を用いた狩猟は、プナンによって高い水準にまで洗練されたとされる。プナン研究者のラジンドラ・プリは言う。

犬猟は、(狩猟民) プナンに特徴的なものとなった。というのは、彼らは犬を育てる技能をマスターし、家の中で犬に餌《えさ》をやり、眠らせることさえあるのだと農耕民たちに言われている。プナンは森の中でイノシシを追跡する強健な能力を持ち、かつ身体が大きく危険な獲物に向き合って、それを殺害する勇猛さと技量を持ち合わせているからである。

[Puri 2005: 243]

森の中でのプナンのたぐい稀《まれ》なる狩猟精神と体力が、犬を高度な猟犬へと成長させたのである。プナンは「良い犬 (*aseu jian*)」を高く評価する。良い犬は狩猟の際に敏《びん》捷《しょう》にヒゲイノシシを見つけ出し、森の中でヒゲイノシシに出くわしたなら、遠くにいる人間にまで届くように吠えながら、追い詰めるまで我慢強く追跡する。ヒゲイノシシが逃げたら、プナンはそれを犬のせいにすることさえある。

ところで、人類と犬の付き合いは長い。近年の有力な説では、今から一万四千年ほど前に、犬は家畜化されたとされる。人間と犬のパートナーシップは、人間による家畜動物の飼育化に先立っており、人間と犬の関係が、動物の家畜化を準備したという仮説も提出されている。これに対して、人間と狼《おおかみ》の関係の起源が十万年前に遡ることができるとする遺伝学的証拠に沿って、今から五万〜十万年前に、カニス・ルプス（狼）からカニス・ルプス・ファミリアリス（犬）へと進化したという説もある。その説が正しいとすれば、人間と犬の関係は、今から五万年ほど前に起きたとされる「文化のビッグバン」、すなわち、人間が人間である証としての宗教や芸術の誕生に先んじていたことになる。人間と犬は、他の動物との間には見られないような、長い長い時間をかけて共進化してきたのである。そのため、「犬が私たちをヒトにした（dogs make us human)」という言い方がなされることもある。

犬に関する動物学の研究は、すでに相当の蓄積がある。他方、人文科学では近年、心理学の観点から犬の気持ちに接近したスタンレー・コレンの研究［コレン　二〇〇二］や、人類学者であったエリザベス・M・トーマスによる身近な犬をめぐる探究などがある［トーマス　二〇一二］。最近では、ダナ・ハラウェイが、人間と犬は他者であると同時にかけがえのないパートナーでもあるという、「意味ある他者性（significant otherness)」によって結ばれていると唱えて、犬をめぐる人文科学の研究を牽引《けんいん》している［ハラウェイ　二〇一三a］。

人間の目を見て、意味を読み取らせる認知をめぐる比較動物学的な実験によれば、犬は、遺伝子上人間に最も近いチンパンジーと比較して、人間に対してより協力的だとされる。『ヒトはイヌのおかげで人間《ホモ・サピエンス》になった』の著者ジェフリー・M・マッソンは、以下のように指摘している。

犬は私たちの心を読みとる。心を知りたがる。絶えず表情や体の動きから感情を理解しようとするのである。不思議なもので、人間よりも犬のほうが人の気持ちを理解できることも多い。ほかの動物が人間の感情を気にかけるとは思えず、これほどまでに注意を怠らないのは犬のほかにはいないだろう。

［マッソン　二〇一二：七九］

犬は人間の心を読み取り、人間よりも人間の気持ちを理解できるほど、人間にとっての大切なパートナーである。ニーチェの言葉をもじって言えば、「お前が永いあいだ犬をのぞきこんでいれば、犬もまたお前をのぞきこむ」。かくのごとく、人間と犬の関係は深い。

しかし、人間と犬のパートナーシップは一様ではない。互いの深淵をのぞき込むかのような関係を築くのではなく、犬を毛嫌いしたり、邪険に扱ったりする人たちがいる。インドネシアのバリ島では、人間は犬を叩《たた》き、石や棒を投げつけるだけでなく、車の運転中に、犬を見つけるとブレーキを踏まずに轢《ひ》いてしまうことさえある。「犬は泥棒の生まれ変わり」だという考えに基づいて、犬に対する暴力は、前世の罪の当然の報いだとされる。バリ人は、バリ島ではなくアメリカで生まれ、可愛《かわい》がられる犬は、よいカルマの報いだとも言う。それもまた、犬に対する人間のひとつの態度である。

犬に対する人間の態度の多様性を考える上で示唆に富んでいるのは、エドゥアルド・コーンの民族誌『森は考える』である〔コーン　二〇一六〕。コーンは、南米エクアドルのキチュア語系の先住民ルナ社会の人間と犬の関係を描きだした。彼によれば、ルナは、犬は言語を解さないと考えている。人間の言語を用いて犬とやり取りできたら、人間と犬の境界が曖昧《あいまい》になる。それは、ルナにとって危険なことである。そうだとすれば、人間が犬に対して何かを教えなければならない時、いったいどうするのか。

ある時、一匹の犬が性的に活発になったのと引き換えに、森の中で獲物に気づく能力、つまり狩猟能力を減退させた。飼い主は、その犬を捕まえて、口を草の束で縛った上で、アグーチ（齧歯《げっし》類の哺乳《ほにゅう》動物）の胆汁のような、植物と他の物質を混合した「ツィタ」という名の幻覚性物質を口中に注ぎ込みながら、唱え言をした。ルナの世界観では、「森の霊的な主たち∪人間∪犬」という宇宙的な階層秩序が存在する。下位の存在者が上位の存在者にコミュニケートしようとする場合には、意識の状態を変えなければならないとされる。人間が森の霊的な主たちとコンタクトする時に幻覚性物質を吸引するように、犬と人間が意志疎通《そつう》する時には犬に幻覚性物質を与える。

唱え言では、犬に対して二人称が用いられることはない。つまりルナは直接犬に呼びかけることはない。代わりに、犬に呼びかける時には、「それ」という三人称が使われる。厳密にいえば、犬に命令する時には「斜格」という形式が用いられ、二人称の相手に対して三人称で語りかけるような形式で指令が出される。コーンは、犬に命令する時に用いられる言語を「種＝横断的なピジン」と呼んでいる（ピジンとは、異言語間の言語接触によって生まれた言語のことである）。「ピジンのように、それは緩められた文法的構造によって特徴づけられる。完全な語尾変化をせず、最小限の節の埋め込みと単純化された人称の標識を示す」［コーン　二〇一六：二五四］。犬に対する語りかけには、人間と犬との種の違いをまたぐピジンが用いられる。

私たちは、人間と犬は言語のレベルで交通可能だと、漠然と考えているのかもしれない。しかし、ルナに言わせれば、犬は人間が持つ言語を持たないし、それを解することがない。種＝間のコミュニケーションを可能にするために、ルナは種＝横断的ピジンの中に犬の発話要素を用いて、人間の言語に統合されないような「言語」をつくり出した。ルナは、人間のものでもないけれど、犬のものでもない、両者のインターフェイス上にひとつの言語のようなものを生みだして、人間と犬のコミュニケーションを成り立たせてきたのである。

別の時に、調査地にコーンが連れて行ったいとこのヴァネッサが、二度にわたってよその家の犬に咬《か》まれたことがあった。ルナの家族はこの時も、犬に幻覚性物質の混じったツィタを与え、犬をしつけた。

取り組まなければならなかったのは、人間の言語を使用せずに、いかに「するな」を伝えるのかという難題だった。犬に咬むことを教えるには、咬む動作を繰り返すだけでよいが、ルナは犬に咬まないことを教えるために、鼻を縛って、犬に咬む動作をさせたわけである。鼻を縛っていたために、犬は実際には咬むことなく、傷を負わせるようなことはなかった。コーンによれば、犬への命令が「類像記号」と「指標記号」を組み合わせた記号過程によってなされたのであるが、その点に関する彼の解説はここでは措《お》くとして、見逃されてはならないのは、ルナが最初から最後まで、犬の観点に立って犬に命じていたことである。ルナは犬を人間の領域に呼び込むために、幻覚性物質を注ぎ込み、人間の言語を理解しない犬の立場に立って、犬に人間の言うことを分からせようとしたのである。

人間と犬の間のコミュニケーションを探究するコーンの民族誌は、私たちが当たり前すぎて疑うことがない、種＝間のコミュニケーションを問い直すものである。私たちは、人間と犬のパートナーシップを、長い共進化のプロセスを経て、犬と人間が相互に理解しあうことができるようになったことを前提として考えてしまいがちである。コーンの議論は、私たちのそうした認識に対するひとつの問題提起にもなっている。

見てきたように、ルナは、犬は人間の言語を理解しないと考えていた。それに対して、プナンは、犬の中には、人間の言語を解する犬と、解さない犬がいると考えている。前者は良い犬で、後者は「アホ犬（*aseu saat*）」である。

プナンにとって犬は、「動物（*kaan*）」ではない。犬は「犬（*aseu*）」というカテゴリーに分類され、そのカテゴリーに分類されているのは、犬のみである。犬はまた、ブタやニワトリなどの他の家畜ともちがう存在であると理解されている。プナンは、犬以外の家畜を飼っていないが、近隣の焼畑稲作民が家畜化しているブタやニワトリを、人間に飼いならされている点で、野生動物よりも一段低い存在であるとみなしている。プナンは、犬を除いて、人の手によって飼いならされたものを野生のものよりも下位に位置づけるのだ。そのことは、飼いブタよりも野生のヒゲイノシシ、飼われているニワトリよりも森の中のキジのほうが肉の味がいいという言い方に、端的に示される。

すでに述べたように、プナンにとって犬は特別な存在である。それは、人間以外のあらゆる存在者のうち、人間（*keluman*）に最も近い存在である。それどころか、犬は一般に、人間の赤ん坊よりも人間に近いと考えられている。

プナンにとって、人間は「身体（*tuboh*）」、「魂（*baruwen*）」、「名前（*ngaran*）」という三つの基本構成要素がすべてそろった存在である。発育や成長によって形態面で変化し、物質的な条件の影響を受けやすいのが「身体」であり、揮発的で実体がないために、自由に動き回ることができるのが「魂」である。その二者の結合は不確かであり、その結びつきを固めるのが「名前」であると（「8　死者を悼《いた》むいくつかのやり方」参照）。生まれたばかりの赤ん坊（*anak bale*＝赤い子）には身体と魂はあるが、名前はまだない。よちよち歩きを始めたころに、先祖の名前から選んで、赤ん坊に名前が付けられる。それに対して、犬には人間と同じように、これら三つの基本構成要素がはじめから備わっている。

犬には、サブン（石鹸《せっけん》）、ムアット（強い）、ディマック（車の名前）や、本章の冒頭で述べたピシット（懐中電灯）など、人間に付けられることがない個別名が付けられる。人間の赤ん坊に名前が付けられず、たんに赤ん坊と呼ばれるのとは対照的である。その点で、犬のほうが、生まれたての赤子よりも人間に近い存在なのである。犬は独自の名前を与えられることをつうじて、人間を頂点とする社会の階層秩序の中に組み入れられる。

プナンは、眠っている間に尻尾《しっぽ》を動かす犬は、「霊」を見ているのだという。夜中に急に鳴いたり、吠えたりする犬もまた霊を見ているとされる。その意味で、プナンにとって、犬は目に見えない超自然的な世界にもつうじる存在である。霊に会った時にも犬は吠える。獲物がいないのに吠えた場合、霊を見たからだとされる。プナンは、犬を人間社会の中にいながら、人間と霊的な他者とのインターフェイス上にいる存在としても位置づけている。

プナンの犬は短命であり、長生きしたとしても二、三年といったところである。プナンは、犬の繁殖の管理にいっさい携わることがない。犬が共同体の内部で繁殖することは稀である。プナン社会で生殖することもあるが、それはプナンが与《あずか》り知らぬことである。もともと犬は共同体の外部からプナン社会に導入されたが、今日でもたいていの場合、犬は外部から連れて来られる。遠くのプナンの共同体に出かけた折には、犬を数匹連れて帰ってくることが一種の慣《なら》わしとなっている。また、近隣の焼畑稲作民たちから犬をもらったり、買ったりすることもある。

良い犬を手に入れるための手がかりがある。それは、胸部から腹部にかけてある五対の乳腺《にゅうせん》である。その並び具合や大きさや見た目に基づいて、犬のよしあしが一時的に判断される。系統や出自が基準に用いられることもある。プナンの見立てでは、乳腺の位置や大きさが、能力や性格などに対応している。それは、個人のそれまでの犬経験の積み重ねからひねり出されるもので、プナンはよく犬をひっくり返して、乳腺を見ながら、これは良い犬になる、いやアホ犬だと、犬談義をする。

しかし、良い犬の素質を示す身体的な特徴を持っているように見えるとしても、必ずしも良い犬になるとは限らない。良い犬をめぐる外部との贈与交換では、良い犬とともに、アホ犬候補もまた同時に引き渡される。その意味で、共同体には、良い犬とアホ犬が入り混じっている。特別良い犬は、一匹千マレーシア・リンギ（約三万円）という高値で取り引きされる場合もある。

犬はまた、共同体の内部で譲られることもある。AからBへと譲られる場合、犬たちはBのものになる。譲られるのは、つねに良い犬である。餌の与え主が変えられるだけであるが、そうした犬たちは、AとBの社会関係の目印となる。贈与の線をたどって、人間と犬から成る狩猟仲間が築かれるからである。その犬を使った猟で獲れた

狩猟小屋でのヒゲイノシシの解体中に藪に投げ捨てられた肪胱に飛びつく痩せた「アホ犬」。

ヒゲイノシシの頭の取得権はAに帰属することがある。
狩猟をめぐる民話の中に、良い犬とアホ犬が出てくる。

ヒゲイノシシがやって来て、犬に力があるかどうかを問い尋ねた。アホ犬は、自分は速く走れるし、強いと言った。それを聞いたヒゲイノシシは自らを鍛え、犬よりも早く走り、追いかけられても逃げ切った。ヒゲイノシシの問いかけに、良い犬は、自分は弱くて速く走ることができないと答えた。良い犬はヒゲイノシシよりも速く走って、ヒゲイノシシを捕まえたのである。

ここでは、頭が働くかそうでないかを基準にして、プナンの犬が良い犬とアホ犬に二分されている。アホ犬は自らの力を自慢げに話したため、獲物であるヒゲイノシシに備えをさせ、猟の場面で獲物に逃げられてしまう。他方で、良い犬は自らの力を控えめに表現し、獲物であるヒゲイノシシを油断させ、しとめた。良い犬は、自らを控えめに表現するという、人間の取るべき態度の範を垂れている。

良い犬とは、日常の文脈では、人間が餌を与えても、食べよと命じられるまで待つ犬のことである。アホ犬とは、食べ物を求めることに汲々《きゅうきゅう》としていて、人が言葉で命じても理解できず、食器や鍋《なべ》などをひっくり返したりして、人々に混乱を引き起こす犬である。プナンは、良い犬の場合には慈《いつく》しんで餌を与えて育てるが、アホ犬には餌も十分に与えず、ほったらかしにしておく。

食事の最中に人間の周りをうろついたり、人間同士が話しているところに割り込んできたりした犬たちは、激しい言葉を投げつけられ、追い払われる。それらは、だいたいアホ犬たちである。「アジェ、アジェ」という言葉で追い払われる。木の棒で叩《たた》かれることもあるが、ふつうは、棒で叩くしぐさだけで、犬に対して実際に暴力が用いられることはほとんどない。プリは言う。

> （狩猟の）先導犬は、つねに慈しまれ、よく世話されて扱われるが、一方で、弱く、病気がちの犬はいつも軽視され、結果的に死んでしまう。
> [Puri 2005: 245]

先導犬とは、狩猟で力を発揮する良い犬のことであり、弱く、病気がちの犬とは、狩猟という労役を十分に果たすことができないアホ犬のことである。良い犬が死ぬと、人間と同じように土の中に埋葬して、哀悼の意を表す。他方、アホ犬の死体は、川か

プナンのいる所にはいつも犬がいる。狩猟小屋に上がりこむ「良い犬」。

藪《やぶ》の中に投げ捨てられる。人々は良い犬の死後、その名をあげて、あれは良い犬だったのにと、語ることもある。

飼い主との関係性は、一般に犬の側の適応性と潜在的な忠誠心によって高められる。良い犬にはそうした資質が備わっているとみなされるため、人の近くに寄ってきた時には撫《な》でたり、引き寄せたりして可愛がられることがある。ただし、いつもべったりと世話をするというような関係は築かれない。「お手」「座れ」などの芸を覚えさせるというようなことはまったくない。

プナンはふつう、狩猟に長《た》けた良い犬だけを森に連れて行く。より正確には、付いてくるように仕向ける。あるいは、狩猟者が森に入る時に、良い犬は自然と走り出す。狩猟者に先んじて森の中に入って行き、ヒゲイノシシやシカなどを吠えて追い詰め、喉元《のどもと》に食らいつく。本章の冒頭で見たように、「やめろ」という合図を与えなければ、犬はヒゲイノシシを殺してしまう。解体や料理・食事の場面で、働いた犬には褒美《ほうび》としてヒゲイノシシの血や肉、骨などが与えられる。

＊

ここからはアホ犬とペット犬の話をしようと思う。その前に、ブルドッグを例にとって、ペット犬とは何かについて粗描しておきたい。

アメリカペット製品協会（ＡＰＰＡ）によれば、二〇〇七年現在、アメリカのペットで最も多いのは、淡水魚の一億四千二百万匹で、ついで猫が八千八百三十万頭、犬が七千四百八十万頭である。イギリスのペットフード産業協会（ＰＦＭＡ）の調べでは、二〇一六年現在、イギリスでは、淡水魚や鳥を含め、五千七百万匹のペットが飼われていて、八百五十万匹のペット犬がいる。日本では、二〇一五年現在、犬が九百九十一万七千頭、猫が九百八十七万四千頭という、一般社団法人ペットフード協会のデータがある（petfood.or.jp）。世界のいたるところにいろんなペット動物がいて、繁栄している。

一般社団法人ジャパンケネルクラブ（ＪＫＣ）の発表では、ブルドッグは、二〇一六年に日本国内で九百七十五頭飼われているというデータがある。日本では、二十八番目に人気の犬種である。ブルドッグとは雄牛犬という意味で、牛と闘う目的で、イギリスで品種改良された犬種の子孫である。紀元前六世紀ころにイギリスにもたらされた、マスティフの祖先にあたるモロシアがもとになってつくられた犬種が、十七世紀に盛んに行われるようになった「牛いじめ」というアニマル・ファイティングにおいて品種改良されて、ブルドッグとなった。ブルドッグは、十八世紀初頭には、牛に勝つために、非常に獰猛《どうもう》で粘り強い習性を身につけていたとされる。

ところが、十九世紀になると、動物虐待《ぎゃくたい》がイギリス社会で広く問題視されるようになり、「牛いじめ」はしだいに衰退していった。ブルドッグは凶暴で、不健康な犬とみなされるようになり、人々に嫌われ、一時は絶滅寸前にまで個体数が減った。その後、ドッグショーが盛んになると、ブリーダーたちによって、外見はそのままで、凶暴性が取り除かれたブルドッグが生み出された。そして、イギリスの家庭内で、ペットとして飼われるようになった。これが、私たちが知っているペット犬としてのブルドッグの起源である。二十世紀初頭のイギリスには、一万二千頭ものブルドッグがいたとされる。十九世紀後半には、アメリカに持ち込まれ、日本にも明治期に輸入されている［河村・河村　二〇一二］。

アニマル・ファイティングという人間社会の娯楽のために人間の手によってつくられた犬種であるブルドッグは、今度は、アニマル・ファイティングを虐待であるとみなす人間側の価値の転換によって、地上から消え去ろうとしていた。その後、人間の手によって今度は愛玩《あいがん》用に改良され、ブルドッグはペットとして蘇《よみがえ》ったのである。犬とは、つねに人間の胸三寸で生死が左右される存在なのではある。しかしいずれにせよ、ブルドッグはその後生き延びた。ブルドッグの側からすれば、ブサカワだけれども、人間に可愛がられる容貌《ようぼう》を持つことによって命拾いし、命をつないだのである。

そっくり同じではないが、これに似たことがプナン社会でも観察される。プナンには、良い犬とアホ犬とは別に、ペットのような犬が存在する。何かの役に立つというのではないが、ただ可愛がられるだけの犬である。そして、プナンでは、そうした「ペット犬」はアホ犬から出現する。

「何の役にも立たず可愛がられるだけの犬」つまりペット犬は、いったいいつ頃人類社会に現れたのであろうか？　ペット犬は、博物学者コンラート・ゲスナーが生きていた十六世紀のヨーロッパには、確実に存在していた。ゲスナーによれば、いわゆるペット犬は、古代にも存在していて、マルタ島のマルチーズがそれだったという。各地にあるローマ時代の属州の遺跡で、ペット犬と推定される犬の骨が見つかっているという報告もある［桃木　二〇〇八］。ここで考えてみたいのは、そうしたペット犬の起源の推定、つまりいつ頃ペット犬が誕生したのかではない。プナンでの事例を取り上げて、ペット犬がいかに生みだされたのかを考える手がかりを探ってみたいと思う。

まずは、プナンの良い犬とアホ犬について、手短に振り返っておこう。プナンは、良く働く良い犬と役立たずのアホ犬を、有用性の観点から分けていた。プナンは、良い犬は人間の言語を理解するという。それゆえに、しつけや特別訓練が施されることはない。良い犬たちは、人間の言うことをよく聞いて行動するからである。他方、アホ犬は人間の言語を解さないため、コミュニケーションを取ることができないとされ、しつけや訓練が施されることはない。アホ犬は世話されず、食餌《しょくじ》も与えられず、軽視される傾向にある。プナンは人間の側の有用性の視点から、人間の言語が分かる犬とそうでない犬に二分している。

アホ犬に関しては、『動物の境界』における菅原の指摘が示唆に富んでいる。「人とイヌとのもっとも健全な関わりかたとは、人の統制下で犬が労働することである」という点を前提として、アホ犬たちは「この一元化に疑問符をつきつける」のだと菅原はいう［菅原　二〇一七：二一〇］。プナンの犬たちは、人間を頂点とする社会階層の下位の層に組み込まれるが、アホ犬たちは、人間の思い通りに行動しないという意味で、実はそうした社会秩序に無意識に抵抗する存在なのである。逆に言えば、アホ犬は、たんなるアホではない。アホ犬こそ、人の奴隷ではないという意味で、犬族たちの希望なのではあるまいか。

興味深いのは、プナンのアホ犬から、人々に愛されるペット犬のような存在が現れるという事実である。プナン研究者プリは以下のように述べている。

時にはアソ・パライ、「米犬」として知られ、家犬とみなされている、よく世話をされるが、狩猟に行くことを期待されない犬たちもいる。

[Puri 2005: 245]

プリの調査地のインドネシア側のプナン（プナンの住むボルネオ島は、インドネシア、マレーシア、ブルネイの三つの国が治めている）は、猟に行くことが期待されない犬のことを「米犬」と呼ぶ。なぜそう呼ばれるのかは明らかにされていない。この名前の由来は、推測の域を出ないが、米が野生のものではなく、人の手でつくられたものだと捉《とら》えられていることからすると、人間によってつくられた犬、人間の生活の中に深く入りこむ犬というほどの意味が込められているのかもしれない。私の調査地ではそうした犬に特に名前は付けられていなかったが、やはり狩猟に行くことを期待されず、かといってぶらぶらしていることが暗黙のうちに認められている犬たちがいる。

狩猟に行かない犬たちは、有用性の観点からすれば、怠惰で役立たずのアホ犬なのだが、そうした犬の中から、狩猟小屋や家の中で、人間との間に良好な関係を築き始めるものが現れる。古典落語『居残り佐平次』の主人公の佐平次は、遊郭の大店《おおだな》に行ってどんちゃん騒ぎをした挙句、金がないためその大店に居残りを続ける。佐平次は店の雇人たちからは疎《うと》んじられるが、人手が足りない店の中をうまく立ちまわって、巧みに客あしらいをし、客から可愛がられるようになり、ついには引っ張りだこになる。プナンのペット犬は、居残り佐平次である。それは、軽んじられ、疎んじられるアホ犬なのであるが、そうでありながら、佐平次のようにいつの間にか居場所を見つけて、主人から可愛がられるペット犬として蘇る。

赤ん坊の排便後、糞便《ふんべん》のついた肛門《こうもん》を舐《な》めさせるために呼び寄せられるのは、そういった種類の犬である。赤ん坊はお尻《しり》を舐められると、こそばゆく感じて、きゃっきゃっと笑い声をあげる。赤ん坊や子どもたちは、そうした犬をそばに置いておこうとする。日がな一日遊び回っている幼児たちとともに駆けまわり、休む時にもずっとそばにいる犬たち。熱帯雨林のキャンプの夜は思いのほか冷え込むが、暖を取るために、プナンは、人間よりも数度体温が高い犬を蚊帳《かや》の外側に手繰り寄せて、くっついて眠ることがある。それらは始終、狩猟小屋に上がり込んで、人々の近くにいることを許された犬たちである。私ははからずも、そうした犬とくっつきあって眠ったことが何度かある。とても暖かくて、心地がいい。

アホ犬のうち、とりわけ可愛がられ、幼い子たちとはしゃぎまわったり、人々の周りをうろついたりしても叱《しか》られることがない犬たち。それらはプナンの周りにやって来て、寝転がっても何も言われることがない。それらは、ある種の「ペット犬」である。

先ほど見たように、人間は自分たちの娯楽に役立たせるために、イギリスのブルドッグを飼養した。ところが、用がなくなると、見向きもしなくなった。しかし、消えてゆく犬種を愛玩犬として復活させようと努力した人たちが現れた。そのことで、ブルドッグは愛玩犬として蘇り、生き残ったのである。他方、プナンは、アホ犬たちの世話をしようとせず、毛嫌いする。しかし、そのうちアホ犬たちの中から、人間と互いに愛を発しあうものたちが現れる。人は特定の犬を可愛がり、そばに置いて戯《たわむ》れる。

プナン社会には、このように、ペットとしての特性のみを持った犬が存在する。アホ犬の中から愛玩用に特化した犬に居場所が与えられる。とはいうものの、それはいつも人間にべったりとくっついていたり、芸を仕込むとそれをやったりするというわけではない。プナンは、猟に長けた良い犬と、そうしたペット犬の双方に対して、感情移入するようになる。

ここで考えてみたいのは、犬を愛玩するとはいったいいかなることなのか、人と犬の間の「愛」とは何かという問題である。人間と動物、とりわけ人間と犬の間に存在する愛を扱った研究としては、先述したように、ダナ・ハラウェイの『犬と人が出会うとき』がある。ハラウェイは、愛犬カイエンヌとともに参加する障害物競技のプレイを取り上げて、人と犬とが愛情を交換することで、人間と犬の絆《きずな》がつねに新しいものに更新されていくさまを明らかにした［ハラウェイ　二〇一三b］。

人間と犬の間に見られる愛は、人間が、動物の死骸《しがい》をむさぼり喰うハゲワシや、畑の作物を荒らしにやって来るイノシシやサルなど、嫌われものたち（「害獣」）に投げかける「非－愛」的な感情とは明らかに異なる。そうした愛で《め》る感情が特定の動物に対して起きうるのは、その動物が飼いならされ、伴侶《はんりょ》種として人間社会の中に組み入れられたからだということができるかもしれないが、依然、大きな謎《なぞ》でもある。

飼育された動物に対する愛は、よく知られていることだと思われるが、ある種の歪《ゆが》みを伴って現れる場合がある。その最たるものが、川端康成の『禽獣』の中で描かれる犬や小鳥たちに対する偏愛である。

主人公は、四十歳に近い独身男性で、夫婦となり親子兄弟となる「我」を持つ人間たちとの絆を嫌い、柴犬《しばいぬ》を膝《ひざ》の上に乗せて蚤《のみ》をつぶしたり、次々と小鳥を飼ってはその死体を押入れにほうりこんだままにしたり、ボストン・テリアの仔犬を間引いたりして、手に入れた動物たちの生死を弄《もてあそ》んでいる。それは、愛というよりは、生殺与奪《せいさつよだつ》をほしいままにした人間による生きものに対する愛玩である。川端は、その様子を以下のように描いている。

動物の生命や生態をおもちゃにして、一つの理想の鋳型《いがた》を目標と定め、人工的に、畸形《きけい》的に育てている方が、悲しい純潔であり、神のような爽《さわや》かさがあると思うのだ。良種へ良種へと狂奔する、動物虐待的な愛護者達を、彼はこの天地の、また人間の悲劇的な象徴として、冷笑を浴びせながら許している。

［川端　一九九二：二〇一―二］

小鳥たちをペットにすることは、人間の側にこそ、飼おうとする意思の出所があり、それらを自在に操り扱うのもまたもっぱら人間がなすところである。神のような爽やかさで、動物の命や生態をおもちゃにする、「動物虐待的な動物愛護者達」を生みだすペット文化を、私たちは自らの足元に抱えているのだ。その意味では、ハラウェイのいう、人間と犬が愛によって結ばれているとする考えは、今日的な動物愛護精神の脳天気な産物だと言えるのかもしれない。

そうしたペットの世界大の広がりについて、『イヌ』の著者である動物学者マクローリンは、以下のように述べる。

欧米人は今では犬をペット――仲間、友達、愛すべき奴隷――とみなすようになってきた。しかしこれは欧米人の日常生活の中から生まれたもので、普遍的な現象ではない。もし別の時代、別の場所であったら、今日のような生活様式は成り立っていなかったであろうから、犬は少なくとももっと実用的な役割を受け持っていたに違いない。

［マクローリン 二〇一六：一二三］

エスキモー社会では、犬は橇《そり》をひく作業犬であり、食べ物がない時には人の食料となった。彼らは、犬を無闇に可愛がることもなければ、犬も飼い主にべたべたした愛情を示すこともないのだと、マクローリンは述べる。ペットは、ヨーロッパ的な生活様式の中で広がったものであるという見方は、示唆に富んでいる。犬に限って言えば、現代世界では、そのペット性だけが肥大化しつづけている。

＊

ペット犬が欧米型の生活様式の中に広がり、現代の高度なロボット・テクノロジーと結びつくことによって、犬型エンターテインメント・ロボットが産み落とされたことは、それ程不思議なことではない。いやむしろ、「成長する」自律型ロボットは、犬でなければならなかったのである。

「人工知能ロボット（Artificial Intelligence roBOt）」の略語であり、「相棒」でもあるという意味で名づけられたＡＩＢＯが、一九九九年六月一日に二十五万円でソニーから発売されている。二十分で三千台が売り切れたという。それは、犬型ロボットではあるけれど、けっして犬ではないともされる。第一世代の犬型に対して、その後、「犬という固定イメージを持ってほしくなかった」という開発サイドの意図があって、第二世代は子ライオンがモデルとなる。まったく新しい人間のパートナーという発想で、第五世代まで生産され、合計十五万台以上が販売されたという。発売後には、ＡＩＢＯを修理するＡＩＢＯクリニックがつくられ、二〇一四年のクリニック閉院後には、後に見るように、ＡＩＢＯの葬儀が行われている。ＡＩＢＯは、「病気」と「死」という「隠喩《いんゆ》」によって語られる存在でもある。

大きな耳が特徴のＡＩＢＯの七シリーズは、「ビーグル犬」のようである。ある女性オーナーによって、アメリカのＳＦドラマに出てくるビーグル犬と同じ「ポートス」と名づけられたＡＩＢＯは、その後、人間の言葉をしゃべる仕組みが備わったメモリー・スティック、マインド3によってヴァージョン・アップされた。オーナーは、「記憶」と「心」を持ち、気ままで、彼女の言うことをまるで聞かなかったりもするポートスとずっと一緒にいたいと願うようになったという。ＡＩＢＯクリニックに修理のために入院させた時に、ポートスは「ＢＯＤＹイジェクト」と呼ばれる、胴体内部にある起動を制御する部分に中程度のダメージがあることが分かった［今西　二〇一六］。

二〇一三年のソニーでの性能部品保有期限が過ぎ、二〇一四年三月末にＡＩＢＯクリニックは閉鎖された。ソニーの元技術者たちによって設立されたア・ファンという会社でＡＩＢＯの修理が行われるようになったのは、その前後のことである。そこでは、使われなくなったＡＩＢＯや要らなくなったＡＩＢＯを「献体」してもらい、パーツごとに解体して、修理依頼を受けたＡＩＢＯの取りかえパーツに回すという方法が取られるようになった。そのことによって、依頼主のＡＩＢＯは、「命」をつなぐことができたのである。

献体のために集まったＡＩＢＯは、依頼を受けたＡＩＢＯのパーツとなって、他のＡＩＢＯの命をつなぐ役割を担ったのである。献体したＡＩＢＯは、その後動くことはない。技術者たちは、献体したＡＩＢＯの「供養《くよう》」を、千葉県にある日蓮宗の寺院の住職に依頼した。そのようにして、二〇一五年一月二十六日にはじめてのＡＩＢＯ葬が行われた。

その時に読み上げられた光福寺の大井文彦住職による回向文《えこうもん》（仏事の終わりに読まれる文）の一部に以下のような文言がある。

すべてはつながっている。アイボのような無生物と我々、生物は断絶してはいない。つながっていない、と思うのは人間の観察力が浅はかだからである。わたしが今、アイボ供養する意義は「すべてはつながっている」という心持を示すためにある。

［今西　二〇一六：九三］

無生物を含めてあらゆる存在と人間を連続していると見る仏教的な理解が、そのＡＩＢＯ葬の土台にあることがうかがわれる。

ＡＩＢＯ葬に先立つものとして私たちが想起するのは、ペット葬であろう。ペット霊園では、犬の墓石が雛壇《ひなだん》状に並び、ロッカー式の納骨壇もあれば、「永代供養」保証の共同墓もある。ある霊園では、彼岸の合同法要、盂蘭盆会《うらぼんえ》大法要、年忌ごとの法事が行われる。ペットの犬猫の弔いは、人間の葬儀が簡素化されているのに対し、逆に「鄭重《ていちょう》化」される傾向にあると見る向きもある［大村　二〇〇八］。現代日本社会のそうしたペットたちに対する弔いの隆盛の延長線上にＡＩＢＯの葬儀がおこなわれているのだ。

哲学者ミシェル・セールは、野生の狼と農場で暮らしている番犬を隔てるのは家畜化であるとした上で、番犬が野生に戻れば自分を本当の狼だと思ってしまうだろうと述べている。「逃れ走り去るものと、杭《くい》に繋《つな》がれてとどまるもの、定住と遊動《ノマド》、野生と家畜化されたもの…（中略）…の対立のあいだで、一筋の連続的な道が、かくして開けた空間において通じることになる。それは、道に迷った（Four-voié）、遠いものから、番犬、近く、綱と首輪によって狭い間隔に制限されているものへと通じる連続的な道である」と。「二匹の動物のあいだには、ある連続性が流れている」［セール　二〇一六：四八―四九］。

セールを踏まえて述べれば、狼から進化し、人間から見捨てられたアホ犬からペット犬を経てＡＩＢＯに至るまでの流れは、直線でつながっている。「犬的なるもの」が、一万数千年の時を経て、進化を遂げてきたのであり、現在、まさに次なる進化の段階へと踏み込もうとしている。

人間の都合で用済みとされたブルドッグは、ブリーダーの努力でペットとして再生した。プナンにとって、人の統制下にある労役犬としての良い犬たちから弾き飛ばされ、アホ犬として疎んじられ蹴散《けち》らされる犬たちの中から、赤ん坊の肛門の糞便をきれいに舐めとったり、人々が暖をとる助けとなったりするために、猟には向かないが、人々に可愛がられ、愛でられるペット犬が現れ出た。

人間の欲望に振り回されながらもペットへと進化した犬たちの末裔が、現代世界では大いなる繁栄を極めている。人間のために労役をよくこなさないけれども、疎まれず、人間と労役犬の関係の「隙間《すきま》」に入りこんで、結果的に、人間との間に巧みに良好なパートナーシップを築くようになった犬たち。それは、今では、必ずしも生ある犬ではなくても構わない。

ＡＩＢＯとは、アホ犬の末裔《まつえい》、ペット犬の現在であり、そしてまた、「犬的なるもの」の近未来なのではないだろうか。

15　走りまわるヤマアラシ、人間どもの現実

動物も人間と同様におのれの権利をもつ。だから動物も思いのまま走りまわっていいのだ。しかも、わが親愛なる人間どもよ、お前だってまだこうした動物なんだ、なんといおうと！

フリードリッヒ・ニーチェ『悦ばしき知識』

等間隔の森、ヤマアラシ

マレーシア・サラワク州（ボルネオ島）のバラム河中流域の森に、一九七〇年代になって、**あいつら**がやって来た。それまでのように数人ではなく、入れ代わり立ち代わり大人数で、**あいつら**は森の中に足を踏み入れた。しばらくすると、**あいつら**は小脇に抱えて轟音《ごうおん》を立てるものを持ち込んで、切れ目を入れて、木々をあっという間に切り倒すようになった。来る日も来る日も、唸《うな》るような轟音を響かせながら、木々を次々に切り倒した。そのため、昼間に巣穴でゆっくりと眠っていられなくなった夜行性のヤマアラシは、居心地のいい巣穴をつくることができる場所を求めて、別の場所に移った。森はいつの間にか、いたるところで分断されるようになった。森と森の間

には、切り倒した木々をひとまとめにして背中に載せ、不快な轟音とともにものすごいスピードで移動するでっかい「生きもの」が、昼間だけ行き交うようになった。そいつらは**あいつら**の言うことを聞く僕《しもべ》で、先頭にいつも**あいつら**を載せていた。ヤマアラシが居心地のいい場所を求めて移動する時には、そいつらが通る場所を通らなければならない場合があったが、そいつらに踏みつけられたり、撥《は》ね飛ばされたりしないように注意しなければならなかった。ヤマアラシは、とにかく木の実などの食べ物があって、居心地よく暮らせる場所を目指して移動した。そこがダメなら、また移動した。そして、さらなる場所へと。

森のある特定の場所の木々を切っただけなら、近くに移動して巣穴をつくるだけでよかったのだが、**あいつら**は、森の木と植物をことごとく根こそぎにして、あっという間に森を丸裸にしてしまった。隠れる場所がなくなったため、巣穴をつくることさえできなくなってしまった。かつて高木の森があった場所は、見渡す限り何もない裸地になった。熱帯の太陽の暑熱を遮るものがなくなり、陽光は土の上に直接降り注ぎ、もともと夜行性のヤマアラシには関係ないことだが、酷《ひど》い暑さのため日中はその上を歩くことさえできなくなった。そのうちに**あいつら**は、黒いビニールで包まれた土の中に刺された苗木を、どこかから次々と持ち込んできた。それらを、丸裸になった土地に、十メートルほどの一定の間隔を置いて等間隔で植え始めた。

　等間隔で植えられた苗木はみるみる成長し、大きな葉を四方に垂らして、立派な油ヤシの木になった。二、三年すると、木々は実をつけるようになった。すると、またもや**あいつら**がやって来た。長い鉄の棒を使って、高所になった実を取り、それらを一ヶ所に集めて、轟音を立てて走る「生きもの」に載せて、どこかに運び出して行った。ガタガタと揺れながら走るその「生きもの」もまた、いつも前面に**あいつら**を載せていた。

　この等間隔に植えられた油ヤシの木から成る、これまでになかった森ができて、ヤマアラシにとって喜ばしかったことは、その実が食べ物となったことである。その堅い実には、ヒゲイノシシとヤマアラシ以外の動物は歯が立たなかった。ヤマアラシは歯が強く、堅い殻を嚙み砕いて、その実を頬張った。**あいつら**のせいで森からの退却を余儀なくされたヤマアラシは、その代わりに、**あいつら**が植えた等間隔の森にまでその生存域を広げることができた。夜になると、ヤマアラシは新しい森に出かけて、その実を齧った。

　等間隔の森はいつまで経《た》っても、かつての森と同じようにはならなかった。油ヤシの木は、いつも等間隔で立ち並んでいた。それは、育てるために持ち込んだ油ヤシを

あいつらが溺愛《できあい》し、周囲の草を枯らしてしまう除草剤を撒《ま》いたためだった。そのうちに、ヤマアラシが齧る実が何らかのかたちで作用したのか、ヤマアラシの胃の中には「石」ができる割合が増えた。ヤマアラシには、古くから胃石ができることがあったが、除草剤の化学成分が実の中に入りこみ、それを食べたヤマアラシの体に変化を生じさせたのではないか。**あいつら**が、そんな噂《うわさ》をしていたことがある。

あいつらは、気がつくと、新しい森にやって来るヤマアラシの捕獲に熱中するようになっていた。それは、ヤマアラシの胃石を手に入れるためだった。等間隔の森に食べ物がある喜びを感じたのは束《つか》の間で、ヤマアラシは**あいつら**の狩猟の標的にされるようになった。胃の中に石があるかどうかは、外見からは分からない。まずは捕まえ解体して、胃の中を調べる。

そのうちに、不思議なことが起きるようになった。**あいつら**の中に、ヤマアラシを生きたまま連れ帰る者たちが現れた。鉄の檻《おり》の中に入れて、飼い育てている。どうやら等間隔の森から油ヤシの実を拾って行って、それを餌《えさ》にしてヤマアラシを育て、胃の中に石をつくらせようとする魂胆があってのことらしい。

クアラルンプール、華人

そこから直線距離で千五百キロほど離れた人口約七百万人（首都圏）のマレーシアの首都、クアラルンプール在住の四十歳代の華人女性Cは二〇一〇年に大腸癌《がん》と診断され、大腸の一部を手術によって切除した。二〇一四年現在、癌は再発していない。Cは術後の二〇一一年に市内の漢方薬局を訪ね、「箭猪棗」（ヤマアラシの胃石）の服用を勧められた。その後、定期的にその漢方薬を購入し服用している。ヤマアラシの胃石は、十字軍の時代にアラビアの伝統薬としてヨーロッパにもたらされたという記録が残っており、いわゆる「ベゾアール石」（鹿《しか》や牛の胃にできる結石の一種で、ヨーロッパでは特効薬として珍重された）のひとつとして知られてきた［松川　二〇一六］。

クアラルンプールの商業地区にある、Cの行きつけの薬剤店には、直径三〜四センチほどのヤマアラシの胃石がショーウィンドウに展示販売されている。また、粉末にして紙に包んだヤマアラシの胃石が売られている。紙包みには〇・一グラムのものと〇・二グラムの二種類がある。〇・一グラムの包みは二百五十リンギ（七千五百円）、〇・二グラムの包みは五百リンギ（一万五千円）である。Cは毎月その店に足を運んで、〇・一グラムの胃石の粉末を四包購入する。クアラルンプールでは、一グラムあたりの相場は二千五百リンギ〜二千八百リンギ（七万五千円〜八万四千円）であり、それは華人の富裕層のみが買うことができる特効薬である。

その漢方薬店は、ヤマアラシの胃石を店の主力商品のひとつとして位置づけ、店主自らが編集した胃石の効能に関するDVD付きの小冊子も無料配布している。ヤマアラシの胃石は中国本土の「中医」（中国に伝わる伝統医療）の体系の中には位置づけられてこなかったが、東南アジアの華人社会では早くからその薬効が知られていた。癌やデング熱、感染症以外にも、身体にできる腫瘤《しゆりゆう》一般に効くとされ、クアラルンプールには、Cのように効能を信じて服用する人がいる。他方で、その薬効を疑問視する人たちもいる。マレーシア各地からだけではなく、インドネシアからもヤマアラシの胃石が、クアラルンプールがあるマレー半島に流れてくる。C自身は、その原産地についてはまったく知らない。

ヤマアラシの胃石は、マレーシアとインドネシアの熱帯雨林に住むヤマアラシの胃の中で産出される。それを直接取り出した人々の手を離れて、千～数千キロを隔て、胃石は乾燥させられ、細粒化され、薬剤店で売られ、人間によって嚥下《えんげ》され、身体組織に入る。動物から胃石へ、胃石から細粒へ。人から人を介して人へと運ばれる。動物から取り出された胃石が、人間の胃に流れ込む。

南シナ海、華人

再びボルネオ島に戻ろう。内陸の町や南シナ海に面した都市部で、ヤマアラシの胃石がどのように集められているのかを見てみよう。

マレーシア・サラワク州（ボルネオ島）のバラム河下流域の町マルディには、ヤマアラシの胃石を扱う華人の仲買人がいる。六十代の華人商人。二十世紀初頭に大陸で生まれ、中医の知識を身につけてサラワクに移住し、雑貨店を開いた父親から漢方を教わったその華人は、雑貨業の傍ら、ヤマアラシやリーフモンキーの胃石、ツバメの巣、沈香《じんこう》などの森林産物も扱っている。ヤマアラシの胃石は、近年では都市環境下で作られるようになったツバメの巣とは異なり定期的に入手できるものではないし、取引量も少ない。

ヤマアラシの胃石を、マレー半島やシンガポールへと輸出する華人の仲買人が多く住むのは、南シナ海に面した都市ミリである。市街地で海産物やツバメの巣や沈香といった森林産物やヤマアラシの胃石を商う華人の店には、先住民オラン・ウル（「上流の人たち」）。カヤン、クニャー、プナンなどの先住民集団の総称）が、ヤマアラシの胃石を売りに来ることがある。

ミリの華人商人たちは、高額商品であるヤマアラシの胃石の買い取りの難しさを口

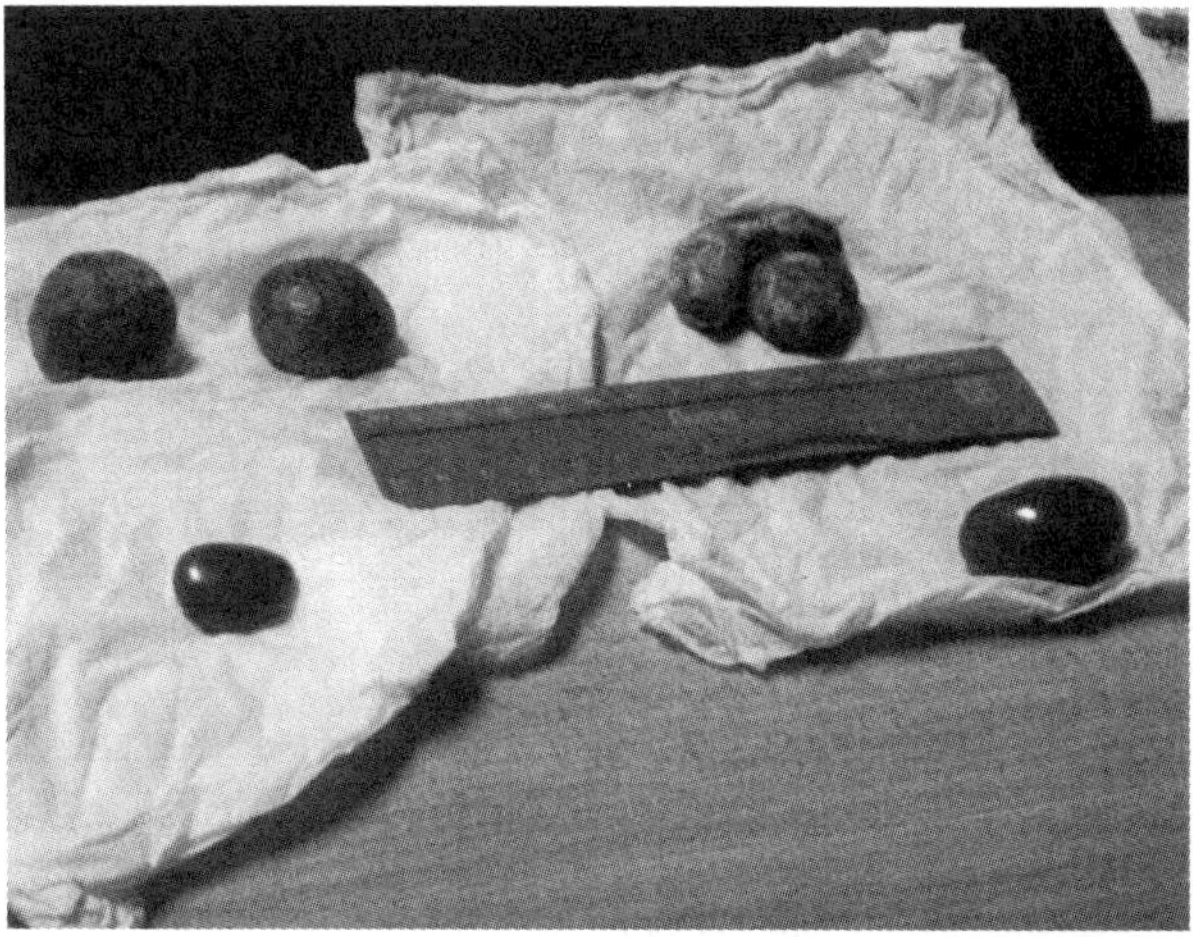
バラム河下流域のマルディに店を構える華人仲買人のヤマアラシの胃石のストック。

にする。偽物《にせもの》を売りつけるオラン・ウルに悩まされてきたからである。偽物は、粘土や軽石を下地に、ヤマアラシの胃の内容物とサゴヤシの澱粉《でんぷん》を混ぜて成形される。経験ある仲買人でなければ、ヤマアラシの胃石の真贋《しんがん》を判断するのは容易ではない。バラム河中流域のロング・ラマに居住するカヤン人の仲買人Jは、胃石の真贋を判断できるようになるまでにかなりの財産を失っている。

サラワク州の内陸で産出される野生動物の胃石に関する文献記述は、十九世紀後半にすでに見られる。一八八一年の報告で、エヴェレットは、リーフモンキーからも胃石が採集されるが、高価なのは稀少品《きしょう》である「グリガ・ランダック」と呼ばれるヤマアラシの胃石だと述べている。彼はまた、先住民バカタンが、細かくて軽い粘土を胃石のように象《かたど》って華人を騙《だま》したことがあるとも書いている［Everett 1881］。

バラム河、カヤン

ボルネオ島の内陸で誰がどのようにヤマアラシの胃石を集めているのだろうか。まずは、サラワク州のバラム河流域の状況を見てみよう。

カヤンは、オラン・ウル最大の民族である。バラム河中流域沿いに位置するN村の六十代前半のカヤンのKがロング・ラマの高校に寄宿し始めた一九七〇年代の初めごろ、N村の近辺で商業的な森林伐採が始まった。州政府からコンセッションを与えられたリンブナン・ヒジャウやWTKという森林伐採企業がやって来た。企業は住民たちと森林伐採の契約交渉をし、森から近隣の町ロング・ラマへ至るロギング・ロード（森林伐採道路）を開通させた。その後、華人のマネージャーやインドネシアからの違法労働者たちが続々と押し寄せ、貯木場と伐採キャンプが賑《にぎ》わいを見せるようになった。高校を中退したKは一時、木材企業のキャンプで働き、その後村に戻り結婚した。

周辺の森の木々は切り倒され、一九八〇年代の半ばになると、森は丸裸の状態になった。

Kの祖先は、二十世紀の初頭にインドネシア・東カリマンタン州からバラム河流域に移住してきた人たちである。それ以来、森に出かけては、ヒゲイノシシやその他の野生動物を狩って、その肉を糧《かて》としてきた。

彼らは、樹上のリーフモンキーを射撃したり、または、塩舐め場で待ち伏せたりして野生動物を捕まえる。ヤマアラシは肉厚で、好んで食べられる。ヤマアラシの巣穴を見つけると、火を焚《た》いて煙を巣穴に送り、昼間は眠っているヤマアラシを驚かせ、飛び出してくるところを捕まえる。リーフモンキーやヤマアラシに胃石があることは稀《まれ》だった。見つけた場合には売り払われた。

リーフモンキーは、樹上性の葉食の霊長類である。長い尾と長い腕を持ち、木枝を駆け上り駆け抜ける。他方、ヤマアラシ科の哺乳《ほにゅう》動物は、背中から身体の側面が棘《とげ》で覆《おお》われた齧歯《げっし》類である。ボルネオには三種類のヤマアラシがいる。尾の毛がストローのような空洞のマレー・ヤマアラシ、毛が細長く房状のボルネオ・ヤマアラシ、棘毛《きょくもう》が短く、尾が長く鱗《うろこ》状で、尾の先端が房状の、ネズミ・ヤマアラシで、これは大きなネズミに似ている。リーフモンキーとヤマアラシの三種には、胃の中に入った異物が石灰化することが古くから知られてきた。

動物行動学者の研究によれば、ネズミ・ヤマアラシは、熱帯雨林の倒木などの隠れた場所に土を二十センチ～一メートル掘って、複数の巣穴をつくり、それらを移動しながら、単雄単雌（一夫一妻）で、子どもたちと一緒に暮らす。「ヤマアラシのジレンマ」は、寒いけれども互いの棘のために身を寄せ合うことができないという、ショーペンハウアーのアレゴリーであるが、実際には、ヤマアラシはひっつきあって巣穴で眠る［松川　二〇一六］。

Kは、一九七〇年代半ばから二〇〇〇年までの間に、リーフモンキーから三個、ヤマアラシから一個の胃石を手に入れ、ロング・ラマのカヤンの商人に売ったという。それらが漢方薬の材料になるということくらいの知識しかない。

N村の近隣では二〇〇五年になると、森林伐採企業によって丸裸にされた土地に油ヤシの苗が植えられ、その二、三年後に、ヒゲイノシシとヤマアラシが夜間に油ヤシの実を食べに来るようになった。ヤマアラシは、油ヤシ・プランテーションにまで生存域を拡大させたのである。N村の人たちが夜の待ち伏せ猟を始めたのは、そのころのことであった。

ヤマアラシの胃石はそれまでとは比べられないほどの高値で売れるようになってい

胃石獲得目的で檻の中で飼育されるヤマアラシ。バラム河中流域Ｎ村にて。

た。同時に、油ヤシ・プランテーションのヤマアラシからは、かつてと比べてたくさんの胃石が取れるようになった。除草剤に含まれる化学物質が、石灰化を促すのではないかという噂が流れた。

Ｎ村の人々は、夜間狩猟に加えて、二〇一〇年ごろから、プランテーションの中に檻罠《おりわな》を持ち込んだ。檻罠の中に油ヤシの実を置き、夜にそれを食べに来るヤマアラシを捕まえるのである。Ｋの弟は、檻罠で捕まえたヤマアラシから胃石を手に入れて、マルディの華人に三万五千リンギ（百五万円）で売った。Ｎ村では、二〇一〇年代になると、高額で売却されるヤマアラシの胃石の獲得熱がますます高まった。

そのうちに、ヤマアラシを檻罠で生け捕りにして村に持ち帰り、檻の中で飼い始める者たちが増えた。Kもまた、二〇一三年に檻罠で捕まえた二頭のヤマアラシを家の庭で飼育し始めた。うち一頭を二〇一四年に殺し調べたところ、できかけの胃石があった。もう一頭は二〇一四年三月の時点ではまだ飼育中であった。Kは、餌として果物や野菜の他に油ヤシの実を与える。ヤマアラシの胃石には油ヤシの繊維が含まれていることが多いため、生け捕りにしたヤマアラシにも油ヤシを食べさせつづければ、運がよければ胃石が取れるかもしれないと、KやN村の人たちは考えている。

ヤマアラシの飼育は、胃石取得を主な目的として、バラム河中流域のカヤンの村々に広がっている。ロング・ラマ在住の前述のカヤン人商人Jは、もともと森林産物を扱っていたが、二〇一〇年から、ヤマアラシの胃石の取引に力を入れるようになった。Jは、オラン・ウルの居住域を訪ね歩き、ヤマアラシの胃石を購入するだけでなく、ロング・ラマの店でも胃石を買い取る。オラン・ウルはその店にヤマアラシの胃石や生け捕ったヤマアラシを持ち込んだりする。

Jは、生きて持ち込まれたヤマアラシを家族に自宅の庭で飼育させている。十頭ほどいる。ヤマアラシの飼育は、今のところ「胃石目的でやっているのではない」。Jからヤマアラシの胃石を購入する顧客は、ミリやクアラルンプール、シンガポール、中国広東省など、東南アジアから東アジアを含む広いネットワークにまで広がっている。

ブラガ川、プナン、クニャー

最後に私の調査地、ブラガ川流域の状況を見てみよう。U村に半定住生活する狩猟民プナンの男が、二〇一二年のクリスマスの直前に、油ヤシのプランテーションに夜の待ち伏せ猟でしとめたヤマアラシの胃袋の中から石を手に入れた。かつてその地域に名刺を配って、ヤマアラシの胃石を探し求めていた前出の商人Jに電話をかけ、それを二万一千リンギ（六十万円強）で売った。そのうちの七千リンギを頭金にして、翌月には七万八千リンギ（二百三十四万円）の四輪駆動車トヨタ・ハイラックスを購入した。五年間のローン支払いとし、毎月千三百リンギ（三万九千円）ずつ払っている。

彼は、油ヤシ・プランテーションのスモール・ホルダー（小規模事業者）である近隣の焼畑稲作民クニャーから仕事を請け負って、その車でプナンの送り迎えや資材の運搬などを担《にな》っている。プナンにはリーフモンキーやヤマアラシの胃石だけでなくその他の森林産物を焼畑稲作民や華人たちと交換してきた古い歴史があるが、それだけの大金を手にすることは、これまでなかった。

U村には、同じように、ヤマアラシの胃石を売って大金を手にしたプナンやクニャーがいる。いつも単独で猟に出かけ、猟が得意なことで広く知られているあるプナンの男は、二〇一三年五月に油ヤシ・プランテーションでヤマアラシを捕まえて、胃の中に石を見つけて、一万一千リンギ（三十万円強）でミリ市の商人に売った。

クニャーの男性はハイラックスを一台持ち、頻繁にビントゥルやミリなどの都市に出かけている。彼は、これまで四回ヤマアラシの胃石を手に入れて、売ったことがある。それぞれ一万八千リンギ（五十四万円）、一万二千リンギ（三十六万円）、一万リンギ（三十万円）、一万五千リンギ（四十五万円）で、ミリの華人に売った。合計百六十万円強の資金を元手に、雑貨店を開き、次々に経営を広げている。彼は油ヤシ・プランテーションでヒゲイノシシだけでなく、ヤマアラシがやって来るのを狙《ねら》って猟をする。ヤマアラシを獲《と》って、家族でその肉をよく食べる。その中から胃石が見つかるのはごく稀なことだという。

木材伐採の仕事でやって来て、プナン女性と婚姻したU村在住のインドネシア人男性は、これまで二回ヤマアラシの胃石を手に入れた。それぞれ、一万五千リンギ（四十五万円）、八千リンギ（二十四万円）でミリの商人に売った。

プナンがまだ森の中に住んでいた一九七〇年代までは、ヤマアラシの胃石は取れたとしても、商品価値が低く捨てていた。しかし、今日ヤマアラシの胃石は数万リンギ（三十万円〜百万円）で売却される。一方、リーフモンキーの胃石はせいぜい数千リンギ（五、六万円〜十万円）である。胃石と言えば、かつてはリーフモンキーであったが、今日ではヤマアラシが取って代わった。

ブラガ川流域では、バラム河流域とは違って、ヤマアラシの飼育は行われていない。人々は、森林伐採とその後の油ヤシの植栽によって攪乱《かくらん》された森からヤマアラシがもたらす胃石の産出をじっと黙って待ちつづけるのだ。それは、アナ・チンが、人によって攪乱された森で、野生のキノコの生の過程から得られるマツタケの産出を、利益を生みだすために制御された農業という生産体制の外側に見出《みいだ》したことに似ていなくもない［ツィン　二〇一七］。二〇世紀後半に飛躍的に進展したパームオイル産業の外側で、油ヤシの実、ヤマアラシ、油ヤシを管理し／ヤマアラシを捕獲する人間の偶然の出会いによって、ヤマアラシの胃石が産出されている。

現在、ヤマアラシの胃石の最終消費地であるマレー半島の都市部では、胃石には、サラワクの先住民たちの売値のおおよそ三〜四倍の値が付けられている。ミリに住むある華人仲買人によれば、ヤマアラシの胃石はダイヤモンドより高価である。そのようなヤマアラシの高い経済価値が今日、森の民プナンを含め、サラワクの先住民に車を買うことを可能にしている。

ブラガ川上流域のある森（混交フタバガキ林）の風景。様々な動物たちの声が木霊する。

16　リーフモンキー鳥と、リーフモンキーと、人間と

いかなる動物も、したがってまた哲学者なる動物も、おのれの力が充分に発揮されえて、おのが権力感情の最大限《マキシマム》が達成されるのに好都合な最善《オプテムム》の諸条件を求めて、本能的に努力する。いかなる動物も、また同じように本能的に、しかも〈すべての理性よりも優れた〉鋭敏な嗅覚《きゅうかく》をもって、この最善《オプテムム》への道を塞《ふさ》ぐ、また塞ぐかもしれないあらゆる類《たぐ》いの妨害や邪魔物を、忌《い》み嫌う

フリードリッヒ・ニーチェ『道徳の系譜』

これまでで地球の気温が最も温暖だったのは、八千万年ほど前の白亜紀の中期のことだった。そのころ、動物に花粉や種子を運んでもらうように進化した「被子植物」が栄えるようになり、地球上で生命活動が盛んになった。今から四千万年ほど前の第三紀になると、地球は寒冷化に向かい、かつて地球上に広がっていた被子植物の森は赤道付近だけに限定されるようになった。現在、熱帯雨林がアフリカ大陸、東南アジア、中南米の一部に残っているのは、白亜紀末期に大陸の分割が始まった結果である。

東南アジア島嶼《とうしょ》部では今日、海洋性の湿った空気が循環し、夏にはチベット高原で、冬には西太平洋で暖められた空気が上昇気流を生み、モンスーンとなって雨を降らせ、熱帯雨林を潤《うるお》す［湯本　一九九九］。植物は、土壌からの水分と栄養分と、光を吸収する。水分と栄養分と光の絶対量は限られているので、植物の種は資源をめぐって競合する。熱帯雨林では、同じ場所に多種の植物がひしめきあっている［井上　二〇〇一：一七〇］。

ボルネオ島の熱帯雨林では、一ヘクタールに四百種以上の樹木が生育し、五十ヘクタールに千二百種を超える樹種が確認されている。その樹種の多さは、地球上の他の森林形態を圧倒する。標高六百メートルくらいまでの低地に分布する混交フタバガキ林は、地上六十〜七十メートルに達する突出木もある。

混交フタバガキ林での生命活動は、低温や乾燥という気候条件の制約を受けることはない。季節性がないため、そこでは、平均して数年に一度の割合で、多くの植物で一斉に花が開き、その後、一斉に実を結ぶ［井上　一九九八、湯本　一九九九、百瀬　二〇〇三］。一斉開花・一斉結実という現象がなぜ起きるのかに関しては、ふたつの説がある。ひとつは、動物が一年中活動できる熱帯では、連続的に種子を生産するとすべての種子が食べ尽くされるので、ふだんは種子をつくらずに捕食者を飢えさせておいて、時々種子をつくり、飽食して食べ残させるという、ヤンツェンらによる「捕食者飽食仮説」。ふたつめは、同種の樹木が離れた場所に生育していることが多いため、一斉開花して花粉を運ぶ昆虫や動物を一気におびき寄せることで、繁殖効率を高めているとする、井上民二らによる「送粉者共有仮説」〔井上 一九九八〕。ここではまず送粉者共有仮説に沿って、ボルネオ島の混交フタバガキ林の動植物の活動を手短かに見ておきたい。

湯本貴和は、「現在の熱帯雨林は、白亜紀中期以降の過去一億年間の歴史を記した、被子植物と昆虫や脊椎《せきつい》動物との共進化の産物なのである」〔湯本 一九九九：四八〕という。新生代に、地球上で鳥類や哺乳類が栄えると、種子散布を動物に依存する植物が出現した。移動距離のある動物に種子を運んでもらうために、果実は、動物にとっておいしく栄養価の高い食べ物となったとされる。植物は次世代を生みだすために、「送粉」によって種子を散布する。種子散布にはそれ以外に、「風散布」、「水散布」、「動物散布」、落ちるだけの「重力散布」、自分ではじける「自発的散布」がある。熱帯雨林では、これらのすべての種子散布が観察される。植物と動物の関係を考える時には、この送粉が大切である。

サラノキ属の花弁は完全には開かず、基部に近い部位で花弁間に隙間ができる。体長一ミリ前後の微小昆虫、アザミウマ目《もく》だけが、このわずかな隙間に入ることができる。サラノキの一種は、送粉を数種のアザミウマだけに依存している［井上　二〇〇一：二二〇―二二二］。一斉開花期以外での混交フタバガキ林における最も重要な花粉媒介者が、ハリナシバチである。形態的に特殊化していない花の花粉は、ほとんどがハリナシバチによって運ばれる。他方、後で見るように、オオミツバチは一斉開花直前に混交フタバガキ林にやって来る。オオミツバチは盛んに花粉を集めて働き蜂《ばち》を増やし、新しい巣をつくる。一斉開花が終わりに近づくと、旅立ちに備え、燃料となる蜜《みつ》をためこむ［百瀬　二〇〇三：八二］。植物は昆虫や動物に送粉を担ってもらう反面、食害に遭う。ゾウムシは、フタバガキの未熟果実に産卵する。果実に穴を空け、尻《しり》にある産卵管を差し込んで卵を産みこむ。こうした食害を防ぐために、植物は棘をまとい、毒を含む被食防衛物質を持つようになった［井上　一九九八：一二〇―一二二］。

鳥媒花とは、トリによって送粉される花のことである。花は、色覚が卓越した視覚によって行動する訪花性のトリを惹《ひ》きつける［湯本　一九九九：一一七］。そのため、熱帯の珍奇な花は、特殊な送粉者を持つ特殊化した花である［湯本　一九九九：一一九］。トリに加えて、オオコウモリやサルなどの哺乳類も種子を散布する［湯本　一九九九：一二二〕。大型のオラン・ウータンだけに食べられるために大型化した果実が、果肉も甘くて多い、ドリアンやチェンペダである。こうした「吐き出し散布型果実」は、人間にも好まれる〔百瀬　二〇〇三：一四二〕。

リーフモンキーやテナガザルなどの樹上性の霊長類は、果実を食べて糞《ふん》として体外排出し、種子を散布する。それに対して、地上性の動物たちは、植物にとっては葉や種子を食べる厄介な存在であるが、同じく食べた種子を糞として排出することで、種子を散布させる。ヒゲイノシシは、落下した果実、種子、木の根、若い灌木《かんぼく》や草、ミミズ、カエル、ヘビなどの小動物を食べる雑食性である〔安間　一九九一：一五三〕。

野生動物の多くは、一年を通して個体数が大幅に増減することもなく、明確な繁殖期もない。イチジク以外の樹木の一斉開花・結実は低調で周期的サイクルはないが、数年に一度、一ヶ月以上雨が降らない時期が続くと、その一～二ヶ月後には野生のマンゴー、ドリアンが次々と開花し、さらに二～五ヶ月後には大量の果実がなる。一斉結実は二～三ヶ月続き、その間にヒゲイノシシ、サイチョウ、ネズミ、リスなどの果実食動物の個体数が増加するとされる〔加藤・鮫島　二〇一三：二三四―二三五〕。

このように、植物は自らが繁栄するために動物を工夫して利用し、動物もまた自らの生存のために植物を利用してきた。熱帯雨林では、生態学的に高度な社会システムが築かれてきた。植物と動物の共進化によってつくり上げられてきた一億年の熱帯の森に、ずいぶん後になってから「人間」が入りこんだのである。

約二十万年前にアフリカで誕生した現生人類は、出アフリカ後、今から四万二千年ほど前にボルネオ島にたどり着いたとされる。熱帯雨林が先にあり、動植物によって織りなされる生命活動の真っただ中に入りこんで、人間が暮らすようになったのである。人間は、ボルネオ島の熱帯雨林の新参者にすぎない。プナンは熱帯雨林で捕食している点で、さしずめ、その末裔《まつえい》であろう。彼らの暮らしの場は、この森である。そんなちっぽけな人間存在が、熱帯雨林の中でどのように生命活動を営んできたのだろうか。

プナンは、フェノロジー（生物季節変化）に関してつねに大きな関心を払う。そのことは、最大の好物であるヒゲイノシシの分類に如実《にょじつ》に表れている。彼らはヒゲイノシシを三種に分け、一斉開花や結実との関わりで、その到来や食感などに言及する。

第一に、「一斉開花の（時期に獲れる）ヒゲイノシシ」に脂身《あぶらみ》はない。第二に、「スミゴロモのヒゲイノシシ」と呼ばれるヒゲイノシシも同様である。それは、一斉結実の季節にやって来るスミゴロモが地上に落とした実を食べる。これらの二種のヒゲイノシシは、近くの森に住むヒゲイノシシである。第三に、遠くから大勢でやって来るのが、「オオミツバチのヒゲイノシシ」である。その肉には脂身が厚く、好まれる。

オオミツバチは一斉開花の季節に混交フタバガキ林に飛んで来て、突出木の中上部に巣をつくる。プナンには、「オオミツバチがやって来たら、狩猟の準備をせよ」という金言がある。オオミツバチの巣は一斉開花の季節の始まりを告げる。オオミツバチの巣を見つけると、プナンは森に入って、植物や動物から毒を集め、毒矢のストックをつくるだけでなく、銃弾を手に入れたり、吹き矢やライフル銃の整備を進めたりして、来たるべき一斉結実期の野生動物の大量出現とその捕獲に備える。オオミツバチのヒゲイノシシは、別名「歩き回るヒゲイノシシ」とも呼ばれる。一斉開花期に交尾をしたヒゲイノシシは一斉結実期に出産し、実を食べてたっぷりと太る。コシアカキジが川下から歩いて遡《さかのぼ》って来ると、歩き回るヒゲイノシシの本格的な猟期となる。

一斉開花・一斉結実を含めて、果実の到来と動物たちの行動を知るために、プナンにとって、トリの活動はひときわ重要である。トリはプナンの食対象であるとともに、トリの囀《さえず》りは、メッセージを含むものとして聞かれる。カンカプット（学名：不明）という名のトリがいる。それは、果実の季節を告げに来るトリとして、動物譚《たん》の中だけでなく、人々の日々の話の中に頻繁に登場する。しかし、そのトリを間近で見たとか、捕獲したというプナンはいない。高い上空で鳴くため、見たり、捕まえたりすることができないともされる。カッコウの一種だという説もあるが、その生態は、その存在を含めて謎《なぞ》である。その意味で、カンカプットとは、「果実の季節の到来を告げて回るトリの総体」のようなものである。カンカプットの飛来は、果実の季節の到来を示す。

木々に果実がなる。最初に、トリがその実を啄《ついば》みに来る。次に、樹上性の動物がやって来る。つづいて、落下した実を食べに、地上性の動物たちがやって来る。それらの動物を狙って、人間が森に猟に行く。これが、プナンが待ち望む狩猟のあるべきかたちである。プナンは、そのような因果についてよく知っているが、森の生命現象の開始を、プナンは、カンカプットという架空のトリに仮託して語り始めるのだ。

トリはまた、カミの言葉を運ぶとも言われる。卜田隆嗣が言うように、「プナンの場合、鳥の声をカミの声として、プナン語で聞くことが少なくない」［卜田　一九九六：八七］。プナンのカミとは、「魂」から「神」までを含むような多種多様な存在のことである。いつも狩猟に成功する男には「狩猟のカミ」がついているとされる。他方、カミはまた天上界にもいる。天高きところには、動物に対する人の粗野な振る舞いに怒って、雷雨や洪水などの天候激変を引き起こす「雷のカミ」、稲妻を起こす

「稲光のカミ」などがいる（「13　倫理以前、最古の明敏」参照）。トリの鳴き声は、後者のカミの意思を運ぶ。

しかし、トリのメッセージは、人間だけに届けられるのではない。ソッピティ（学名：未同定、サイホウチョウの一種）は、ピティ（「暑さ」）をソッ（「開く」）と名づけられるように、暑さが間もなく訪れることを告げる鳥である。ソッピティ、ソッピティと囀って、雨が上がって晴れ間が訪れることを告げる。キヨン（学名：*Oriolus hosii*、スミゴロモ）は、キヨン、キヨンと鳴いて、果実があることを告げて回る。プナンは、そうした鳴き声は人間だけに届くのではなく、人間以外の動物たちにも等しく届くという。トリの声は、その意味で、あらゆる生きものにとっての共通言語のようなものである。

トリの囀りは、メッセージを運ぶだけではない。メッセージとは、主体の意志の表れなのだとすれば、トリの囀りは、より積極的より具体的に動物を動かし、人間にも影響を与える。地上性の走鳥類であるボルネオハシリカッコウ（学名：*Carpococcyx radiceus*）は、ヒゲイノシシが木の下で果実を齧《かじ》っていると、その傍《そば》にやって来て、うるさくがなり立てる。落下した果実にありつこうとするため、落ち着いて実を食べることができなくなったヒゲイノシシは、その場から逃げ去ってしまう。そのおかげでヒゲイノシシは、果実を齧る音を聞きつけてやって来る人間の捕食から逃れることができる。逆に、狩猟者はヒゲイノシシを逃してしまうことになる。卜田によれば、プナンは、天上界にいるカミがボルネオハシリカッコウをつうじて、ヒゲイノシシの味方をしていると考えているという。ボルネオハシリカッコウはヒゲイノシシに捕食者が近づいていることを警告しているのだと、プナンは解釈する［卜田　一九九六：八八］。

動物の味方をするトリは、他にもいる。プナンは、ハイガシラアゴカンムリヒヨドリ（学名：*Alophoixus phaeocephalus*）を、ジュイト・バンガットと呼ぶ。和訳すれば、「リーフモンキー鳥」である。頭部は灰色、腹面が黄色い。図鑑を片手に、プナンからトリの名前を訊いている時に、サルの名前の付いた不思議な名前のトリがいるものだと、漠然と思ったものである。ハンターは、リーフモンキー鳥が飛んでいるのに出くわすと、その傍《そば》にはリーフモンキー（学名：*Presbytis hosei*）がいるという。だから、リーフモンキー鳥という名前が付けられているのだと私には思われた。ところが、プナンに直接尋ねてみると、必ずしもそうではないことがしだいに分かってきた。リーフモンキー鳥という名前は、それが、リーフモンキーの命を助けるために人間の近くを飛ぶことから来ているのだと、プナンは口々に説明した。

プナンが想像する図は、だいたいこんな感じだ。リーフモンキーが樹上に登って果実を齧っている時に、リーフモンキー鳥の囀りを聞いたとする。リーフモンキー鳥は、人間が傍にいる危険をリーフモンキーに警告するために鳴いている。リーフモンキーは、リーフモンキー鳥の鳴き声を聞くと、捕食者である人間がいることに気づいて、人間とは反対方向に逃げ去る。リーフモンキーは、そのようにして、リーフモンキー鳥の囀りのおかげで命拾いをする。逆に、狩猟者はリーフモンキーを取り逃がしてしまう。

「テナガザル鳥」（学名：*Pycnonotus flavescens*）と名づけられた鳥もいる。プナン名は、ジュイト・クラブット。和名は、カオジロヒヨドリである。プナンによれば、それはテナガザル（学名：*Hylobates muelleri*）を助ける。リーフモンキー鳥にせよテナガザル鳥にせよ、そのようなヒヨドリたちは上空飛行し、囀って、捕食者である人間がいることをサルたちに伝え、その命を助ける。トリの鳴き声は人間だけに届けられるものではなく、すべての動物に届けられるものであることを、プナンは強調する。そこに、森の中では動物と人間は対等であるとし、人間を例外として扱わない、プナンの動物観の一端を見ることができよう。

すでに見たように、リーフモンキーとテナガザルは、どちらも樹上性である。リーフモンキーは葉食の霊長類で、長い尾と長い腕を持ち、木の枝を駆け上り、駆け抜ける。リーフモンキーは多くの種子を食べて破壊してしまう［コーレット　二〇一三：一〇〇］。それに対して、テナガザルは樹冠のみに住む類人猿で、腕を伸ばして、細い枝先にある実や葉を食べる。大量の果実を消費し、ほとんどの種子を丸呑《まるの》みし、広い範囲で無傷の種子を排泄《はいせつ》する、哺乳類の中でも最も効率的な種子散布者だとされる［コーレット　二〇一三：一〇一］。

リーフモンキーとテナガザルの生態は、鳥類のうちで最も重要な小型果実の種子散布者であるヒヨドリたち［コーレット　二〇一三：九九］の捕食行動と樹上で交差する。人間側から見ると、ヒヨドリたちがそこにいることはそれらのサルの存在を示すと同時に、サルがけたたましく鳴くヒヨドリに驚いて逃げてしまうことになる。サルたちは、トリたちの喧《やかま》しい鳴き声にうんざりして逃げてしまうのだ。サルをしとめようと近づいているプナンにとって、トリはサルの命を救うために鳴いているように映る。いかなる動物もあらゆる類いの妨害や邪魔者を忌み嫌う。

こうしたトリ、サル（哺乳動物）、人間の三者を一つのネットワーク、絡《から》まり合いとして見る世界理解は、プナンだけに限られるものではない。アフリカの狩猟民社会から幾つかの事例が報告されている。アフリカ各地でも、トリは動物を助けたり、逆に人間を助けたりする。アフリカ中央部のイトゥリの森に住むエフェ・ピグミーたちは、以下のように言う。

aloo（サイチョウの一種）もアカオザルやブルーモンキーと一緒に行動し、サルに近づくものがあれば鳴いて知らせる。アフリカヒヨドリ（akpupole）は、キノボリセンザンコウを見つけると鳴いて人に知らせる。

［寺嶋 二〇〇二：二八］

サイチョウは鳴いて、サルたちに危険な動物の接近を知らせるし、ヒヨドリは人間にセンザンコウの居場所を教える。

ムブティ・ピグミーの調査をした市川光雄によれば、サイチョウやゴシキドリの亜種は「ゾウの鳥」とされ、人間が近づくとゾウの耳元で鳴きながら飛び回ってゾウに危険を知らせる。同じくゾウの鳥とされるショウビンやカワセミの亜種は、逆にゾウの居場所を赤い嘴《くちばし》を示して人間に教える［市川 一九八四：一二六］。カラハリの原野のグイからも次のような報告がなされている。

人間にライオンの接近を知らせてくれるツォエン（キクスズメ）の声は、ゲムズボックが狩人の接近に気づくことをも助けるのである。

［菅原　二〇一五：二七一］

キクスズメは、ゲムズボックに対して人間の狩猟者の接近を知らせる。このようにアフリカでは、トリたちはサル（哺乳動物）に危険を知らせたり、人間に獲物の居場所を教えたりする。地球上の各地で、とりわけ狩猟採集民社会で、トリ、動物、人間の三者からなる世界がある。

プナンにとってトリは、動物の味方をする傾向にある。このように見てくると、リーフモンキー鳥やテナガザル鳥といったプナンのヒヨドリたちの命名は、トリの「聞きなし」が圧縮されたものではないかと推察できよう。聞きなしとは、川田順造によれば、「元来言語メッセージを含まない異類の発信に、民俗信仰にも裏打ちされた言語メッセージをあてはめること」［川田　一九九八：一一〇］であるとされる。リーフモンキー鳥が囀る時、近くにリーフモンキーがいることが示される。同時に、人間はリーフモンキーを捕まえることができないということもまた示される。したがって、ハイガシラアゴカンムリヒヨドリ（リーフモンキー鳥）の聞きなしとは、リーフモンキーが近くにいるが、それは逃げて獲れないだろうという「ある事実の指差」となる。聞きなしは、ここではたんに民俗的な信仰の類ではない。合理的に、物事の因果を示すものではないか。

ところで、このプナンの聞きなしの習慣は、「パースペクティヴ」という概念を用いて捉《とら》え直すことができる。パースペクティヴ性とは「ある視点に立つ能力」のことである。ヴィヴェイロス・デ・カストロは、人間と非人間のパースペクティヴ性をめぐるアメリカ大陸先住民のパースペクティヴィズムについて論じている［ヴィヴェイロス・デ・カストロ　二〇一六］。そこでは、動物や精霊は自らを人間として見る一方で、事物を別様に眺める。ジャガーは血をマニオク酒として、死者はコオロギを魚肉として、クロハゲタカは腐肉に湧《わ》く蛆《うじ》を焼いた魚肉として見る。

プナンは、トリが囀るのを聞いて、トリのパースペクティヴを積極的に読み込む。プナンは、狩猟活動に影響を及ぼす人間よりも高位の、空の上から起きている出来事を一望できる高みにいるトリのパースペクティヴに到達しているのだと言える。ところが、トリは事物をトリ独自のパースペクティヴから見ているのではない。トリは、果実を果実として見ている。プナンのパースペクティヴィズムと呼びうるものがあるとすれば、それは、アメリカ大陸先住民のパースペクティヴィズムと同じではない。プナンにとって、トリは人間をつねに恐ろしい捕食者だと見ている。トリたちは、吹き矢やライフル銃で殺そうとしてくる人間より、果実を頬張るサルたちにより親近感を感じており、サルたちを助ける。

一方でリーフモンキーには、捕食者（人間）そのものが見えていない。捕食者（人間）と被捕食者（リーフモンキー）の双方が見えているのは、リーフモンキー鳥である。リーフモンキーは、リーフモンキー鳥による注意喚起の囀りによって、捕食者の接近を知る。それは、人間からトリや動物を一方的に客体として見るのではない、トリのパースペクティヴへと踏み込み、トリという主体の側から眺めた、三者の関係によって築かれた世界である。リーフモンキー鳥は、狩猟の場面で強い意志を持った主体として、プナンの前に立ち現れるのだ。

振り返ると、ボルネオ島の熱帯雨林に暮らすようになったプナンは、捕食者と被捕食者という二者間関係の中に自らを投入する以上のことへと踏み込んだのではなかったか。獲物だけではなく、獲物に影響を与える動物を含む三者の関係において生命活動に携わってきたのである。

オオミツバチが飛来し突出木（メンガリス）に巣をつくると、ヒゲイノシシが大量に現れることを知る。コシアカキジが川下から遡って来ることから、ヒゲイノシシの出来《しゅったい》を知る。果実の季節は獲物の大量出現を予示するが、プナンはそのことをカンカプットという架空のトリの囀りによって語る傾向にある。そのようにして、他の動物たちが獲物の到来を告げ知らせてくれる。オオミツバチやコシアカキジたちは、人間の味方をしてくれることになる。そうした三者関係のネットワークを想像することによって、プナンは森の生命活動の奥深くへと入りこんできた。そこは、人間でなくトリたちこそが物事を開始する主体となる世界だったのである。

プナンは三者関係において世界を想像することで森の中での暮らしを営んできた。興味深いのは、そのことが分かるような名づけをすることによって、森を「思想の世界」としてきたことである。リーフモンキー鳥（第一者）がリーフモンキー（第二者）を助けるため、人間（第三者）は狩猟に失敗する。逆にこのことは、第二者であるリーフモンキーが生命をつないでいくことを意味する。第三者の失敗は第二者の生命維持につながることが、リーフモンキー鳥やテナガザル鳥という命名のうちに暗示されている。プナンは、他の生物種に対する人間の影響が阻碍《そがい》される現実を積極的に認めることによって、複数種が複雑に絡まり合う森の中で生きてきたのである。人間の失敗もまたトリの名づけのうちに含意されているのだ。

樹上でリーフモンキーは果実を採って食べることに忙しい。見えているのは果実のみである。人間はリーフモンキー鳥の囀りを聞いて樹上にリーフモンキーがいることを知り、それに狙いを定める。他方、リーフモンキー鳥はこの二者間の関係を鳥瞰図《ちょうかんず》的に捉え、リーフモンキーに味方する。リーフモンキー鳥の囀りの結果リーフモンキーが逃げてしまい、人間が狩猟に失敗するというのが、ブラガ川上流の森で繰り広げられている生命活動の見取り図であった。

しかし、いつもその通りであるとは限らない。つまり、人間がリーフモンキーの捕獲に失敗しつづけることはありえないのである。ボルネオハシリカッコウとヒゲイノシシと人間の三者関係について聞き取りをおこなった卜田が言うように、カミはあくまでも平等であって、人間が獲物を捕まえることを拒んでいるわけではない［卜田一九九六：八八］。ということは、この見取り図は反転しうるのだ。リーフモンキー鳥の警告にもかかわらず、リーフモンキーは果実の採取に夢中になるあまり、人間がリーフモンキーをしとめることもある。この見取り図が反転可能であるということにハンターが気づいているということもまた、実際の狩猟の場面では重要なことである。

そうした三者関係から成る森の「思想の世界」が、具体的な狩猟場面で二者関係に切り換わる時こそ、プナンにとって狩猟活動が成功する瞬間である。ボルネオ島の熱帯雨林の新参者として、プナンのハンターたちは、そのようにして、複数種《マルチスピーシーズ》が複雑に絡まり合う世界を今日まで生き抜いてきたのだ。

おわりに——熱帯のニーチェたち

今日のニーチェ

『超訳　ニーチェの言葉』は、発行から七年を経た二〇一七年末の時点で、百八十万部以上を売り上げたという。他にもニーチェの入門解説書は、学術書から一般書に至るまで次々と出版されている。村上春樹のデビュー作『風の歌を聴け』では、その最後に、「昼の光に、夜の闇《やみ》の深さがわかるものか」というニーチェの言葉を墓碑銘に刻んだ架空の小説家の話が出てくる［村上　一九八二］。二〇一三年から連載が始まった漫画「ニーチェ先生」の、ニーチェ先生と呼ばれるコンビニの新人店員は、「神は死んだと思っていますし／クリスマスは邪教徒の奇祭として扱っています」とニーチェ風の言葉や行動を発する［ハシモト／松駒　二〇一四—二〇一七］。さらには、ハローキティのイラスト入りでニーチェの言葉を紹介し、「頑張っても、何をやっても、結局は無駄」というニヒルな気持ちを超えることを説く本まで出まわっている［朝日文庫編集部　二〇一四］。ニーチェ研究者のニーチェ論は概して難解であるが、漫画や図表を使った一般読者向けのニーチェの解説書の中には分かりやすく、質の高いものがたくさんある。現代の日本におけるニーチェ受容の広がりは、相当なものである。ではなぜ今、ニーチェなのだろうか？

十七世紀の哲学者デカルトは、疑う私を疑うことはできない、つまり、疑い得ない私こそが絶対確実なものであると考えた。考えている私は絶対確実に存在する。デカルトが唱えた自我（コギト）が、それ以降、近世ヨーロッパ哲学の基礎とされたのである。自我とは、自由意志を持つ主体であり、何かを信じていたり、何かを欲したり、様々な知識や技術などの能力を持つ主体でもある。また自我は、他人に迷惑や危害を加えた時には、責任を持って謝罪をしたり、刑に服したりしなければならない主体である。そして、この世に生を享《う》け、成長し、死を迎えるまで、自我は同一の存在として認識されている［貫　二〇〇七a：四〇］。デカルト的な自我を基盤とした近代哲学はその後カントやヘーゲルによって継承され、数学や自然科学、政治や社会などの様々な領域に広く深く浸透し、また現代に生きる私たちの社会空間の大きな骨組みとなっている。

デカルト的な自我は今日、現代世界の基礎に置かれている。それはうまく世界を説明し、組み立てることができるが、他方では様々な矛盾や問題を生み出してきた。その意味で、私たちが直面する課題の多くは、このデカルト的な主題に由来するのだと言えよう。ニーチェは今から一世紀以上も前にそのことを見抜いて、『この人を見よ』の中で「偶像の黄昏とは——分りやすく言えば、古い真理はもうおしまいということなのだ」〔ニーチェ　一九九〇：一六〇〕と述べて、プラトン以来の既存の哲学を、そして自我に関してはデカルト以降の近世哲学を破壊したのである〔木田　二〇一〇、貫二〇〇七a〕。だからこそ、近代的自我としての私たちが生きていく上で抱える悩みや問題に解決の見通しを与えてくれるのが、ニーチェなのである。富増章成は次のようなニーチェの言葉に、現代人の悩みへの処方箋《しょほうせん》を見出している〔富増　二〇一一〕。

エゴイズムというものは感情のもつ遠近法的法則だ。これによれば、近いものが大きく、また重要に見えるし、その反対に、遠くなるにつれてすべての事物の大きさと重さとが減ってゆく。

（『悦ばしき知識』二四五頁）

ひどく狼狽《ろうばい》している人々を助けて気をしずめてやる最上の手段は、彼らを断乎《だんこ》としてほめることである。

（『人間的、あまりに人間的I』三一一頁）

ニーチェの言葉は、「急所を突くような鋭い視点、力強い生気、不屈の魂、高みを目指す意志が新しい名文句とも言える短文で発せられるから、多くの人の耳と心に残るのである」［ニーチェ　二〇一〇］。それは、私たちが経験する困難や悩みに指針と示《し》唆《さ》を与えてくれる。だからこそ近代的自我の苦悩に向き合うニーチェの言葉は、今もさまざまな装《よそお》いのもとで、我々に届けられるのだ。

ニーチェとプナン

ユニークな趣向のニーチェ本『ニーチェが京都にやってきて17歳の私に哲学のこと教えてくれた。』の主人公アリサは言う。「人生は無意味だから、自由に生きてやれというニーチェの言葉に感じたのは真新しさだった。〝人生には、生まれてきたことには必ず意味があるから、大切に生きようね〟というような言葉は耳にしたことがあったが、無意味だからこそ、自由に生きるという発想は、いままでの私にはなかったからだ」［原田　二〇一六：七三］。ニーチェは私たちの常識をひっくり返す。人生は無意味だからどうでもいいと考えるのではなく、力強く、快活に生きなければならないと言う。私たちが「永遠回帰」（後述）を生きているのだとすれば、そのニヒリズムを受け入れ、「超人」になるべきだと説く。

そのように、ニーチェが近代的自我に対して別の生の可能性を提起したのだとすれば、プナンもまたニーチェと同じように私たちに別の生の可能性を示してくれているのだと言えよう。プナンが日々の暮らしの中で示す振る舞いや態度は、天才的な閃《ひらめ》きによって生の本質に迫ろうとしたニーチェの思想に部分的に交差し、それに匹敵するような衝撃を私たちにもたらしてくれる。プナンの生き方は、現代の日本に生きる私たちが、これまであまり立ち入って考えてこなかった事柄を立ち止まって考えてみることを促す。

私たちは、一生をかけて何かを実現したり、今日の働きで何かが達成されたりすることをひそかに心に描いて働いている。あるいは、現在の暮らしの水準を維持するために働くということがあるかもしれない。ところが、プナンは、これこれのことを成し遂げるために生きるとか、将来何かになりたいとか、世の中をよくするために生きるとか、生きることの中に意味を見出すことはない。生きることに意味を見出すことがないプナンの生き方は、ニーチェのいう「永遠回帰」の思想に通じる。

「永遠回帰」とは、あらゆる出来事が永遠に繰り返されることである。それは、第一に、何かをしても何もしなくても、明日には今日と同じ日がやって来て、そのことが永遠に繰り返されることである。第二に、ある一日がどんなにつらい日であっても、いつかは終わりが来ると信じて、その日をやり過ごすことができるが、それには終わりが決して来ないということである。

プナンは、こうしたぐるぐると繰り返す「円環的な時間」を無意識のうちに生きているのかもしれない。そうだとすればプナンは、向上心や反省心を持ち、人間としての完成に近づいていくという「直線的な時間」を生きている私たちとは異なる時間形式を生きていることになる。「反省しない」ことは、「永遠回帰」を生きる人々にとっての生きるための技法だったのではあるまいか。

自我についてはどうだろう。糞便は狩猟キャンプの周囲にまき散らされ、それを残した人物そのものとして品評されていた。放屁《ほうひ》もまた、それを発した人物による独自の個性を持ったものとして、笑い飛ばされていた。糞便や放屁は、換喩《かんゆ》的にその人そのものだと捉えられていた。自我は身体の内側にきちっと納まっているというよりも、プナンにとっては、固体であれ気体であれ、多様なかたちを取りながら、皮膜をつき破って存在するものとして感知されていたのではなかったか。

同じように、性もまた、自我の座である身体の内側だけに納まりきるものではなかった。「勃起《ぼっき》」という語彙《ごい》が「(男が)元気である」ことを含意し、それゆえ「勃起してる?」という言葉が親しい男どうしでの挨拶《あいさつ》の代わりに発せられていた。若い男女の恋のゆくえは、秘密の事柄ではなく、夜這《よば》いをとおして、女の側の家族が知りえる公然たる事実であった。セックスの快楽を増強するためのペニス・ピンを誰《だれ》がどういうふうに付けているのかについても、広く知れ渡っていた。ニーチェとは別の視点から、プナンは、近代的自我とは異なる自我のイメージを私たちに示してくれている。

デカルト以降に実体化され、固定化されて語られるようになった自我は、日本や他の先進国であまねく広がっている個人所有の概念と実践の中に確認することができる。私たちの社会では、子どもたちがものを個人的に所有することが成長の早い段階から認められる。そのことが自我の発達にとって良いことだとも考えられている。〈もの〉以外の〈非・もの〉もまた個人所有の対象とされる。子どもたちは、〈非・もの〉としての知識や技術をめぐる個的な能力を磨くことに時間とエネルギーを注ぎ込み、個人間の能力競争を勝ち抜いて、現世的な幸福の実現を図るように促される。個人間の競争に敗れた場合に自我は傷つくが、知識や技術の個人所有をベースに築かれているシステムそのものが揺らぐようなことは一向にない。

一方プナンにとって、自我は個人所有する主体ではない。プナンの大人たちは幼き子らに、ことあるごとに「慾《よく》を捨てよ」と囁《ささや》きかけて、あらゆるものをみなでシェアし、みなで一緒に生きていこうと呼びかける。〈もの〉だけでなく知識や技能などの〈非・もの〉を含め、プナンは、芽生え始めた個人的な独占慾を殺《そ》ぎ落とす。私たちとプナンの社会を比較すれば、個的に所有したいとする根源的な独占慾に忠実なのは、実は私たちの社会であって、私たちは、様々な知識や技能を所有する主体としてのデカルト的な自我をベースにして社会を築きあげてきたことが再確認されるだろう。

慾を捨てるように方向づけられたプナン的な自我はまた、「親しき人々」をも共同で所有する。アロペアレンティングという子育ての仕組みがそこでは広く行き渡り、子にとっては実の親と育ての親という二種の親が存在し、親もまた実の子だけでなく養子を含めて子としてきた。一（人の子ども）に一（組の父母）ではなく、一（人の子ども）に多（組の父母）が、多（出自の子ども）に一（組の父母）が生きる場をも共同で所有することで暮らしてきたのである。

また、プナンにとって、名前とは人格を構成する三要素（身体、魂と名前）のうちのひとつであった。名前は、近親者が死ぬと変更される慣《なら》わしがある。死者との関係性によって、親族全員が一律に名前を変える。その時自我は、自由意志によって名前を変更する主体ではない。死んだ近親者によって名前を無理やり変えられてしまうからである。身近な死が起きるたびに、自我は小さな修正を強いられ、揺さぶられる。

そもそも学校に行かないプナンは、近代的自我たりえない。とはいうものの、彼らは近代の権力やテクノロジーに抵抗しているわけではない。自由意志を持つ主体、知識や技能を持つ主体というデカルト的自我とは無縁であるがゆえに、学校が目指すような近代的自我の確立にはついて行くことができないのである。そのようにして今日、プナン、とりわけ西プナンは、アナキズム以前の国家なき自律的な共同体を生きている。

パースペクティヴィズムの継承

ニーチェ哲学の重要な概念のひとつが「遠近法主義（パースペクティヴィズム）」である。絵画の遠近法では視点を一点に固定し、そこから見える景色のように、近くのものは大きく、遠いものは小さく描く。認識にもこれと同じ遠近法があるとニーチェは言う。知識、経験などといった自分なりの事情で世界を眺め、重要と感じるものは大きく扱い、そうでないものは小さく扱う。ニーチェによれば、そのように誰もが主観的に見て、感じて行動しているにすぎず、客観的な正しさなどというものは存在しない［白取　二〇一六：二四］。誰もが同じ世界に生きているわけではなく、個々人にとって世界はそれぞれ違って見える［白取　二〇一六：二五］。

反省しない、感謝を伝えるべき言葉がない、精神病理がない、薬指の言葉と概念がない、水と川の区別がない、方位・方角がない……という、私たちにとって「あるべきこと」がプナン社会に「ない」「見当たらない」という事態は、私たちを驚かし、戸惑わせる。しかしそれは、ニーチェに寄り添うならば、プナンの見方が私たちの見方と異なるということでしかない。どちらかが正しくてどちらかが間違っているとか、どちらかが善でどちらかが悪ということでもない。真実はないのだ。

パースペクティヴィズムとは、ある見方に対して、別の見方があると考えるアイデアである。私たちは、自分とは異なる見方があることを認めた上で、世界を眺めることができる。

ニーチェのパースペクティヴィズムは、近年の人類学の中にエドゥアルド・ヴィヴェイロス・デ・カストロによって導入された、動物や精霊などの「非人間のパースペクティヴ」を扱う議論の中に継承されている。ヴィヴェイロス・デ・カストロは、ニーチェのパースペクティヴィズムを人間のそれだけに限定せず、人間以外の存在者のそれにまで広げたのである。

ヴィヴェイロス・デ・カストロによれば、動物は、身体が人間とは異なるために、私たち人間が見るものとは異なるものを見ている。「ジャガーは血をマニオク酒として、死者はコオロギを魚肉として、クロハゲタカは腐敗した肉に湧く蛆《うじ》を焼いた魚肉として」見る［ヴィヴェイロス・デ・カストロ　二〇一六：四三］。その重要な論点は、パースペクティヴィズムが、多数の自然（身体）があり、そのそれぞれに固有のパースペクティヴがあることを認める考え方だということである。それは、唯一《ゆいいつ》の客観的な自然に対して複数の主体（文化）を想定する既存の「多文化主義」に代わる「多自然主義」的な傾向を備えた今日の人類学を方向づけている。

プナンにとって人間同士の関係は重要であるが、それにもまして動物や自然の事象との関係もまた大切である。ヴィヴェイロス・デ・カストロが描くアメリカ大陸先住民のパースペクティヴィズムとはやや趣きが異なるものの、プナンもまた動物や精霊などの人間以外の存在者のパースペクティヴを日常において重んじている。

プナンは、犬を良い犬とアホ犬に分けて良い犬を厚遇する。それに対し、アホ犬は餌《えさ》もろくに与えられず捨て置かれるが、プナンたちはアホ犬がいつの間にか人間にすり寄って生き残っていることをよしとする。この図はプナンだけのものでなく、人間と犬の関係というより大きな文脈に置いてみることができる。その時ペット犬とは「犬的なるもの」の野望だという点が見えてくる。

プナンはまた、人間を含む多数の種が複雑に絡まり合って生命活動を営む熱帯雨林において、トリとサルと人間の間のパースペクティヴのダイナミズムを重視してきた。彼らはそうした智恵《ちえ》によって森の中で暮らしてきた。

プナンはニーチェに劣らず別の生の可能性を示してくれる。「人間の条件」とは必ずしも人間同士がつくり出す現実の中だけにあるのではなく、人間と周囲の自然、人間と動物など人間以外の存在者との関係の中にもあることを、彼らは身をもって示してくれるのだ。

熱帯の大いなる正午

最後に、プナンに照らして、現代日本の茶飯事であるために疑ってもみることがほとんどない事柄を取り上げてみたい。昨今「謝罪会見」なるものが大流行である。二〇一七年だけでも神戸製鋼のデータ改竄《かいざん》、日産自動車、三菱《みつびし》マテリアル、東レなどの企業不祥事が公《おおやけ》になり、謝罪会見で責任者が頭を下げて詫《わ》びている姿がマスコミでくり返し取り上げられた。同じく二〇一七年には企業不祥事を上回る数の芸能人などの「不倫謝罪会見」が次々と報道された。ある知人は、不倫謝罪報道にうんざりして、「パートナーに謝罪するならともかく、不行跡を国民の前で謝罪するのはなんかヘンだ」と呟《つぶや》いた。

この「謝罪文化」とでも呼ぶべき当たり前から一歩外に出てみたり、しばらく距離を置いて眺めてみるならば、私たちの日頃の不祥事への憤《いきどお》りや不倫問題への興味本位の姿勢がすごく不思議なものに思えることがある。プナンは、借りたバイクを乗り回して壊しても「ごめんなさい」も言わないし、責任の所在をはっきりさせないのだから。

わたしの昼が始まる。さあ、上がって来い、上がって来い、おまえ、大いなる正午よ！

（『ツァラトゥストラ（下）』三五一頁）

ニーチェは「大いなる正午」という比喩を用いて、価値観をめぐる根源的な問いに気づくことの大切さを説いている。それは、「真上からの強烈な光によって物事がすみずみまで照らされ影が極端に短くなり、影そのものが消えてしまった状態」「飲茶二〇一七：二二八」のことである。「影が消える」とは、世界から価値観がすべてなくなってしまった状況である。「影が見える」から「明るい部分」と「暗い部分」が生じ、「これは善い」「あれは悪い」という善悪の価値判断が現れる。大いなる正午とは、真上から強烈な光に照らされて影の部分がない、善悪がない状態である。

ニーチェを踏まえて、森の民プナンと暮らして彼らの考えや物事の捉え方を知ることがいったい何であったのかを考えてみよう。「大いなる正午」とは、世界には固定された絶対的な価値観（神、常識、事実）が存在しないということを、体験をとおして理解することに他ならない［飲茶　二〇一七：二二〇］。私にとって、ボルネオ島の森でプナンと一緒に暮らすことは、「大いなる正午」を垣間見《かいまみ》る経験だった。それは、「すべての価値観、すべての意味付け、すべての常識が消え去り、何ひとつ『こうである』と言えるものがない世界」［飲茶　二〇一七：二二〇］に触れることへの入り口だったのではあるまいか。そうだとすれば、人類学とは、別の生の可能性を、私たちの日常の前にもたらすことによって、私たちの当たり前を問い直してみることや、物事のそもそもの本源的なあり方に気づくという、これまでよく言われてきたこととはやや趣が異なる知的な営為なのではあるまいか。

剝《む》き出しの自然に向き合う中で、数々の困難を乗り越え、知恵を紡《つむ》ぎ、物事の見方やり方を築き上げてきた森の民が示してくれる、現代世界に生きる私たちの生活とは異なる別の生の可能性のようなものは、たしかにあるのだと感じられる。それらは、熱帯の森でデカルトを経由せずに象《かたど》られた自我の振る舞いから構成される。しかしそれらが、私たちのやり方に比べて、善きものであるとか、素晴らしいものであるとか、美しいものであると言うことは一切できない。人類学者がフィールドで暮らしてあれこれ考えてみることは、世界から価値観がなくなってしまう「大いなる正午」に出くわす経験に近いのだ。

とは言うものの、何ひとつこうだと言えるものがないということに気づき、そのニヒリズムを受け入れたとしても、ニーチェ流に考えるならば、無意味だからどうでもいいというのではなく、何の意味もないのだからむしろ力強く、積極的に考え、そして生きてみなければならないことになるのではないだろうか。過失に対して一切ごめんなさいと言わないことを不思議がるのと同じように、ごめんなさいと次から次へと公的な場で謝る自分を私たちはもっと不思議がってもいいだろう。ありがとうという言葉や概念がないことの背後に謝意を示す仕組みがないことを知りえたのであれば、私たちが使うありがとうの意味をより明瞭《めいりょう》にすることもできるだろう。プナンと暮らして考えたもろもろのことは、ニーチェ的に言えば、何ひとつこうであるということができない、あらゆる価値観が消失した世界の発見へとつながっている。だがそれでもやはり、いやだからこそ、それらには、ストレスをためこんで将来に対する言いようのない不安を抱えながらも、自らのうちに閉じ籠《こも》ってしまう社会状況を生きていると薄々感じている私たちに届いて、より自由になって考え、力強く、愉《たの》しく生きてみるための手がかりが埋もれているのだと私には感じられてならないのである。

＊

二〇〇六年四月に勤めていた大学の一年間の研究休暇でプナンの調査を始めてから、「たんなるエスノグラファーの日記」というタイトルのブログで、プナンのあれやこれやをつづるようになった。時間の観念を持たず、反省もしない、向上心も持たないし、うつ病のような精神の病もないプナンの世界についての私のつたないブログの記事を読んでくださった、現・亜紀書房の内藤寛さんから、二〇〇八年ごろの「月例飲み会」で、プナンの精神性は、「プラトン以降ヘーゲルまでの西洋形而上学《けいじじょうがく》に挑んだ十九世紀の哲学者ニーチェを悦《よろこ》ばすことになるかもしれないですね」という感想をいただいた。それが、本書を執筆するそもそもの出発点だった。

その後、「熱帯のニーチェ」というタイトルで、二〇一六年五月から二〇一七年八月まで、一年四ヶ月にわたって、亜紀書房のウェブマガジン「あき地」に連載したものが、本書の土台になっている。本書は、十六回のウェブ連載記事を十四章に圧縮し、書下ろしの二章を新たに加えて、改稿した。

本書のタイトルは、「熱帯のニーチェ」のままでいいのかどうかから始まって、いろんなアイデアをたくさんの方々に出していただいたが、最終的に『ありがとうもごめんなさいもいらない森の民と暮らして人類学者が考えたこと』とした。「ありがとうもごめんなさいも言わない」という、プナンの人たちがそうしているというこちら側の解釈の提示を含む「文化表象」のレベルではなく、「いらない」という「存在論」的な形容詞を授けてくださった、装丁家の寄藤文平さんの直観に感謝したい。プナンの地に行けば、感謝や謝罪の言葉はいらないのである。

「はじめに」でも述べたが、私は、いまから三十六年も前の最初の海外渡航の後に感じた現代日本の生きにくさや、漠然とした不安や違和感から出発して、人間の根源的な姿を探りたい、知りたいという願望を追い求めるようになった挙句に、ボルネオ島の森の民プナンへとたどり着いた。

そこでの数々の発見とともに、フィールドワークを通じて私が大きく心を揺さぶられたのは、日々、野生動物を狩って食べて暮らすプナンが、動物たちと生きる世界を共有しているという驚きの事実であった。動物譚が頻繁に語られ、動物のことがひっきりなしに話の中に出てきた。彼らの話には、人のことを話しているのか、動物のことを話しているのか、その間の線引きがはっきりしないことがよくある。私はとにかく自らの体力の限界に挑戦するかのように、彼らの狩猟についていくことにした。ヒゲイノシシ、ヤマアラシ、テナガザル、ブタオザル、タイガーシベット……、獲れた肉はなんでも食べたし（ちなみに、ブタオザルとヤマアラシの肉は絶品である）、食べている機会を利用して肉となった動物の話をしつこく聞きだした。私が今取り組んでいる「人間と動物」というテーマは、プナンのフィールドに入って初めて浮かんできたものである。テーマは、フィールドに転がっていたのである。プナンが動物たちとある種の文化的共同体を生きているという感覚は、今日の「人類学の存在論的転回」の多自然主義の議論に一脈つうじる。

本書は、私にとって十二年ぶりの単著となる。最初のアイデアをいただいてから、十年も経《た》ってしまった。本のアイデアから、ウェブ連載時の内容に関する鋭くかつ暖かいコメントを経て、内藤さんの力添えがなければ、本書はとうてい生まれ得なかった。隔月で内藤さんが主宰されている文学の読書会にも五年近くにわたって参加させていただいて、異なる背景を持つメンバーで一つの作品を読む中で、思いも寄らぬ見方に気づかされたり、表現の妙に驚いたりしながら、文学を通して世界をより深く味わうための手がかりをいつも得させていただいている。振り返れば、これまでの私の単著三冊はすべて、訳書と編著を入れれば七冊も作っていただいている。この場を借りて、内藤寛さんに最大級の感謝を申し上げたい。

二〇一八年四月

奥野克巳

文庫版あとがき

本書は、二〇一八年に刊行された単行本『ありがとうもごめんなさいもいらない森の民と暮らして人類学者が考えたこと』（亜紀書房）の文庫版である。その本が刊行されてから五年が経《た》った。それは、二〇〇六年から二〇一六年頃まで、私がプナンと暮らして考えたことを綴《つづ》った本だったので、そこで取り上げた様々なエピソードが起きた時期から、すでに七〜十七年ほどが経っている。

その後、プナンはどうなったのだろうか？　さらには、今後どうなるのか？　ここでは主に、二〇二二年八月の時点でのプナンについてレポートしながらそれらのことを考えてみることで、文庫版のあとがきに代えたい。

Ⅰ

二〇一八年の出版後も、私は春と夏の年二回のペースで、プナンの居住地を訪ねていたが、二〇一九年の年末から始まった新型コロナ感染症の世界的な流行のため、二〇二〇年春以降には訪れることができなくなった。その後、マレーシアにおけるコロナ感染者数が下火になり、旅行規制緩和措置が取られたことにより、ようやく二〇二二年八月に三年ぶりで、本書の舞台である、マレーシア・サラワク州のブラガ川上流域に住むプナンの居住地を訪ねたのである。

居住地に着くやいなや、若者たちが集まって来た。彼らは私に、「日本のスター、スギオノ爺《じい》さんを知ってるか?」と口々に尋ねてきた。一九三四年生まれの高齢のAV男優「スギオノ」こと、徳田重男《しげお》のことだったが、残念ながら私は知らなかった。彼らがどうして彼のことを知っているのか、なぜ口々に尋ねてくるのか、その時はとても不思議に思われたが、その日のうちに謎《なぞ》は解けた。

三年前には完成していなかったが、プナンの居住地から三百メートルくらい離れた場所に、太陽光発電所ができていた。そこから居住地まで、電線が引かれていた。プナンの居住地では、私が訪ねた一年ほど前(二〇二一年八月)から、二十四時間無料で電気が使えるようになっていた。それだけでなく、周辺には近隣の焼畑民クニャーのロングハウスがあるのだが、プナンの居住地にだけ Wi-Fi も届いていた。

プナンの若者たちは、町に出かけて、日本円で三万円ほどするスマホを購入していた。居住地ではスマホを無料で充電し、常時 Wi-Fi に接続できるので、暇があると、エロ動画を見ていたのである。彼らは、インドネシアやマレーシアで大人気のスギオノ爺さんにことのほか関心があるようで、私にスギオノは日本人だろ、年を取っていても彼の精力はすごいな、近くに住んでいるのか、彼に会ったことはあるかなど、興味本位で入れ替わり立ち替わり尋ねてきたのである。

その若者たちの中には、二〇〇六年当時、疑似性交に興じていた二人の裸児もいた（「6　ふたつの勃起《ぼっき》考」）。その頃三、四歳だったが、二〇二二年時点ではすでに二〇歳ほどになっており、子どももいた。

Ⅱ

いきなりエロ動画話に花を咲かせる若者たちの勢いにけおされたが、ふと周りを見渡すと、プナンを訪ねなかった間に、世代交代がずいぶんと進んだように感じられた。若者たちの擡頭《たいとう》に引き比べて、かつて私が森にいっしょに狩猟に出かけたり、夜の猟で地べたに寝泊まりしたり、ヒゲイノシシをともに担《かつ》いで帰ったりしたことのあるハンターたちは、四〇代から六〇代になって、髪は白くなったり、体に故障が出てきたりしていたし、神話や民話を語り聞かせてくれた老人たちの多くは、すでにもうこの世にはいなかった。

対照的に、ゼロ年代には幼なかった子どもたちが大きくなり、「結婚」して、次の世代の子どもたちをどんどんと生み出しているだけでなく、いつのまにか狩猟や漁労の担《にな》い手にもなっていた。進行する世代交代を目《ま》の当たりにして、私は改めて、最初にこの地を訪れてから十七年という歳月が過ぎ去ったことを感慨深く感じたのだった。

この間に新たなモノや科学技術やシステムが次々と彼らのもとに入りこんできていた。その点に関して、プナンの居住地は、著しくバランスに欠けているように思われた。電気やWi-Fiは来ているが、一方で、水道設備はなく、トイレもなかった。相変わらず、私は川で水浴びや洗濯をし、森の「糞場《ふんば》」に出かけて用を足した。また学童期の子どもたちも相変わらず、小学校に通っていないようだった。昼間からあちこちで、子どもたちの笑い声や奇声が聞こえてきた。

Ⅲ

コロナにより私が訪ねることができなかった時期に、電気とWi-Fiが届けられていたことは大きな驚きだったが、驚きはそれだけではなかった。三百人くらいが住む居住地に十台の四輪駆動車があった（二〇一九年八月のコロナ前には三台だった）。

本書で述べたように、二〇〇六年にプナンは、近隣の焼畑農耕民から名義を借りて、もともと彼らの土地に対して木材伐採企業から支払われる賠償金を前借りして頭金に充《あ》てて、四輪駆動車をローン払いで手に入れたことがあった（「3　反省しないで生きる」）。しかし最近ではどうやら、油ヤシ・プランテーション企業が、プナンが車を購入する際の保証人となり、頭金を一時的に肩代わりしているようだった。

周辺地を歩き回ってみて分かったことがある。いくつかの油ヤシ・プランテーション企業がブラガ川上流域で、木材伐採で丸裸にされた土地を新たに整備・開発して、油ヤシの植栽事業を拡大していた。その下働きなどの賃金労働に、プナンの若者たちが駆り出されていた。車の実質的所有者であるプナンの運転手が、開発現場に通うプナンを、朝夕送り迎えしていた。プナンの労働者たちから乗車賃を取って、彼らはそれを毎月の返済金に充てていたのである。

Ⅳ

こうした変化の背景には、いったいどのような経緯があるのだろうか？

油ヤシ・プランテーション企業は、開発の周辺地に住んでいるプナンを労働者として組織すれば、安価な労働力を手に入れられると考えたのかもしれない。これまでのように、隣国インドネシア各地を含め、遠方から働き手をリクルートして連れてくるよりも、そのほうがトータルで見ると安く済むし、効率的である。

本書で見たように、木材森林伐採企業がプナンに賠償金を支払っていた時期には、賠償金がビールや生活必需品に替えられ、それらがたんに消費されるだけで、プナンは車を購入したとしても、ほとんどの場合、維持していくことができなかった（「3　反省しないで生きる」）。木材伐採の後にブラガ川上流域に入った油ヤシ・プランテーション企業は、何らかの事情で、その問題に気づいたのかもしれない。

他方で、企業関係者は、より安定的なプランテーション経営のために、周辺地の住民、とりわけ、いまだに狩猟を頼りに暮らしている（いまだ労働人口となり得ていないように見える）プナンを、どうしたら労働者としてマネジメントできるのかという点に知恵を絞ったに違いない。ただ、自分たちだけでは、無軌道なプナンをうまく軌道に乗せることはできないと考えたのではないか。

サラワク州の開発のメインストリームにプナンを組み入れたい州政府と油ヤシ・プランテーション企業はともに、近代化路線において大枠で意見が一致した。州政府は、電気と Wi-Fi を与えて、同時代を生きるマインドと身体性を身につけさせた上で、プナンを一気にサラワクの近代化に引き入れようとした。他方で、油ヤシ・プランテーション企業は、プナンの車購入に際して、便宜を図って、プナンを労働者として組織することに成功したのである。

電気とWi-Fiがセットで、近隣の焼畑民の居住地に先駆けてプナンの居住地だけに導入されたという事実は、企業が州政府と結託して、プナンを開発の流れの中に位置づけようとした証《あか》しであるように思われる。あくまで、仮説ではあるが。

V

そのような新たな「統治」が進められているように見えるプナンの居住地を三年ぶりに訪れた私はまた、先ごろのコロナ流行の渦中《かちゅう》で、プナンに対して州政府がどのような措置を取ったのかが気になっていた。同時にプナンがコロナにどう向き合ったのかに関しても知りたいと思った。

コロナに感染した小学校の先生の子を町のクリニックに送り届けた車の運転手が、プナンのコロナ感染者第一号だった。彼からプナンの居住地にコロナが広がったのである。

その後、プナンは次から次にコロナに感染し、二〇二一年の八月～九月にかけて発熱者が続出した。感染者クラスターが発生したのだ。全員に対してPCR検査が行われ、居住地の人口約三百人のうち半数が陽性反応を示したという。その頃、西プナンでは、別の河川流域であるが、一人の女性がコロナで亡《な》くなっている。

PCR検査のため町から居住地に派遣された医師は、陰性だったプナン、軽症だと診断した人たちに対して、「しばらくの間、森の中に隠れているように」と命じたのである。直後、州政府の担当大臣がやって来て、森に潜んでいる間に必要となる当面の食糧が配られた。

人によって違いはあるが、プナンはひと月くらい、森の中に小屋を建てて、コロナから逃れていた。それは、森に暮らすことをお手のものとするプナンの行動をよく知る州政府による措置であった。プナンは口々に、その時に配布された支援物資の食糧の量は十分だったと私に語った。

Ⅵ

ちょうどその頃のことである。一人のプナンがブラガ川の川べりで、一頭のヒゲイノシシが倒れて死んでいるのを発見した。もともと、プナンは死んだ動物は食べないので、そのままにしておいたというが、その奇怪な出来事に前後して、森からも、油ヤシ・プランテーションからも、ヒゲイノシシが消えてしまった。あたりには、ヒゲイノシシの足跡さえ見られなくなった。それ以降、二〇二二年暮れに一頭だけ獲《と》れたことがあったようだが、私がコロナ後二回目に訪問した二〇二三年二月時点までには、ヒゲイノシシは全く獲れていない。

興味深いのは、プナンが概して、ヒゲイノシシもまたコロナに罹《かか》ったのだと思っていることである。コロナはヒゲイノシシを全滅させたが、プナンを一人しか殺さなかったと言っているのを、私は行く先々のプナンから聞いた。彼らは、ヒゲイノシシがいなくなったことが、アフリカ豚熱（ASF）の影響であるとは知らなかった。

強い伝染性と高い致死率を特徴とする豚とイノシシの伝染病であるアフリカ豚熱ウイルスは、二〇〇七年頃からヨーロッパでの流行を経て、そのおおよそ十年後には中国から東・東南アジアにもたらされた。二〇二一年になるとサラワク州内でも感染が確認され、同年八月には、豚や豚製品の移動制限の措置が取られている。

その間プナンは、豚熱の情報を得ることがなかったのである。

Ⅷ

プナンはなぜ、ヒゲイノシシが周囲の森から消えてしまったことの原因について知らなかったのだろうか？　プナンの居住地には、ヒゲイノシシが獲れなくなった頃（二〇二一年九月）にはすでに電気もあり、Wi-Fiも届いていたではないか。スマホで検索すれば、何らかの情報に辿《たど》り着くはずだ。

プナンのスマホの取扱方法の中に「検索」という行為がない。そのことが、その謎を解く鍵《かぎ》となる。彼らはエロ動画を見ているわけだから、インターネットにアクセスすることはできる。しかしたとえそれができたとしても、インターネットから情報検索しようとはプナンはどうやら考えないようなのである。

プナンは、「ワッツアップ（WhatsApp）」というアプリに無料登録し、プナンどうしで日々やり取りをしている。文字を読んだり書いたりするプナンは少ないため、ボイスメッセージの交換が主流である。油ヤシ・プランテーションの工事現場で日雇い労働者数名を欲しがっているとか、どこそこで地滑りが起きて木材伐採道路が通行できなくなっているといった情報が交わされる。

彼らのつくったワッツアップのグループに私も登録してもらった。送られてくるのは、その日町に車で行ったらこうだったとか、こんなものを見たというボイスメッセージやその時の写真、自分の子どもや家族、狩猟や漁労などの出来事の写真や動画、ダウンロードしたTikTokのオモシロ映像や、モザイクあり・無修正のエロ動画などである。

ヒゲイノシシがあたりからなぜいなくなったのかということだけでなく、近隣地や州内の出来事、世界でいま起きていることなどに関して、プナンはインターネット情報には一切アクセスしない。その点で、彼らのスマホの使い方は、とてもユニークだと言えるかもしれない。

エロ動画を見ている場合ではない！　インターネットには有用な情報が転がっているではないか！　そう言いたくなるかもしれない。しかしインターネットの情報検索を一切しないことをもって、プナンのメディア・リテラシーは低いなどと浅慮するなかれ。

彼らは、学校を、行かなければならないものとは思っていないし、近代的なるものをア・プリオリに前提とするのでも、有り難いものだとも、何とも思っていない、現代世界におけるとても手ごわい森の民である。彼らのやり方をじっくり観察してから、何が言えるのかを考えても遅くはない。

Ⅷ

改めて整理してみよう。問いは、居住地の周辺で油ヤシ・プランテーションの開発が急ピッチで進められ、電気・通信革命に巻き込まれ、州政府が周辺地の管理に乗り出し、「超」近代化が進められていく中で、プナンは今後いったいどうなってしまうのかということである。

はたして、プナンを開発のメインストリームに位置づけるという、サラワク州政府の思惑に沿うかたちで、プナンはしだいに近代的な理性を身につけていくことになるのだろうか（「10　学校に行かない子どもたち」）。反対に、「全体給付システム」を踏まえて、何も持たないことに徹することで、外部から侵入してくる資本主義をばらばらに解体したように（「4　熱帯の贈与論」）、プナンは独自のロジックを駆使して、これまでと変わらずに生きていくのだろうか。

近未来や未来のことは誰にも分からないが、プナンの日常の振る舞いからうっすらと見えている予想図を、ここでは私なりに考えてみようと思う。ひとつ、言えることがある。外部から侵入してくるシステムの内側へと潜り込んだり、積極的にそれらを受容したりして、そのやり方に馴染《なじ》んでいくのは、プナンは苦手だということである。

本書で見たように、プナンは、国政議員選挙の折には、「ケチはだめ」という彼らの徳目に基づいて、金をよりたくさんばらまいてくれる、寛大な精神を持つ候補者に投票した。走行中に野生動物が道路を横切るのを目撃すると、四輪駆動車を武器に仕立てて、フルスピードで轢《ひ》き殺そうとした（「11　アナキズム以前のアナキズム」）。

彼らは外部のシステムを従順に受け入れるのではなく、それらを、自らの基準を用いて独自に解釈し、向き合ってきた。そうしたやり方は今後もそれほど変わらないのではないかと私は今のところ考えている。

IX

州政府と企業が一体となって、プナンの居住地の「超」近代化を進めようとしている状況に巻き込まれながら、インターネットにアクセスしてエロ動画に興じるプナンは、他方で、ヒゲイノシシがいなくなってしまった経緯や原因について何も知らない。こうした森の民の一見「無軌道」かつちぐはぐな振る舞いを、いったいどのように理解すればいいのだろうか？　ヒントになるのは、レヴィ＝ストロースが、人類の普遍的な思考である「野生の思考」を説明する時に用いた「ブリコラージュ」という考え方である。

ブリコラージュ（器用仕事）とは、持ち合わせの様々な材料や道具を間に合わせながら、目の前にある状況において、必要なモノをつくりだすことである。何らかの材料とは、かつて機械の特定のパーツに用いられていたため、その応用可能性はあらかじめ限定されている。ところが人類は、そんな制限などおかまいなしに、集めた材料の内的組み合わせを変えて再配列し、新たな秩序のもとで必要なものをつくりだしてきたのである。

プナンがやっていることは、ブリコラージュではあるまいか。彼らは、別の場所でつくられていた材料を随時、目の前にある状況において利用する。

X

無料で電気がもたらされ、Wi-Fiが届けられ、スマホを手に入れたプナンは、目の前にある現実に即して、それらのいいとこどりをしている。夜に狩猟に行く時に使われる懐中電灯は、乾電池式から、充電式のものに変えられつつある。若者たちはスマホを購入し、ワッツアップを用いて、ボイスメッセージで日々情報交換し、ついでに、エロ動画の鑑賞に興じている。

真夜中に、七、八人が集まって、ハンターたちが荷台に乗り、車で出かける準備をしていたことがあった。興味本位で私もついて行くと、車を進めながらハンターたちは、樹上に向けて強力な懐中電灯の光を照射した。そのうち、光に反射して赤目になったことから、樹上にジャコウネコがいることが分かった。その瞬間ハンターは、ライフル銃をぶっ放した。その夜は、車の荷台から二匹のジャコウネコがしとめられた。車は、抜群の駆動力を持つ猟具なのである。

こう見ていくと、スマホがあるからといって、必ずしも情報収集しなければならないということにはならないし、車は必ずしも人やモノを載せて目的地に向けて走るものでもないことになる。当たり前のことであるが、現代の機器には、自らの目の前の状況に合わせて、創造力を駆使した多様な使い方があるのだ。

プナンが得意なのは、こうしたモノの使い方である。自分たちの考えややり方を拠《よ》り所として、外部からもたらされるモノや科学技術やシステムを部分に解体し、再構成しながら、現実を生きていくことがとてもうまい。彼らは、「熱帯のブリコルール（器用人）」である。

プナンは、私たちが進んでいく前のほうを生きているのではない。後ろのほうでもない。私にとって、彼らは、同時代の斜め右後ろのほうから、「野生の思考」の現代的な可能性を教えてくれているように思える。

以上が、二〇二〇年代になって、コロナ後に私が「森の民と暮らして考えたこと」のあらましである。プナンは私にとってはいまだに、私たちのやり方や考え方を含め、物事や現象の成り立ちそのものの根本に立ち返って思索するための種を与えつづけてくれている。

このたびの文庫化にあたっては、単行本の内容をそのままスライドさせたが、明らかな間違いに関しては修正し、論旨が正確でない箇所に関しては改めた部分があることを述べておきたい。最後に、文庫にするにあたっては、新潮社文庫編集部の大島有美子さんにご担当いただだいた。記して、謝意を述べさせていただきたい。

二〇二三年三月

奥野克巳

- Puri, Rajindra K. (2005)
  Deadly Dances in the Bornean Rainforest: Hunting Knowledge of the Penan Benalui.
  KITLV Press.

- Tacon, P. and Pardoe, C. (2002)
  "Dogs make us human",
  Nature Australia Autumn 2002: 53-61.

- Trut, L. N. (2001)
  "Experimental studies of early canid domestication",
  in *The Genetics of the Dog.* Ruvinsky, A. and Sampson, J. (eds.)
  pp. 15-41. Publishing Wallingford. 2001

- Vilà, C. P. Savolainen, J. E. Maldonado, I. R. Amorim, J. E. Rice, R. L. Honeycutt, K. A. Crandall, J. Lundeberg and R. K. Wayne (1997)
  "Multiple and ancient origins of domestic dog".
  Science 276: 1687-9.

Science 298: 1634–6.

• Janowski, Monica & Jayl Langub (2011)
"Footprints and Marks in the Forest: the Penan and the Kelabit of Borneo"
in *Why cultivate?: Anthropological and Archaeological Approaches to Foraging-Farming Transitions in Southeast Asia.*
Barker G. & M. Janowski (eds.), pp. 121–32.
McDonald Institute Monographs.

• Kühlewein, M. Von (1930)
"Report of a Journey to Upper Mahakam (Borneo), February-May 1929",
Mededelingen van den Dienst der Volksgezondheid in Nederland-sche-Indië, Foreign-edition 19: 66–152.

• Needham, Rodney (1954)
"The System of Teknonyms and Death-Names of The Penan",
Southwestern Journal of Anthology 10: 416–31.

• Needham, Rodney (1959)
"Mourning-terms",
Bijdragen tot de Taal-Land-en Volkenkunde 115: 58–89.

• Needham, Rodney (1964)
"Blood, Thunder, and Mockery of Animals",
Sociologus 14(2): 136–49.

• Needham, Rodney (1971)
"Penan Friendship-names",
in *The Translation of Culture*. Beidelman, T. O. (ed.), pp. 203–30.
Tavistock Publications Limited.

The Axiological Presence of Death: Penan Geng Death-Names (Volumes 1 and 2).
Ph. D. dissertation, Department of Anthropology, the University of Michigan, Ann Arbor.

• Brosius, J. P. (1995-96)
"Father dead, mother dead: Bereavement and fictive death in Penan Geng society",
Omega: Journal of Death and Dying 32(3): 197-226.

• Brown, Donald, E. (1991)
"The Penis Pin: An Unsolved Problem in the Relations between the Sexes in Borneo",
in *Female and Male in Borneo: Contributions and Challenges to Gender Studies*. Sutlive, Vinson (ed.) pp. 435-54. Borneo Research Council.

• Brown, Donald E., James W. Edwards, and Ruth P. Moore (eds.) (1988)
The Penis Inserts of Southeast Asia: An Annotated Bibliography with an Overview and Comparative Perspectives.
Occasional Paper No. 15, Center for South and Southeast Asia Studies,
University of California Berkeley.

• Everett A. Hart (1881)
"On the Guliga of Borneo".
Journal of Natural History pp. 274-5.

• Hare, Brian, Michelle Brown, Christina Williamson and Michael Tomasello (2002)
"The Domestication of Social Cognition in Dogs"

- マクローリン、J.C.『イヌ：どのようにして人間の友になったか』澤崎坦訳　講談社学術文庫　2016
- 松川あおい「熱帯雨林に棲むヤマアラシを探して」『はじめてのフィールドワーク① アジア・アフリカの哺乳類編』 東海大学出版部　2016
- マッソン、ジェフリー、M.『ヒトはイヌのおかげで人間になった』桃井緑美子訳　飛鳥新社　2012
- 三浦雅士「歴史と始原」 野谷文昭＋旦敬介編著『ラテンアメリカ文学案内』44-72頁　冬樹社　1984
- 三木成夫『生命とリズム』 河出文庫　2013
- ミクロシ、アダム『イヌの動物行動学：行動、進化、認知』 藪田慎司監訳、森貴久・川島美生・中田みどり・藪田慎司訳　東海大学出版部　2014
- 村上春樹『風の歌を聴け』 講談社文庫　1982
- モース、マルセル『贈与論』 吉田禎吾・江川純一訳　ちくま学芸文庫　2009
- 桃木暁子「中世ヨーロッパとペット」 森裕司・奥野卓司編『ペットと社会』 岩波書店　2008
- 百瀬邦泰『熱帯雨林を観る』 講談社選書メチエ　2003
- 森元斎『アナキズム入門』 ちくま新書　2017
- 安間繁樹『熱帯雨林の動物たち：ボルネオにその生態を追う』 築地書館出版社　1991
- 飲茶『飲茶の「最強！」のニーチェ』 水王舎　2017
- 湯本貴和『熱帯雨林』 岩波新書　1999
- リドレー、マット『徳の起源：他人をおもいやる遺伝子』 岸由二監修、古川奈々子訳　翔泳社　2000
- レヴィ＝ストロース、クロード『野生の思考』 大橋保夫訳　みすず書房　1976
- ローレンツ、コンラート『人イヌにあう』 小原秀雄訳　早川書房　2009

- Brosius, J. P.（1992）

三訳　ちくま学芸文庫　1993
• ニーチェ『悦ばしき知識』（ニーチェ全集8）信太正三訳　ちくま学芸文庫　1993
• ニーチェ『ツァラトゥストラ（下）』（ニーチェ全集10）吉沢伝三郎訳　ちくま学芸文庫　1993
• ニーチェ『人間的、あまりに人間的I』（ニーチェ全集5）池尾健一訳　ちくま学芸文庫　1994
• ニーチェ『この人を見よ』西尾幹二訳　新潮文庫　1990
• ニーチェ、フリードリッヒ『超訳　ニーチェの言葉』白取春彦訳　ディスカヴァー・トゥエンティワン　2010
• 貫成人a『ニーチェ　すべてを思い切るために：力への意志』青灯社　2007
• 貫成人b『ハイデガー　すべてのものに贈られること：存在論』青灯社　2007
• ハシモト［漫画］／松駒［原作］『ニーチェ先生〜コンビニに、さとり世代の新人が舞い降りた』KADOKAWA　2014-2017
• 原ひろ子『子どもの文化人類学』晶文社　1979
• ハラウェイ、ダナa『伴侶種宣言』永野文香訳　以文社　2013
• ハラウェイ、ダナb『犬と人が出会うとき：異種協働のポリティクス』高橋さきの訳　青土社　2013
• 原田まりる『ニーチェが京都にやってきて17歳の私に哲学のこと教えてくれた。』ダイヤモンド社　2016
• バタイユ、G.『エロティシズム』酒井健訳　ちくま学芸文庫　2004
• フーコー、ミシェル『監獄の誕生：監視と処罰』田村俶訳　新潮社　1977
• ヘルマン、オームス『祖先崇拝のシンボリズム』弘文堂　1987
• ヘンリッヒ、D.『フィヒテの根源的洞察』座小田豊・小松恵一訳　法政大学出版局　1986
• ボール、S. J.『フーコーと教育〈知＝権力〉の解読』稲垣恭子・喜名信之・山本雄二監訳　勁草書房　1999
• 前田英樹『倫理という力』講談社現代新書　2001

2008
• 島田裕巳『戒名：なぜ死後に名前を変えるのか（増補新版）』 法藏館 2005
• 清水真木『ニーチェ入門』 ちくま学芸文庫 2018
• ト田隆嗣『声の力：ボルネオ島プナンのうたと出すことの美学』 弘文堂 1996
• シュリヤ、ミシェル『G・バタイユ伝（上）』 西谷修・中沢信一・川竹英克訳 河出書房新社 1991
• 白取春彦『まんがでわかるニーチェ』 宝島社 2016
• 菅原和孝『狩り狩られる経験の現象学：ブッシュマンの感応と変身』 京都大学学術出版会 2015
• 菅原和孝『動物の境界：現象学から展成の自然誌へ』 弘文堂 2017
• セール、ミシェル『作家、学者、哲学者は世界を旅する』 清水高志訳 水声社 2016
• ダイアモンド、ジャレド『昨日までの世界：文明の源流と人類の未来』（上・下） 倉骨彰訳 日本経済新聞出版社 2013
• ツィン、アナ・ロウェンホープト「根こそぎにされたランドスケープ（と、キノコ採集という穏やかな手仕事）」 藤田周訳 『現代思想』 vol. 45-4 128-150頁 特集：人類学の時代 青土社 2017
• 寺嶋秀明「イトゥリの鳥とピグミーたち」『人間文化』 17号 17-31頁 2002
• トーマス、エリザベス M.『犬たちの隠された生活』 深町眞理子訳 草思社文庫 2011
• 富増章成『図解でよくわかる ニーチェの哲学』 中経出版 2011
• トルムラー、エーベルハルト『犬の行動学』 渡辺格訳 中央公論社 1996
• 永井均『これがニーチェだ』 講談社現代新書 1998
• 中沢新一『純粋な自然の贈与』 講談社学術文庫 2009
• 波平恵美子編『文化人類学』 医学書院 1993
• ニーダム、R.『人類学随想』 江河徹訳 岩波現代選書 1986
• ニーチェ『善悪の彼岸 道徳の系譜』（ニーチェ全集11） 信太正

機械のふしぎな関係』 西垣通監修、西兼志訳 NTT出版 2011
- 川田順造『聲』 ちくま学芸文庫 1998
- 川端康成『水晶幻想 禽獣』 講談社文芸文庫 1992
- 河村玲奈、河村善也『ブルドッグ：その意外な歴史』 インデックス出版 2011
- カルペンティエル『失われた足跡』 牛島信明訳 集英社文庫 1994
- 木田元『反哲学入門』 新潮文庫 2010
- キルシュ、マルク編『倫理は自然の中に根拠をもつか』 松浦俊輔訳 産業図書 1995
- クラストル、ピエール『国家に抗する社会：政治人類学研究』 渡辺公三訳 書肆風の薔薇 1987
- 栗本慎一郎『パンツをはいたサル：人間は、どういう生き物か』 カッパ・サイエンス 1981
- グレーバー、デヴィッド『負債論：貨幣と暴力の5000年』 酒井隆史監訳、高祖岩三郎・佐々木夏子訳 以文社 2016
- ゲゼル、シルビオ『自由地と自由貨幣による自然的経済秩序』 相田愼一訳 ぱる出版 2007
- コーレット、リチャード、T.『アジアの熱帯生態学』 長田典之・松林尚志・沼田真也・安田雅俊共訳 東海大学出版会 2013
- コーン、エドゥアルド『森は考える——人間的なるものを超えた人類学』 奥野克巳・近藤宏監訳、近藤祉秋・二文字屋脩共訳 亜紀書房 2016
- コレン、スタンレー『犬語の話し方』 木村博江訳 文春文庫 2002
- ゴッフマン、E.『行為と演技：日常生活における自己呈示』 石黒毅訳 誠信書房 1974
- サーペル、ジェームス編『犬：その進化、行動、人との関係』 森裕司監修、武部正美訳 チクサン出版社 1999
- サーリンズ、マーシャル『石器時代の経済学』 山内昶訳 法政大学出版局 1984
- 齋藤孝『座右のニーチェ：突破力が身につく本』 光文社新書

参考文献

- 朝日文庫編集部『ハローキティの“ニーチェ”』 朝日文庫 2014
- 石倉敏明・田附勝『野生めぐり：列島神話の源流に触れる12の旅』 淡交社 2015
- 磯﨑憲一郎『終の住処』 新潮文庫 2012
- 市川光雄「ムブティ・ピグミーの民族鳥類学」 伊谷純一郎・米山俊直編著『アフリカ文化の研究』 113-36頁 アカデミア出版会 1984
- 稲葉振一郎、立岩真也『所有と国家のゆくえ』 NHKブックス 2006
- 井上民二『生命の宝庫・熱帯雨林』 日本放送出版協会 1998
- 井上民二『熱帯雨林の生態学——生物多様性の世界を探る』 八坂書房 2001
- 今井康雄編『教育思想史』 有斐閣アルマ 2009
- 今西乃子『よみがえれアイボ：ロボット犬の命をつなげ』 金の星社 2016
- ヴィヴェイロス・デ・カストロ、エドゥアルド「アメリカ大陸先住民のパースペクティヴィズムと多自然主義」 近藤宏訳 『現代思想』 2016年3月臨時増刊号 特集：人類学のゆくえ 41-79頁 青土社 2016［2005］
- 大庭健『所有という神話：市場経済の倫理学』 岩波書店 2004
- 大村英昭「少子高齢社会のなかのペット：ペットとネオ・ファミリズム」 森裕司・奥野卓司編『ペットと社会』 岩波書店 2008
- O・呂陵『放屁という覚醒』 世織書房 2007
- 小田実『何でも見てやろう』 講談社文庫 1979［1961］
- ガザニガ、マイケル・S『脳のなかの倫理：脳倫理学序説』 梶山あゆみ訳 紀伊國屋書店 2006
- 加藤裕美・鮫島弘光「動物をめぐる知——変わりゆく熱帯林の下で」 市川昌広・祖田亮次・内藤大輔編『ボルネオの〈里〉の環境学：変貌する熱帯林と先住民の知』 127-163頁 昭和堂 2013
- カプラン、フレデリック『ロボットは友だちになれるか：日本人と

解説

吉田尚記

この革命的な『ありごめ』をお読みになったあなたはもうお気づきだと思いますが、この本の著者・奥野克巳先生は、本物の「ヤバい学者」さんです。ギリギリのラインを攻めてゆく一流のドライバーが人をハラハラさせるように、人類が現在持っている知の境界のギリギリを攻めてゆく本物の学者さんは、実にエキサイティングです。熱帯雨林でも、蚊を避けるための紺色の長袖《ながそで》シャツに、口ひげあごひげとサングラス。このいでたちを見て、文化人類学者だ、と見抜ける人はいないでしょう。しかし、一目で分かる「ただ者ではない」オーラが出てしまっているのも、また、たしかです。プナンたちと同じぐらい、いやひょっとしたらそれ以上に、鮮烈な人物です。

この本を読んだほとんどの方は、「プナンに会いに行きたい！」と思われたんじゃないでしょうか。私も心からそんな気持ちになり、いても立ってもいられず奥野先生にインタビューを申し込ませていただきました。興味の尽きない話はあっという間に時間に達し、私がライフワークとして行っている対談イベント『くちをひらく』にも、奥野先生に登壇《とうだん》していただきました。奥野先生は、決して声を荒らげたり、あわてたような表情を見せることがないのですが、そのイベントの本番中、当たり前のようなトーンで、「今度一緒に行きますか?」と、お客さんのいる目の前で、おっしゃったのでした。軽率を旨《むね》とする私からすれば、一も二もありません。さっそく有給休暇を取得し、2023年2月2日から2月8日まで、マレーシア・サラワク州のプナン居住地と狩猟キャンプを、奥野先生とともに訪問させていただきました。

行ってみたら、もう、衝撃の連続。深夜の狩猟キャンプで、カニクイザルが捕れた！　とたたき起こされ、その場で解体・配分するところをつぶさに見て、次の日の朝、料理して出されたカニクイザルの手を骨になるまでしゃぶっていたら、「ラカイ（私のプナンネームです）はサルの手を上手に食べるな！」と笑われたりする。単に「生きて」いて、労働と娯楽を分けることなんて思いも付かず、人に言うことを聞かせようと権力を振りかざす人は一人もおらず、他人と自分の区別があいまいで、プライバシー？　何それおいしいの？　という態度で心底楽しそうにしているプナンたち。どの瞬間をとっても、日本というシステムが自明でもなんでもない、と理屈ではなく揺すぶられ続ける体験でした。そのプナンの精神性とすがすがしい生活スタイルは、ビビッドに描かれている本文で、何度でも味わっていただきたいと思います。

そこで奥野先生と、じっくり過ごさせていただきました。初めてお会いしてからずっと、奥深さを感じさせられていましたが、もう、圧倒されっぱなしでした。一週間床に座りっぱなし（実地に行って気がつきましたが、プナンの生活の中にイスと机はありません）で、昼はプナンの人たちと一緒に食事をし、夜はヘッドライトの懐中電灯をつけて、プナンに見つからないように持ち込んだウイスキーを蚊帳《かや》の下で回し飲みしながら、暗闇《くらやみ》で話を聞かせていただく。教養人と旅をする贅沢《ぜいたく》を、心から味わわせていただきました。レヴィ・ストロースから現代日本の大学教授まで、数々の古今東西の人類学者とその研究の話題はもとより、今読んでいるゲーテが面白い、ゲーテは地質学者だったのだ、みたいな話から、小説なら川端康成の作品のエロティックさ、ペルーのバルガス・リョサの重厚さと滑稽《こっけい》さ、深沢七郎の小説の圧倒的な描写力への賞賛から、ホームレスを描いたドキュメンタリー映画まで、当たり前の茶飲み話として登場してきます。そんな知の巨人としての博覧強記っぷりの一方で、メールの返信が圧倒的に早く内容は常に過不足なく的確で、同行者の我々に現地の英語のガイドブックの該当ページを抜粋して用意してくれたりと、商社マンだったというキャリアを感じさせるスマートさもあるのですが、どこまでもお茶目。「ビッグ・マンって、古典落語なら『文七元結』っぽいですよね！」という私の話に同調してくれるぐらいに落語が好きで、WhatsAppでプナンとやりとりをしていて、（2023年現在、プナンの村には無料の電源とWi-Fiがあり、音声メッセージと動画を送り合うことができます）「ヒゲイノシシがとれた！」というプナンからの動画に、したなめずりをしている「おいしそう」の絵文字を送ったりしています。

その奥野先生、ちょっと聞いただけで、普通の人は一生に一回でも体験したらもうおなかいっぱいであろう冒険譚《たん》が、次々出てくるのです。別のご著書にも出てきていますが、バングラデシュで死にかけて出家した話、冬のエーゲ海からイスタンブールに入って、水も出ない窓も壊れた極寒の安宿でジャズに目覚めた色っぽい話、タイで美人局《つつもたせ》に会った人の話を聞き、逆にお金を一切持たずに美人局に引っかかったらどうなるか試した話、インドネシアの漁船で3日間波にゆられ続けたら、陸に上がってから逆に立ち上がれなくなって、介護してくれた兄ちゃんが家に連れて行ってくれた話、メキシコで40年前に出会った人の、当時生まれていなかった息子が「尺八プレイヤーになりたい」と言って21世紀になって先生の目の前に現れた話。これで人生の100

分の1、ぐらいだそうです。底が知れなすぎる！

もちろんプナンでも、マラリアに3回かかり、これまた熱病のレプトスピラに1回、さらに寄生虫にも一度かかっています。そんな奥野先生が商社マンで終わる訳はなく、人類学という底知れぬ学問に、導かれてゆくのは、道理でしょう。なお、先生曰《いわ》く、「人類学は開く力の学問である」と。私の本業はラジオパーソナリティなのですが、「ラジオパーソナリティは評論するな」という教訓があります。分解して解説しても話は別に面白くならなくて、バーン、と飛び込んで体験して、ええっ！と驚いて「おい！こうだったんだぜ！」と周りに吹聴《ふいちょう》して回るんじゃないと、話に血肉が宿らない。それと似た感じを、奥野先生の人類学やプナンに対する態度から感じるのです。

今回のプナン滞在でも、奥野先生は常にエネルギーに満ちていて、退屈が忍び寄る気配はみじんもありませんでした。プナンに「ブラユン」と呼ばれている先生は、お中元やお歳暮を持ってきてくれる、黒い服を着たサンタクロースみたいな扱いを受けています。プナンに相当にいろんなものを提供しているのですが、ほんとに一ミリも、ありがとうもごめんなさいもありません。おそらく、気前よく何でもくれる、ビッグ・マンの一人だと、プナンに思われているようです。打算的ではない興味を持って、真っ正面からプナンに飛び込んでいる奥野先生が、今回の滞在中、ずっと気にかけていたのは、私たちを部屋に泊めてくれていた、ジョイのことでした。ジョイと先生は古い付き合いだそうで、彼はかつて卓越したハンターだったのですが、今回の滞在中は足を痛めて、杖《つえ》をつかずに移動することが出来ていませんでした。ジョイの足に日本から持って行った湿布を毎晩貼《は》り、街の病院に連れて行き、診療にもずーっと付き合っている先生からにじみ出ていたのは、学者の表情ではなく、人としての人情でした。

その一方、今回の滞在でどうしても我々が見たかったモノがあります。ウトゥン・ニィーです。そう、この本を読み終わったら確実に頭から離れないものの一つ、ペニス・ピン。今回の滞在中、我々は一人のビッグ・マン、ビシと交渉し、実物を見せてもらうことに成功したのです！「サラワク州の中では決して見せない」という約束で、写真も撮らせていただきました。正直、小学生が夜の学校に忍び込むような、無邪気な興奮をおぼえずにはいられませんでした。村の外れの森に一緒に移動し、雨もそぼ降るなか、他のプナンは誰もいない場所で、堂々とチャックを下ろすビシ。私は夢中でシャッターを切りつつ、おおお、と笑みがこぼれるのを止めることが出来ませんでした。しかし、17年前にビシのウトゥン・ニィーを見たことがあった奥野先生がそのとき口にした言葉は、「ちっちゃくなったな……！」。

　このシンプルこの上ない子どものような感想に、学者さんとして尊敬されたいとか、面白いことを言って人に笑ってもらおうとかいう邪念は一切ありませんでした。「存在して、そこに立ち会う」。人類学とは、血の通った学問とはこういうことか、と、打たれたような思いでした。よくよく思い返すと、笑いがこみ上げてきてしょうがないのですが……！

　全身人類学者・奥野克巳先生。どなたか、先生を題材にドキュメンタリーとか映画を撮るべき、いや、奥野先生を、人類学的に研究するべきだと思います、今すぐ！

（二〇二三年三月、ニッポン放送アナウンサー）

この作品は二〇一八年六月亜紀書房より刊行された。

國分功一郎著

暇と退屈の倫理学

紀伊國屋じんぶん大賞受賞

暇とは何か。人間はなぜ退屈するのか。スピノザ、ハイデッガー、ニーチェら先人たちの教えを読み解きどう生きるべきかを思索する。

国分　拓著

ヤノマミ

大宅壮一ノンフィクション賞受賞

僕たちは深い森の中で、ひたすら耳を澄ました――。アマゾンで、今なお原初の暮らしを営む先住民との150日間もの同居の記録。

国分　拓著

ノモレ

森で別れた仲間《ノモレ》に会いたい――。アマゾンの密林で百年以上語り継がれた記憶。突如出現したイゾラドはノモレなのか。圧巻の記録。

角幡唯介著

漂流

37日間海上を漂流し、奇跡的に生還しながらふたたび漁に出ていった漁師。その壮絶な生き様を描き尽くした超弩級ノンフィクション。

山極寿一
小川洋子　著

ゴリラの森、言葉の海

野生のゴリラを知ることは、ヒトが何者かを自ら知ること――対話を重ねた小説家と霊長類学者からの深い洞察に満ちたメッセージ。

高野秀行著

謎のアジア納豆

―そして帰ってきた〈日本納豆〉―

納豆を食べるのは我々だけではなかった！タイ、ミャンマー、ネパール、中国。知的で美味しくて壮大な、納豆をめぐる大冒険！

ありがとうもごめんなさいもいらない
森《もり》の民《たみ》と暮《く》らして人類学者《じんるいがくしゃ》が考《かんが》えたこと

新潮文庫　お－113－1

令和五年五月一日発行

著者　奥《おく》野《の》克《かつ》巳《み》

発行者　佐藤隆信

発行所　株式会社新潮社

郵便番号　一六二—八七一一
東京都新宿区矢来町七一
電話　編集部(〇三)三二六六—五四四〇
読者係(〇三)三二六六—五一一一
https://www.shinchosha.co.jp

価格はカバーに表示してあります。

乱丁・落丁本は、ご面倒ですが小社読者係宛ご送付ください。送料小社負担にてお取替えいたします。

印刷・株式会社三秀舎　製本・加藤製本株式会社

ISBN-978-4-10-104571-9 C0139